麥克波羅伊

功能性訓練聖經

Michael Boyle
麥克・波羅伊
著

NEW
FUNCTIONAL
TRAINING
FOR SPORTS

2nd edition

林淑鈴 —— 譯

OneFit教育總監
熊璟鴻（Eddie），
MS, CSCS —— 審訂

目錄

光碟影片內容

滾筒動作、伸展與動態熱身

臀大肌與髖旋轉肌群的滾筒動作（foam rolling the gluteus maximus and hip rotators）

下背的滾筒動作（foam rolling the low back）

上背的滾筒動作（foam rolling the upper back）

闊筋膜張肌與臀中肌的滾筒動作（foam rolling the tensor fasciae latae and gluteus medius）

大腿內收肌群的滾筒動作（foam rolling the adductors）

肩關節後側肌群的滾筒動作（foam rolling the posterior shoulder）

胸大肌的滾筒動作（foam rolling the pecs）

箱上的髖屈肌伸展（box hip flexor stretch）

胸椎訓練 2（T-spine 2）

胸椎訓練 3（T-spine 3）

踝關節活動度訓練 1（ankle mobility drill 1）

踝關節活動度訓練 2（ankle mobility drill 2）

髖關節活動度訓練 2（hip mobility drill 2）

髖關節活動度訓練 3（hip mobility drill 3）

仰臥姿的肩關節上下滑地（floor slides）

倒退跨步走與腿後腱肌群伸展（backward lunge walk with hamstring stretch）

倒退直膝硬舉走步（backward straight-leg deadlift walk）

直膝蹦跳（straight-leg skip）

側向蹦跳（lateral skip）

上腿交叉步蹦跳（cross-over skip）

前後交叉側併步（carioca）

側向爬行（lateral crawling）

左右滑步與定住（shuffle wide and stick）

滑步快版與定住（shuffle quick and stick）

前交叉（cross in front）

進－進－出－出（in-in-out-out）

剪刀步（scissors）

轉髖步（hip switch）

下半身訓練

壺鈴擺盪（kettlebell swings）

分腿蹲（split squats）

滑板弓步（slide board lunge）

手交叉前伸的單腳直膝硬舉（cross-reaching single-leg straight-leg deadlift）

繩索負重的單腳直膝硬舉（cable loaded single-leg straight-leg deadlift）

抗力球勾腿（stability ball leg curls）

核心訓練

滾動抗力球（stability ball rollout）

鋸子式（body saw）

滾動健腹輪（Ab Wheel rollout）

直線單跪姿劈砍（half-kneeling in-line stable chop）

直線單跪姿拉（half-kneeling in-line stable lift）

弓步姿勢的劈砍（lunge-position chop）

站姿的劈砍（standing chop）

站姿推拉（standing lift）

站姿的橫向劈砍（standing transverse chop）

登階推拉（step-up lift）

起身（get-ups）

側擲球（medicine ball side throw）

單跪姿的側轉擲球（medicine ball half-kneeling side-twist throw）

面朝前轉體擲球（medicine ball front-twist throw）

單腳的面朝前轉體擲球（medicine ball single-leg front-twist throw）

站立的過頂擲球（medicine ball standing overhead throws）

高跪姿的胸前擲球（medicine ball tall kneeling chest throws）

上半身訓練

貓牛式（cat-cow）

單手雙腳轉身划船（single-arm, double-leg rotational row）

Sports Flex 彈力帶高低動作（Sports Flex high-low）

Sports Flex 彈力帶 T 字母動作（Sports Flex T）

站姿的外旋（standing external rotation）

增強式訓練

Total Gym Jump Trainer 下肢緩衝擊訓練器（Total Gym Jump Trainer）

雙腳跳箱（box jump）

單腳跳箱（single-leg box hop）

內側腳橫向跳躍跳箱（single-leg lateral box hop）

來回側向跳與定住（lateral bound and stick）

雙腳跨欄跳躍與定住（hurdle jump and stick）

單腳跨欄跳躍與定住（single-leg hurdle hop and stick）

單腳外側腳跳躍與定住（single-leg lateral hurdle hop and stick）

45 度向前側向跳躍與定住（45-degree bound and stick）

45 度向前側向連續跳躍（45-degree lateral bound）

爆發性蹦跳（power skip）

奧林匹克舉重

懸垂式上膊（hang clean）

窄握的抓舉（Close-Grip Snatch）

單手的啞鈴抓舉（single-arm dumbbell snatch）

單腳的上膊與抓舉（single-leg cleans or single-leg snatches）

推薦序一

山姆伯伯（山姆伯伯工作坊創辦人）

台灣有許多肌力與體能的翻譯書籍，可惜普遍都屬於教科書或認證考試的用書，雖然皆以科學文獻爲背景，但有的章節沒有連貫，或是內容沒有脈絡，讀者難以吸收，除非有考試或考證照的需求，否則很難引起興趣，更不可能拿來推廣了。

這就是台灣市場現況，我們缺乏以實務經驗爲主的運動科學書籍。因此，知道臉譜出版社決定翻譯美國功能性訓練大師麥克・波羅伊的著作時，相當令人振奮，在社群上也引起很大的迴響，對於語文能力不足的人來說，眞是一大福音。

談到肌力訓練時，我們談的是訓練「動作」，而不是單一肌肉，然而動作千百種，到底該選擇那一種呢？這跟您設定的「目標」有密切關係，有了目標，才擬定出計劃(方法)，再來選擇適宜動作。比方說，若目標是參與健力比賽或者可以扛起更大的重量，動作選擇會圍繞在深蹲、臥推及硬舉相關動作上；若目標是參與舉重比賽，動作選擇會是上膊及挺舉的相關動作。但目標是希望在運動場上跑的更快、跑的更久、跳的更高、反應更靈敏、預防受傷時，我們該選擇什麼動作來提升這些能力（功能）呢？這就是本書要談的「功能性訓練」。

書中有一段針對功能性訓練的說明：「從最基本的應用層面來說，功能性訓練就是讓運動員完全準備好去進行專項的運動。……功能性訓練運用到的許多概念其源頭是來自運動教練爲了提升運動表現、降低受傷發生率所開發的速度、肌力與爆發力訓練。吸納田徑教練或健力運動專家的概念，是要將這些概念明智巧妙的應用到運動員身上。而不是盲目地把一個運動項目的概念套用到到另一個運動項目上。一項訓練計畫應當謹慎融合運動醫學、物理治療與運動表現等領域的概念與知識，爲個別運動員創造出最佳的預設方案。」

在訓練方法及動作的選擇上，麥克・波羅伊教練著眼在「運動的共同特性」上，並強化這些特性。他採用雷同的訓練計畫來訓練柔道與冰上曲棍球的金牌選手，在他30幾年的實務經驗裡，每年的夏季計畫都不會有太大變化，因爲他們已經找出一套方程式，將漸進負荷的觀念應用在所有訓練上。麥可自己在書上說到：「老實說，你要是看了我們的訓練計畫，會吃驚地發現：無論每個運動員表現差異有多大，他們的訓練計畫都相去不遠。」

原書內文並未提到麥克‧波羅伊肌力體能訓練中心(MBSC)的定位，這一點山姆做個補充。許多大學運動員在暑假，或者職業運動員在休賽季時會前往MBSC進行訓練，當暑假結束或休賽季即將到尾聲時，這些選手才會回到母隊進行訓練。MBSC的肌力訓練以發展「肌力(力量)」為主，不強調讓肌肉肥大，而是在發展肌力的過程中，自然地發展肌肉，而能量系統主要在發展「有氧視窗」，即改善靜止心率及無氧閾值。至於專項肌力／技術／體能主要是交由所屬球隊的體能教練負責。

「麥克‧波羅伊」這個名字代表一個團隊，而非個人，團隊中包括了Kevin Carr及Brendon Rearick，他們在麥可波羅伊肌力訓練中心底下創立一間名為MovementAsMedicine的子公司，他們的網站（http://movement-as-medicine.com/）也值得追蹤及參考。麥克‧波羅伊肌力訓練中心的系統則是參考許多知名專家或系統所構成，包括：

Dan John（麥克‧波羅伊的導師）、Gray Cook（FMS的創辦人之一）、Charlie Weingroff（知名物理治療師，發明了Training=Rehab的系統）、Postural Restoration Institute（姿勢呼吸矯正協會，PRI）、Functional Anatomy Seminars……等等。

為什麼麥克‧波羅伊肌力訓練中心對於訓練的傷害風險相當注重呢？關於這點，我可以提供一個基本的想法：在學校，肌力教練把學生運動員練受傷了，會有什麼結果呢？學生可能自行就醫或找防護員，甚至忍痛繼續練習；但在現實競爭的商業經營中，一位肌力教練讓客人練受傷了，可能就失去一位客人，嚴重時還會吃上官司，更別談當你的訓練對象是位高薪的職業選手了。因此，麥克‧波羅伊也強調：「肌力訓練過程最重要的就是無疼痛訓練，接著是預防運動傷害，最後才是提升運動表現。」

我不會說麥克‧波羅伊肌力訓練中心系統是全球最好的，但他們有許多的實務細節，值得我們深入研究及學習。

推薦序二
鬼才，巨擘，傳奇——談Michael Boyle

怪獸肌力及體能訓練中心總教練　何立安博士

幾年前，我陪同台灣的優秀教練團赴美進修，那是我第一次見到Michael Boyle本人，但是在跟他握手的那一刻，我彷彿已經認識他許久，因為他來自我留學的母校春田學院（Springfield College），他的每一篇文章、每一個言論和每一種訓練法，我都已經在求學和教學的過程裡見識過。如果你在這個時代當一位肌力及體能教練，你不可能沒聽過Michael Boyle這個名字。

Michael Boyle畢業於美國春田學院，那是一間歷史悠久的體育學校，最著名的事蹟除了是籃球的發源地外，也是培育許多體育教育學者和教練的搖籃。在那個還沒有人以體能訓練為業的年代，Michael Boyle最初的主修是運動傷害防護，同時也是一位重量訓練的愛好者，在當時，競技運動訓練的主流還是以技術訓練配合大量疲勞訓練的方式為主流，用科學化的肌力及體能訓練去提升競技運動表現，在當時還是天方夜譚，甚至令人嗤之以鼻。

但是，Michael Boyle在一些因緣際會之下開始發現，原來大部份的競技運動員都可以藉由更強的肌力、更壯的身體和更優異的能量系統來達到更高的運動表現。因此他開始以「肌力及體能教練」的角色出現在許多大學的運動隊伍裡，開創自己的事業版圖。在一個新事業的草創時期，遇到的困難和阻礙簡直難以言喻，遵循傳統一直都是體育圈的風氣，大多數運動教練和選手都固著於自己舊有的訓練方式，但這看似美德的風氣卻成了新時代科學化訓練的阻礙，整個推動運動員肌力訓練的過程，像是一個開疆闢土的拓荒史，Michael Boyle必須獨自面對教練和選手們多年來對肌力訓練的誤解，「壓重量會不會害選手速度變慢？」「會不會害技術變差？」「會不會讓體力變弱？」「要練腿力，跑操場不就好了嗎？」「我們只是打網球/排球/曲棍球……需要壓重量嗎？」……簡單來講，在那個時空背景裡，面對誤解是常態，被欣然接受才是奇怪的事，他的每一步，都走得無比艱苦。但是，他憑著過人的解說能力和好似永不疲累的行動力，終於在美國東岸打下了一片江山，大量的大學和職業隊成為他的忠實客戶，多年來製造出大量強壯又優秀的新時代運動員。

故事到了這裡還沒結束，Michael Boyle的傳奇還在繼續發展。隨著時代的推進，體能教練的角色越來越被接受，也有大量的新時代體能專家投入運動訓練領域，轉眼間，Michael Boyle從初生之犢變成資歷豐富的前輩高人。在實務經驗越來越多的過程裡，有

意無意之間，Michael Boyle 開始著手改良競技運動員的訓練方法。跟許多的體能教練一樣，Michael Boyle 早期的訓練方法有許多是師法自舉重和健力，曾經練過健力的 Michael Boyle，早期在幫助各種競技運動員提升肌力的過程裡，也大量使用了健力訓練的動作，這些方式雖然達到了不小的進步，但是也讓許多運動員感到不適應，尤其是在體能訓練圈最常見的背蹲舉，許多運動員即使使用了良好的技術，也使用了適當的課表，但是卻仍然有不少人感到腰痛，這個被許多強壯的體能教練視為理所當然的過程（深蹲、腰痛、變壯），被 Michael Boyle 認為是不符合經濟效益的，隨著職業運動員的身價越來越高，一次腰痛造成的競賽損失越來越大，更何況這些運動員又不是要比健力，任何可能會疼痛的訓練都必須要經過嚴格的再檢討。

Michael Boyle 試圖尋找可以替代背蹲舉的下肢肌力訓練方式，最初他試著嘗試讓運動員把所有背蹲舉都改為前蹲舉，但是結果不如他預期，最後，在經過長期的測試之後，他發現單邊的、不對稱的動作（如後腳抬高蹲）已經充分具備提升運動員的速度、肌力和爆發力的效果，他毅然決然的全面放棄包括深蹲在內的大多數雙邊對稱的肌力訓練動作，改用單邊用力的動作，並且發表了他最具震撼效果的一個言論，就是「深蹲已死」(the squat is dead）。

這個訊息一發出，在網路世界和真實世界裡引發了巨大的震撼，支持者和反對者隔空交火，許多將深蹲奉若圭臬的專業人員怒火中燒，如有不共戴天之仇。但是幾年過去，烽火漸熄，左右對稱的訓練當然沒有消失，但是單邊訓練因此得到大量的嘗試，也獲得大量的支持。專家學者們開始感覺到，或許，反對深蹲是有點過於激烈；但是，認為深蹲的效果所向無敵，沒有任何其他動作可以取代的想法也失之偏頗。Michael Boyle 的反深蹲事件教導了大家，凡事都有跳出框架思考的可能性。

如今，Michael Boyle 已經是世界級的名家大師，雖然支持他的人和反對他的人隨時可以各自組成大軍互相開火，但是不變的是他的一舉一動仍有驚世駭俗的影響力。他求知若渴，即知即行，發現任何可能的錯誤他都會去推翻，包括自己的錯誤，他說得快也改得快，有時候甚至會有支持者覺得被背叛。但是，他也不斷的產出成績，教學對象遍及美國職棒大聯盟、職業冰上曲棍球、美國奧運選手以及大學生、青少年和中老年人。如今的 Michael Boyle 事業版圖宏偉，商業模式極強，教學影響力遍及世界各國，無論支持或反對，他在這個圈子已經無人不知，無人不曉。歷經了 3、40 年的奮鬥，他在真實世界和網路世界都是巨人，他經常自嘲他花了 3、40 年「一夕成名」，這位教練，是鬼才，是巨擘，是傳奇。

這本《麥克波羅伊功能性訓練聖經》在英文版問世的時候我就已經讀過，感覺「非常的 Boyle」。他在字裡行間處處透露出永不止息的創新求變，無論您支持或反對，這本書都能帶給您大量的資訊和思辨，讓您重新思考自己的訓練，是值得一讀的好書。

審訂人序

OneFit 教育總監　熊璟鴻(Eddie), MS, CSCS

在美國體能界，應該沒有人沒聽過「麥克‧波羅伊肌力與體能訓練中心」（Mike Boyle Strength and Conditioning, MBSC），它由美國知名功能性教練麥克‧波羅伊（Mike Boyle）所創立，曾被美國男士健康網評選爲全美最好的十大健身房之一，也被The Active Times網站評選爲全美最好的健身房No.1。

麥克‧波羅伊肌力與體能訓練中心提供運動表現提升計畫與個人（運動員及一般民眾皆可）的訓練，同時也有豐富的教育培訓及資訊傳播。不僅有美國國家級及職業級的隊伍選擇在麥克‧波羅伊肌力與體能訓練中心進行訓練，也有世界各地的運動員、健身教練、教育機構、學校單位（包括台灣）前往培訓及取經，它是一間實務經驗豐富的運動員訓練中心，也是一間全球化的培訓機構及知識傳遞中心。

麥克‧波羅伊是美國體能界最具權威的功能性訓練大師。在30年前，還沒有「肌力與體能教練」這個職業名稱時，他就開始從事訓練運動員的肌力與體能這份工作了。從另外一個角度看，他可以說是肌力與體能訓練（即功能性訓練）的教父，把功能性訓練這個名稱與訓練理念發揚光大。

波羅伊出身自運動防護專業，因此他的功能性訓練方式更重視運動傷害的預防。這樣的堅持也讓他成爲了極具爭議與話題性的教練，因爲他去除了所有在訓練中可能造成運動員潛在受傷風險的動作，最爲人知也最受爭議的例子就是，他在下肢訓練中，以無肩上負重的後腳抬高蹲取代背上承擔大量負重的背蹲舉。他認爲，進行背蹲舉時爲了讓雙臂抓住槓鈴，肩關節必須要有一定的活動度，但不是每個人都具備這樣足夠的肩關節活動度，在此條件下就會發生麥克‧波羅伊所提出相臨關節假說（joint by joint approqach）中的連鎖反應：一個關節出了問題，相鄰的關節就會代償性的完成原本該動作關節的工作。在此例當中，受限的肩關節活動度可能會造成下背（腰椎）過度伸展，而受限的姿勢下，肩上又承受大量的負荷，可能會造成下背的運動損傷。這樣的類似概念引發很多守舊派，或者說是大重量訓練的擁護者極度不喜。甚至有人說，正是因爲波羅伊反對背蹲舉的理念，使得他被美國肌力與體能協會（NSCA）取消講師資格。

「肌力與體能訓練」在美國是一個非常成熟且歷經多年發展的領域，在這個領域中，每個人都信仰的同一個理念就是「沒有最好只有更好」，而麥克‧波羅伊多年來推廣功能性訓練，絕對是推動美國肌力與體能訓練發展與訓練思維改革的最大推手之一。他在執教的生涯中訓練出非常多的優秀運動員，包含一級大學、職業冰球、大聯盟、奧運水平的運動員。事實上，麥克‧波羅伊主張的功能訓練理論，也跟他大部分的學生與客戶是青少年運動員與一般族群有密切關係，他認為「在肌力與體能訓練領域，你會遇到各種不同的運動專項，但這些你認為大相逕庭的運動，在實際訓練時，並非如你預期的那麼不同」，他也把此觀念運用到大眾族群的健身計畫中，打破大家習以為常的「肌力與體能只適合用於運動員的訓練」的迷思，並將多年訓練運動員的經驗融入到大眾健身當中。在麥克‧波羅伊自己所開的健身房中，有80%以上的客戶是一般族群，另外20%才是運動員。

這本書對於對專業的教練來說，是一本匯聚麥克‧波羅伊30年教練生涯精華的工具書，對教練而言，此書無論在訓練計畫編排或是了解功能性動作背後的科學原理上，都是不可缺少的工具書。對於一般大眾而言，豐富的文字敘述與淺顯易懂的圖片，則讓它成為一本功能性訓練入門的健身書。

若您希望找尋一套以運動科學為基礎，同時富含豐富實務經驗及完整架構的成熟訓練系統，絕對不能錯過麥克‧波羅伊的這套功能性訓練系統。我認為，先把一套武功心法學透了（了解每個細節後），再去學其它的武功會特別快。

最後，分享麥克‧波羅伊說過的一句話：「從聰明人那抄襲的東西不叫作偷，叫做學習」，各位在創造自己的系統前，或許可以先學習別人成熟的系統，讓自己的每一步都走得更踏實。

前言

2002年，美國「人體運動」（Human Kinetics）出版社的編輯找上我，希望我可以寫一本關於運動員功能性訓練的書（編注：即為2004年出版的本書英文版第一版）。對我來說，這是個相當困難的任務，當時我甚至都還不確定自己到底知不知道功能性訓練是什麼。於是我就問編輯是否可以只要寫我當時訓練運動學員的內容？編輯同意，因為出版社認為我們訓練中心當時的訓練方法是最能詮釋「功能性訓練」這項新概念的典範。我心想，其實我們的訓練方法就只是合乎邏輯，並以我當時認為的最佳實務方法為基礎罷了。那時候，我根本不曉得這本書和書中提到的觀念和參考標準，日後會在肌力體能界有如此深遠的影響。

先提一下，為了輔助新版的內容，讀者可以觀看附贈的DVD影片進一步了解本書所介紹的許多鍛鍊動作。對於書中文字敘述與圖示說明的動作，觀看影片可以加深印象。在第五章～第十章中，只要看到動作名稱旁邊有一個影音符號 ⊙，這就表示該動作有搭配線上影片。

這本書英文版的第一版在2004年出版後，這個領域發生了很多的轉變。肌力體能、個人訓練與物理治療進步了，也逐漸融入培養運動表現或提升運動表現的訓練內容中。功能性訓練目前在全世界已經被眾人公認為訓練的必要方法，大規模的健身中心都在爭取功能性訓練的學員，世界各地的健身俱樂部每天都有運動器械被淘汰，把空間留給增強式訓練的器材、雪橇與壺鈴。在美國波士頓，像麥克波羅伊肌力體能訓練中心之類的健身機構想要爭取會員，不僅要提供鍛鍊的場地，還要為了最理想的表現與零運動傷害祭出有效且專門的訓練指導原則。

成為功能性訓練變革的趨勢核心人物，在專業上當然令人可喜，但這從來就不是我的初衷。我從未想追求與眾不同或領先群倫。我一心一意的目標只是為運動選手和學員提供更好的服務。我永遠只想做一件事：盡我所能提出最棒的訓練計畫，讓運動員在表現卓絕的同時又能保持健康。

回顧世紀之交，當時的我已經將肌力體能界常見的「浮士德交易」（Faustian bargain，譯注：指的是浮士德將靈魂賣給魔鬼的交易）不抱任何幻想了——是的，我們要讓運動員愈來愈強壯，可能的話，還要愈來愈好，但付出的代價是什麼呢？那個代價正如我最要好的同事葛雷·庫克（Gray Cook）貼切的描述：我們最終變成了善於把肌力推向功能失衡顛峰的專家。

因此，在我思考本書時，一開始的目的很單純，我只要再補充一些功能性訓練的實例，並更新一些鍛鍊與使用的裝備就好

——以小幅度的更動讓一本開始顯出古董書樣貌的作品跟上時代的腳步。然而,當我回頭審視2004年英文版的第一版時,我愈來愈清楚書中的內容並未如我期待的那樣永遠不過時。我必須增加、刪減或更動的內容實在太多了。我們現在用來構思訓練計畫的核心環節甚至在當時並未著墨,所以有必要做更大幅度的修訂。當然,努力修訂的結果如你們所見,直接變成一本新著作了。

本書更新了英文版第一版提到的所有資訊,反映出當前最佳的實務方法。此外,還增添全新的章節介紹了滾筒動作與活動度等領域,這些都是2004年版本沒有提到的內容。而且為了反映出科學的進展、原理的改變,以及我過去十多年來累積增加的經驗,大部分的章節全部重寫。

感覺上,每次我只是單純想更新一個章節,到最後都發覺自己必須重寫。像「核心訓練」這一章(本書內容最多的章節之一)就必須全部更新,才能反映我們看待核心訓練方式的無數改變與發展。下半身訓練這章,英文版第一版對深蹲與硬舉之間的定義模糊,也同樣必須全部重寫。六角槓鈴與壺鈴在2004年甚至都還不是要考慮的訓練工具,但它們如今在我們訓練中心的下半身訓練原理之下可說是關鍵要角。事實上,我更新的部分已經超過原始的內容,因此我確信各位在閱讀時,享受

新內容的同時還會看到英文版第一版的精華,希望各位也能留意到本書在文字與照片的呈現上做了設計的改進與色彩的加強。

我們將上半身與下半身的鍛鍊劃分成基線、倒階與進階三個級別。全書的鍛鍊也是分別歸類在三種級別中的一級。基線鍛鍊是一般運動員的基本起步點。以這個級別為根據,運動員不是進階,就是倒階。進階鍛鍊會編號,順序是從簡單至困難。倒階鍛鍊同樣也會編號,但順序是簡單、更簡單、最簡單。因此「進階3」是指相當困難的鍛鍊,至於「倒階3」就是指非常簡單的鍛鍊。

身為本書的作者,我抱持著無比嚴肅的態度看待這個角色。打從英文版的第一版問世以來,我幾乎跑遍了全球,非常感謝這本書可以造成正向效應,而且我認為這也是能夠用來教育與協助人的莫大機會。因此,我這本書的目標是以功能性訓練中的最佳實務方法為基礎,提供清楚、正確與最新的方法,協助運動員提升運動表現。我也希望書中提供的許多建議、鍛鍊與參考標準,都能夠讓世界各地的教練、訓練師與運動員在各自的角色中出類拔萃,這樣我就再高興不過了。

麥克．波羅伊

Making Training
More Functional

—

什麼是更「功能性」的訓練？

功能，在本質上就等同於「目的」。我們說到「功能」這個詞時，也就是指一件具有特定目的性的事物。因此，一旦將這個名詞用在運動訓練上時，我們要探討的就是「有目的性的」運動訓練。「功能性訓練」（或說「功能性鍛鍊」）的概念源自於運動醫學界：主要用於運動修復的論點與鍛鍊上，過往也都是在物理治療所、運動傷害防護室、重量訓練室實踐相關的理論，而功能性訓練最根本的論點就是：讓運動員回復健康的鍛鍊，很可能也是保養身體、增進健康的最佳鍛鍊。

自從功能性訓練的概念被應用在運動上開始，很多運動員和教練就誤解了它的真相。某些「專項運動」的名詞，原本是指特定個別運動的某些動作和動作模式，卻一直被拿來敘述功能性訓練的某些概念。讓我解釋得更清楚一點：專項運動訓練（sport-specific training）通常會更強調於專項技術的發展，比如在柔術墊、田徑場、或球場上的運動技巧。反之，肌力與體能訓練則是讓運動員有更強壯的身體條件來發展專項體能。事實上，與「專項運動訓練」這個名詞相較之下，用「綜合性運動訓練」（sports-general training）這個名詞來代表功能性訓練會更精準。

儘管這本書可能會提到各種專項運動適用的細節，但重要的是，你必須了解大部分運動項目的相似點遠多於相異處。綜合性運動學派就認為各種運動「同多於異」，像衝刺、打擊、跳躍與橫向移動之類的動作，都是各類運動都通用的技能。不管我們訓練的是橄欖球員或足球員，快速就是「快速」。針對打高爾夫球的核心肌群訓練，也和打曲棍球或網球的訓練沒什麼差別。事實上，各運動項目之間的速度訓練與核心肌群訓練，差異真的微乎其微。

所以，在功能性訓練這方面，我們要著眼的是運動的共同特性，並強化這些特性。在麥克波羅伊肌力體能訓練中心（Mike Boyle Strength and Conditioning, MBSC），我們已經採用相當類似的訓練計畫來訓練柔道與水上曲棍球的金牌選手。老實說，你要是看了我們的訓練計畫，會讓你吃驚的頭一件事應該就是：無論每個運動員表現差異有多大，他們的訓練計畫都相去不遠。

定義功能性訓練的三個問題

想更了解功能性訓練的概念，請你先自問幾個簡單的問題：

1. 有多少運動是以坐姿進行的？

就我所知，只有少數運動才會採取坐姿，例如：划船。如果你也同意這樣的前提，那麼我們就可以理解：以坐姿訓練肌肉無法針對大多數運動發揮功能。

2. 有多少運動是在一個由外在條件提供了穩定性的安穩環境下進行的？

這個問題的答案似乎是「零」，因為大多數運動競賽都是在運動場或球場上舉行。穩定，仰賴於運動員自身，而不是某些外在條件。這個推論告訴我們：根據上述邏輯，大多數以運動器械為主的訓練系統並非功能性訓練，因為運動者負重是仰賴運動器械，才得到穩定平衡。運動器械訓練系統的支持者或許主張運動器械訓練比較安全，但在重訓室這個相對安全的環境訓練，比起在實際競賽時不那麼穩定的場地中訓練，顯然有所犧牲。

儘管就理論上來說，運動器械訓練可能在訓練過程中造成的傷害較少，但在競賽過程中，缺乏「本體感覺輸入」（proprioceptive input，也就是內在感官對姿勢與動作的反應）與穩定性，很可能會導致更多的傷害。

3. 有多少運動技能是靠一處關節單獨活動來執行的？

這個問題的答案同樣是「零」，因為功能性訓練著重於盡量活動多處關節。功能性訓練界公認的兩位專家維恩‧甘貝塔（Vern Gambetta）與蓋瑞‧葛雷（Gary Gray）表示：「單獨在特定肌肉上的單一關節動作是相當不具功能性的。將許多肌群融入至動作模式的多關節動作，才真正具功能性。」（2002, paragraph 13）

從上述三個問題的答案，我們大概可以認同功能性訓練最重要的特點，是以雙腳著地（除了少數特例外）而且不靠運動器械輔助來做鍛鍊。

反對功能性訓練概念的人經常有著「我們一直以來都是這麼訓練啊！」的想法。然而，這種想法的盲點，就像迪士尼世界度假村的前執行副總裁李‧科克雷爾（Lee Cockerell）在他的《創造魔法》（*Creating Magic*）中提出的一個中肯的問題：「萬一我們向來採取的方式就是錯誤的呢？」

功能性訓練的運作方式

從最基本的應用層面來說，功能性訓練就是讓運動員完全準備好去進行專長的運動。利用一項運動去訓練運動員做另一項運動，可不是功能性訓練，這是交叉訓練（cross-training）。許多大學院校的肌力訓練課程混淆了這兩種訓練，結果，他們花了一半的心力在訓練運動員成為健力運動員或奧林匹克式舉重運動員，進行專長運動訓練的心力只剩一半。

功能性訓練不同的是，它運用到的許多概念其源頭是來自運動教練為了提升運動表現、降低受傷發生率所開發的速度、肌力與爆發力訓練。吸納田徑教練或健力運動專家的概念，是要將這些概念明智巧妙的應用到運動員身上，而不是盲目地把一個運動項目的概念套用到另一個運動項目上。一項訓練計畫應當謹慎融合運動醫學、物理治療與運動表現等領域的概念與知識，為個別運動員創造出最佳的預設方案。

功能性訓練會教導運動員如何駕馭自己的身體重量。在這個層面來說，它有點類似二十世紀早期相當受歡迎的徒手訓練，一開始會利用體重當阻力，教練也會採用讓受訓者能夠理解的姿勢來進行訓練。

功能性訓練運用單邊鍛鍊動作（unilateral exercises）的方式，就是有目的性地將平衡與本體感覺（身體覺察）融入訓練中。甘貝塔和葛雷（Gambetta and Gray, 2002, paragraph 8）提到：「功能性訓練計畫必須帶入調配過的不穩定元素，如此一來，運動員必須為了重獲自身的穩定做出反應。」帶入不穩定元素最佳且最簡單的方法，就是直接

要求運動員做單腳站立的鍛鍊。透過構思與設計，功能性訓練可以利用需要平衡的單腳動作，適當練出用在運動上的肌肉。如果只做負重與兩腳站立的訓練中學習施力，對大多數運動員來說是不具功能性的。

功能性訓練包括簡單版的深蹲、前彎、推拉，目的是用這一系列的鍛鍊來教導運動員在所有動作平面（planes of movement）上駕馭自己的身體重量。

我想再強調一個重點：功能性訓練計畫是為了訓練「動作」，而不是肌肉。在做特定動作時，絕不會將重點放在過度增強肌力，反而會著重在取得推力與拉力之間的平衡，以及膝關節主導的臀部伸展（四頭肌〔quadriceps〕與臀肌〔gluteals〕）與髖關節主導的臀部伸展（腿後腱肌群〔hamstrings〕與臀肌）之間的平衡。

為了提升運動表現與降低受傷發生率，功能性訓練會協助訓練速度、肌力與爆發力。

功能性訓練背後的科學

想真正掌握功能性訓練的概念，你得先使用一套新模式來闡釋訓練動作。這項新模式是1990年代由物理治療師蓋瑞・葛雷率先導入他的「連鎖反應課程」（chain reaction courses）中。葛雷倡導一項肌肉功能的新觀點，他根據的不是屈曲（flexion）、伸展（extension）、內收（adduction）與外展（abduction）的舊定義，而是動力鏈（kinetic chains）的運作，以及機能解剖學的科學。

過去，有一派解剖學教的是肌肉的活動如何牽動局部關節，它有個貼切的名稱：「非機能解剖學」，有人也稱它為「起止點解剖學」（origin-insertion anatomy），它相當適合用來解說解剖台上的大體或人體骨骼模型上的潛在動作。起止點解剖學必須死記肌肉的起始端（起點）與終止端（止點），以及它的個別動作，但不重視人在站立中或正在運動當下的肌肉動作。相照之下，「機能解剖學」則將重點放在人體為了執行動作，肌肉會如何牽動相互關聯的關節群與肌群共同運作。

蓋瑞以機能解剖學的措辭，針對運動中的下肢動作做出如下陳述：當足部著地時，人體軀幹上的每處肌肉會專注於一項簡單的功能：為了避免跌跤，下半身的肌肉（臀肌、股四頭肌與腿後腱肌群）會全部一起動作，阻止踝關節、膝關節與髖關節彎曲。依照蓋瑞的說法，所有的肌肉進行了同樣的功能或動作；而全部肌肉共同動作是為了減緩或放慢踝關節、膝關節與髖關節的屈曲。對於習慣傳統起止點解剖學的人來說，很難接受這樣的概念，但更進一步審視後，你會發現它是完全合理的。在衝刺動作間著地時，股四頭肌是膝關節的伸肌嗎？錯！當足部著地時，股四頭肌為了防止膝關節屈曲，實際上是離心收縮。腿後腱肌群是膝關節的屈肌嗎？事實上，腿後腱肌群扮演雙重角色：它同時要避免膝關節屈曲與髖關節屈曲。

一旦想透了這項概念，答案就能看得一清二楚，相對也比較容易接受這種概念。無論在走路或跑步的著地階段，下半身所有肌肉行動都是在制止一個動作，而不是引發一個動作。全部肌肉都會以離心的方式（透過肌肉拉長）減緩或放慢踝關節、膝關節與髖關節的屈曲。

只要掌握住上述的概念，跨到下一步就會更簡單了。現在，你應該明白當運動員的足部著地並放慢屈曲的速度之後，下半身所有肌肉又會再度一起行動，在踝關節、膝關節與髖關節引發伸展動作。事實上，股四頭肌不只在伸直膝關節時會用到，它還輔助踝關節的蹠屈

（plantar flexion）與髖關節的伸展。

透過機能解剖學的觀點檢視身體組織的運作，你會發現所有的肌肉起先是以離心活動去制止一個動作，幾毫秒之後又以向心活動引發一個動作。對這些概念開始理出頭緒後，你就能明瞭機能解剖學的科學，以及功能性訓練的概念了。

當一名運動員執行一項非功能性的鍛鍊，例如：腿部伸展，他用到的肌肉動作與神經系統模式並不會被套用在走路或跑步上，就定義而言，此時運動員執行的是開放鏈（open-chain）肌肉動作。這裡的「開放鏈」意指此時運動員的腳並未接觸地板（或者固定的平面）。

想鍛鍊真正會用到的肌肉，你必須採取閉鎖鏈運動，在腳固定於地板上時讓肌肉發揮自身的作用。就身體下肢來說，「開放鏈」或「單一關節」的運動基本上可以視為「非功能性」運動的同義詞。

功能性訓練的爭論再起

過去20年來，為了讓訓練更具功能性，運動訓練界曾歷經一次重大的轉變。教練們從著重在身體兩側基礎、以槓鈴為主的訓練計畫，轉成將重點放在身體單側的鍛鍊，也加入更多的啞鈴與壺鈴訓練。正是蓋瑞‧葛雷的努力催生了這項轉變。

儘管這股轉變源自於物理治療師，但肌力體能教練與私人健身指導員都開始逐漸採納功能性訓練的概念了。試著將肌力訓練視為連續的統一體，再搭配葛雷的多平面法（multiplane approach），以及西部槓鈴（westside barbell）的健力法，在設計訓練計畫時也許會更有幫助。

功能性訓練之所以有突飛猛進的發展，且迅速受到認可，背後的理由很簡單：它對教練與運動員真的有用，他們會從訓練室、球場或田徑場上的體驗不斷得到實證。

功能性訓練開始風行的第一個現象是，大多數健身器材製造商從生產受眾人青睞的單一關節、個別肌肉的肌力訓練器械，轉而投入生產「地面導向的運動器械」（ground-based machines），也開始製造基本的深蹲架與舉重床。就連大眾的健身觀念也更偏重功能性訓練，因此以運動器械為主的訓練就逐漸降溫了。

功能性訓練受歡迎的程度，已經達到讓泡棉滾筒、壺鈴與阻力帶等商品如今都能在運動商品專賣店見到的地步。很多健身房會規畫鋪有人工草皮的訓練區域，也提供一整排的功能性器材供會員練習。我認為在健身市場，小組形式的功能性訓練或許會是最具發展性的區塊。

然而，功能性訓練發展初期也難免遇到爭論與詆毀。原因出自缺乏資訊與接觸有限的錯誤認知。在某些圈子裡，功能性訓練成為平衡運動與健身球的代名詞，甚至有一派擁護這項觀點的功能性訓練支持者，為了強調自己的訓練方法與眾不同，他們堅持功能性訓練應該在完全沒有運動器械輔助下執行，而且必須採取站姿，並以多關節訓練為主。這看起來似乎是常識，甚至難以辯駁。但也有很多教練認為，功能性訓練是拋棄兩側對稱的舉重與槓鈴運動，轉而讓運動員與健身學員在平衡板與健身球上練輕量級的舉重。

不過，令人驚訝的是有些擁護功能性訓練的教練的觀點乍看之下是「非功能性」的。擁護功能性訓練的支持者居然做的是非功能性的鍛鍊，進而造成這個領域的一些混淆，這項明顯矛盾的原由其實很單純：每個關節各有不同的功能。有的關節需要的是穩定度，有的則是靈活度，這兩者所需的鍛鍊是大相逕庭的。

某些特定肌肉與肌群的主功能就是穩定身體。針對這些肌肉的功能性訓練，包括將它們練出更好的穩定性的方法，就是做動作幅度小的簡單運動。在很多個案中，教練和運動員致力於讓一切具功能性，卻忽略了特定肌群穩定功能的重要性。

請注意，人體需要穩定性訓練的三個主要肌群為：

- 腹部深層肌群（deep abdominals）。
- 髖外展肌群（hip abductors）與髖旋轉肌群（hip rotators）。
- 肩胛穩定肌群（scapular stabilizers）。

很多教練一開始就將針對上述部位的運動歸類為復健或預先強化的訓練，但事實上，這些運動只是另一種形式的功能性訓練。當髖關節展現絕佳穩定性時，踝關節、膝關節與髖關

節的功能就會在最佳狀態。

對有些運動員來說，要培養髖關節穩定性，或許剛開始必須單獨做髖關節鍛鍊，才能確切讓肌肉啓動穩定作用或活動。位於美國亞利桑那州鳳凰城的運動科學訓練機構EXOS（前身為運動員表現機構［Athletes'Performance］），創辦人是運動表現專家馬克‧沃斯特根（Mark Verstegen），他將這項概念稱為「針對神經支配的單獨訓練」（isolation for innervation）。在某些訓練階段，必須將特定肌群（尤其是腹部深層肌群、髖外展肌群與肩胛穩定肌群）個別獨立出來強化它們的功能。因此，有些非功能性的單一關節鍛鍊，實際上卻可以增強整個下半身的功能。這就成了功能性訓練的矛盾之一。

只要改善肩胛穩定肌群與旋轉肌群（rotator cuff）的功能，就能強化肩關節的功能。雖然很多運動員會做旋轉肌群的鍛鍊，但很少鍛鍊到肩胛穩定肌群。在缺乏堅實的肩胛穩定肌群之下執行運動技巧，就好比在獨木舟上試圖發射大砲一樣充滿風險。在我們的訓練中心裡，大多數運動員不僅有旋轉肌群肌力不夠的問題，肩胛穩定肌群的肌力或控制也不足。所以，我們常常要帶入看來是非功能性的運動，專門訓練肩胛穩定肌群與旋轉肌群；不過訓練這些部位對肩關節長遠的健康是至關重要的。在培養下背部的穩定肌群方面，物理治療師又是開路先鋒。加強腹部的肌力有助於下背部的穩定性不是什麼新概念，但針對這部位的專屬訓練方法也迅速地發展起來了。

要進行名副其實的功能性訓練計畫，關鍵在於對任何特定面向都不能太過極端。絕大部分的運動應該以站姿執行，而且是多關節活動，但同時也應該培養髖關節、核心與肩關節後側的關鍵穩定肌群。

功能性的第二個矛盾牽涉到在一個專項運動姿勢中做的多面活動——這種類型的功能性訓練倡導者贊成在彎曲的姿勢下做負重鍛鍊（例如：配合啞鈴或穿著加重背心），並使用一些肌力體能教練認為不理想的腳位（foot positions）。

在競賽中，運動員無可避免地要面對可能造成運動損傷的姿勢，教練則必須評估在運動員處於脊椎屈曲姿勢下可以負重到什麼程度。舉例來說，棒球員儘管經常要彎曲脊椎蹲下接住滾地球，但鍛鍊時在脊椎屈曲的姿勢下加重深蹲動作就不是明智之舉。安全訓練與危險訓練之間的臨界點在哪裡呢？在這點上，我們的立場很簡單：「這種事在運動上始終會發

生」的論點根本不足以拿來當成在重訓室冒險的理由。肌力訓練時，絕對不要為了讓訓練動作更貼近於專項動作而危害背部的安全。

當你為了運動開始探索功能訓練的概念時，請在運動過程中敞開胸懷去觀察運動員的活動方法與原因，並將自己的訓練想成是提升運動表現的方法，因為功能性訓練絕不僅止於強化肌力而已。很多運動員會疏忽肌力訓練，因為他們沒有充分認清在棒球、網球或足球等運動上肌力對提升運動表現的重要性。讓我提醒各位，從運動員的立場來說，重點在於訓練要有效且有用；就教練的立場，關鍵則在於讓訓練在運動員身上起作用。一份訓練計畫中列入的動作若不會出現在運動中，根本就沒意義。而訓練計畫的設計要訣就在於：確實讓運動員為自己從事的運動備足體能條件。唯一能達到這項目標的方法，就是鍛鍊同樣會在運動時使用到的那些肌肉；換句話說，就是透過功能性訓練鍛鍊特定肌群。

對肌力體能的專業指導者來說，肌力體能訓練計畫的頭號目標應該是降低受傷風險。在職業運動上，衡量肌力體能訓練計畫的成敗時，「選手健康」這項指標的占比大於輸贏；美國國家美式足球聯盟（NFL）會參考「先發球員缺賽」（starters games missed）的統計數字，棒球會監看傷兵名單的天數，曲棍球則會觀察因受傷而錯過的比賽次數。在任何情況下，選手的健康似乎與健全的肌力體能訓練計畫、團隊勝利息息相關。我們也可以換個角度思考：如果教練採用的訓練系統造成的訓練傷害少，卻不會降低比賽時的傷害，那麼他們到底是盡責，或只是保住自己的飯碗呢？

我的結論是，所有功能性訓練計畫的關鍵重點就是：身體力行，追求簡單。

綜合性運動訓練的案例

提到綜合性運動訓練對選手的助益，美國奧運柔道金牌女將凱拉‧哈里森（Kayla Harrison）就是絕佳的例子。在哈里森的訓練計畫中，我們不必模擬柔道過肩摔的動作，只需要讓她在基本動作模式上更扎實就好。對哈里森來說，重要的是增強她在推、拉、旋轉、蹲伏與撲等動作的肌力。我們決定訓練法的方式並非根據一項運動項目，而是依據選手的傷病史與運動本身的需求。

柔道需要大量的練習時間，並承受許多高衝擊的身體壓力。我們選擇運動量小、每週2次的鍛鍊，將焦點擺在反覆練習基礎的推、拉、膝關節主導、髖關節主導與核心肌群等動作。

由於柔道是四季皆有賽事的運動，因此它的訓練計畫是基本的兩天式計畫，詳細內容可以參照本書最後一章。在訓練計畫上會看到我們幾乎未試圖去模擬柔道動作，而是特別加強肌力與體能的底子。

©Jim Dedmon/Icon Sportswire

哈里森平常訓練日的鍛鍊組合如下：

● 按摩滾筒

● 伸展

● 動態暖身

● 爆發力：藥球訓練與增強式訓練（plyometrics）

● 肌力：推（啞鈴臥推［dumbbell bench press］）、拉（體操環划船［ring row］）、膝關節主導（單腳蹲［single-leg squat］），以及髖關節主導（單腳直膝硬舉［single-leg straight-leg deadlift］）

● 核心：穿插在「訓練組」中（例如：肘撐［plank，又稱棒式］、側棒［side plank］、負重行走［carries，農夫走路］等基礎鍛鍊）

● 體能：進行4分鐘柔道專項能量系統的間歇循環，主要在飛輪腳踏車（或風扇型腳踏車）上訓練，以免關節承受壓力

【參考資料】

1. Cockrell, L. 2008. *Creating Magic*. Crown Business。

2. Gambetta, V., and G. Gary. 2002. *The Gambetta Method: Common Sense Guide to Training for Functional Performance*. Gambetta Sports Training Systems: Sarasota, FL.

Analyzing the Demands
of the Sport

—

如何分析運動需求？

設計有效的功能性訓練計畫之前，你必須先分析、了解運動項目中的需求。思索一下該運動，看看它在你腦海中浮現出的意象——它是什麼類型的運動呢？

大多數運動不是耐力運動，就是速度與爆發力的運動。成隊比賽的運動幾乎全是速度與爆發力的運動。體操與花式溜冰之類的個人運動主要也要仰仗速度與爆發力。此外，包括網球在內的執拍運動也是速度與爆發力的運動。

現在問問自己：這項運動的運動員或選手誰是佼佼者？他們是耐力最佳或柔軟度最佳的運動員嗎？大多數人往往都不屬於這兩種類型的運動員。通常，最優秀的運動員或頂尖好手都是最有效率與爆發力的運動家。速度和敏捷度，幾乎是每一種競速衝刺運動最看重的特質。

運動的配套形式與測試類型

話說 1980 年代早期，職業體育隊、頂尖的業餘選手與職業運動員開始尋求訓練建議，但他們卻常常找上錯誤的對象。當時的職業隊與體育總會聘請的運動顧問通常是運動生理學家，面對速度與爆發力運動項目的選手需求，他們根本少有經驗。一般來說，這些顧問本身都是耐力運動的運動員，因此，與其評估和建議採用最適合速度與爆發力運動的方法，這些運動生理學家寧可對所有運動員套用同一套通用方案：

1. 測試運動員。
2. 分析測試。
3. 下結論。

遺憾的是，當你真正試圖提升運動員的體能與運動表現時，這種太過簡略的方法往往錯誤百出，而且不少錯誤後來持續遺害肌力與體能專家30多年。

大多數速度與爆發力運動項目的選手在穩定狀態訓練的有氧能力（攝氧量〔VO_2〕）測試中表現都欠佳。為了簡化測試過程，這類的測試通常都在原地腳踏車上執行，但這些運動員並不常踩腳踏車做訓練。結果，根據攝氧量成績所得出的結論，就是這些運動員的體能都不合格。於是，為了讓他們有合格的體能，設計出的訓練計畫幾乎老是將重點擺在改善運動員的有氧能力。它的基本論據就是：運動員的最大攝氧量愈高，運動時間就愈能夠持久，而且復原得比較快。這一切似乎很符合科學邏輯。然而，有幾個理由可以說明為何這個方法並不符合速度與爆發力運動選手的需求：

● 以使用快縮肌（fast-twitch muscles）與爆發力動作為主的運動選手，通常在有氧能力的測試表現欠佳，這不是什麼新發現。

● 間歇屬性運動項目（例如：大多數的團隊運動）中，體能好的選手未必在有氧能力的穩態測試中取得佳績，尤其如果是在運動器械（如腳踏車）上執行該測試時。因為這不是這類運動員訓練的主要模式。

● 為了讓速度與爆發力型態運動的選手提升體適能或有氧能力而做穩定狀態或長程的訓練，反而會減損此類運動員原本獨特的生理素質。

● 為了按要求去執行大量的穩定狀態鍛鍊，爆發力型的運動員會頻頻累積勞損。

● 這些提升有氧能力的技術，其實適得其反。少了地面接觸與髖關節伸展（hip extension）會讓運動員陷入無數的傷害中。

自行車手應該踩自行車，槳手應該划船，必須快跑的運動員應該就要腳落地快跑，必須跳躍的選手應該就要跳躍。在有限的訓練量中加入交叉訓練也許是不錯的想法，但應該將它當成動態休息（active rest）或避免傷害的方式。太依賴任何技術都可能會付出代價。

在多年後的今日，大家都清楚看到運動生理學家專注在提升運動員體能與表現上的問題，這種方式一開始就是錯誤的。你不能單單分析運動表現頂尖的人，然後力圖要改善他們的弱點。若教練盲目地企圖改善一個原本就是弱點的項目，很可能反而會減損一個長項。訓練年輕運動員時尤其如此。在指導年輕選手時，重點應該優先擺在開發速度與爆發力之類

的素質，一般體能的開發則擺在其次。

訓練慢，運動速度會變慢

不少運動員表現欠佳的原因都是出自一個訓練的小錯誤：越野路跑。無數的運動員（經常是由苦惱的父母陪同）在大失所望的賽季之後會來找我，他們都認為自己訓練得相當賣力。他們搞不懂自己練跑的那些里程數為何從未發揮成效。有些人甚至提到在需要衝刺（也就是快速與爆發力的動作）時，反而缺乏那股勁，感覺步伐遲鈍。

這時我不會問：「你真的覺得訝異嗎？」，而是會點出一個事實：沒有任何團隊運動項目會需要一次跑好幾公里。即使在足球之類的賽場上真的讓你跑了幾公里，但過程也是在一次又一次的衝刺中夾雜一連串的步行或慢跑。像打曲棍球時，運動員幾次短暫衝刺後也會坐下來幾分鐘，接著再重複動作。以長程跑步來備賽，非但不適用於短跑選手，對於要重複做衝刺的運動員也絕對不適合。

有個概念叫做「專項運動訓練」，照字面意思來說，它強調針對一項運動的體能訓練，最好是依照執行該項運動時的需求去模擬它要的能量系統（energy systems），如果該項運動是衝刺短跑、慢跑、走路，那訓練就應該分別是衝刺短跑、慢跑與走路，這才合理。

你還必須掌握一項非常重要的概念：訓練變慢，速度也會變慢。實際上，慢速下的訓練很難讓一個人速度加快，卻很輕易就能讓他的速度變慢。如果想讓運動員的速度放慢，很簡單，就單單要求他們跑步放慢速度、拉長時間或距離即可。運動員或許能練出良好的狀態，但這狀態卻是錯誤的。

另一個問題是：越野路跑之類的穩定狀態運動會造成受傷。主攻跑步的人，大約有60％都曾遭遇運動傷害，依照這樣的受傷比率，假如你還冀望在開賽季時身體強健，就很不妙。

在自己專攻運動項目占優勢的選手，就是跑步最快、跳躍最高、衝刺最迅速的那些人。當

然，體能很重要，可是必須針對各專項運動訓練。他們要練的是舉重、跳躍與衝刺。在非賽季時，要將訓練重點擺在增加肌力與爆發力。

簡單的說，非越野路跑項目的運動員就不該跑越野路跑。運動員想讓速度變快且鍛鍊到絕佳的運動狀態，就必須採取最佳運動員的訓練方法——融合肌力訓練與間歇訓練來做充分準備。

鑑定與提升關鍵特質

知名的速度訓練專家查理・法蘭西斯（Charlie Francis）於1986年寫了一本指標性的大作《查理・法蘭西斯的訓練系統》（*The Charlie Francis Training System*，1997年新版書名為《速度訓練》[*Training for Speed*]），他在書中陳述了短跑選手的特質，以及該如何正確訓練這些特質。自此之後，我們的訓練計畫設計與基本原理一直以這本著作的內容為基礎。

法蘭西斯指導過許多頂尖的短跑選手，包括曾打破世界紀錄的牙買加裔加拿大短跑運動員班・強生（Ben Johnson，譯注：班・強生曾被譽為「地球上跑得最快的人」，在1988年漢城奧運男子100公尺決賽中打破世界紀錄，勝過當時的美國短跑天王卡爾・路易士 [Carl Lewis] 奪金，但隨後被查獲使用禁藥，立即被剝除金牌與禁賽）。儘管法蘭西斯因為強生服用蛋白同化類固醇禁藥留下一些污點，但他在教練工作上的成就地位是不容小覷的。加拿大過去從未被認定是孕育短跑人才的溫床，但法蘭西斯在國家沒有龐大人口基數的狀況下竟然能夠培養出世界紀錄保持人，而且指導的選手在奧運、世界盃與大英國協運動會（Commonwealth Games）都奪過金牌。

針對培養短跑選手的方法，法蘭西斯提出了簡單且有邏輯的結論。他認為選手在年少階段（十三歲至十七歲）必須做充分的爆發力相關訓練，維持白肌（快縮肌或是與爆發力相關的肌肉）纖維中的遺傳決定部分。爆發力的鍛鍊也會促進過渡性纖維（transitional fiber）轉換成與爆發力相關的肌肉纖維。法蘭西斯在1997年提到：「耐力訓練的分量必須謹慎限

制在輕量與輕中量，防止過渡性肌纖維或中間肌纖維（intermediate muscle fiber）轉變成紅色的耐力肌纖維（endurance muscle fiber）。」

法蘭西斯認為，將焦點擺在耐力訓練不僅與培養運動員成為短跑選手的目標背道而馳，而且重要的是，可能會在開發運動員速度能力時製造反效果。換句話說，耐力訓練很容易將短跑選手變成耐力型運動員，但這可不是我們想達到的結果。

在此，我要強調訓練計畫的關鍵在於：分析一項運動，界定出培養優秀運動員的特質，接著再來擬定出提升這些特質的訓練計畫，這才是重點。它與分析運動員後再試圖改進不足之處的做法大相逕庭。

重拾失去的爆發力

柔伊・希克爾（Zoe Hickel）是美國明尼蘇達大學杜魯斯分校（University of Minnesota Duluth）女子曲棍球隊的隊長。談到運動員努力鍛鍊到最佳狀態，卻可能著重在錯誤特質的問題，以柔伊作為例子相當合適。柔伊十八歲時就是優秀的大學新手球員之一，還曾是美國十八歲以下青少年曲棍球國家代表隊女子組的成員。然而，大學時的三年艱苦訓練實際上將她搞到垂直跳躍（vertical jump）表現退步，更可能削弱了她的效率。

2014年，柔伊搬到波士頓，在麥克波羅伊肌力體能訓練中心實習，並將重心放在我們的訓練計畫上。該訓練計畫的特點就是幾乎不太有耐力訓練與慢速長距離的鍛鍊。那年夏天，柔伊最長的跑步距離大概是275公尺的折返跑。

才不過7週，柔伊的垂直跳躍表現增加了7.6公分（恢復到她三年前的實力水準），體重增加約3公斤，充分準備好在大學四年級參加第一次的國家球員測試營選拔。這項成果當中的關鍵在於大幅減少耐力訓練，將重點擺在增進下肢肌力，而且訓練計畫以增加肌肉量為目標。在測試營時，柔伊是主要的得分球員，也讓她在美國國家女子曲棍球隊中取得一席之位。不足為奇的是，柔伊該年也有最亮眼的出擊，以19次射門和13次助攻讓國家代表隊領先，並拿到全聯盟獎（all-League honors）。

照片來源：明尼蘇達大學體育室 / Brett Groehler

多年來，教練一直試圖改善爆發力型運動員的有氧能力，最後的成效似乎讓運動員擁有的攝氧量提高了，但在運動表現上並未達到真正的改變。以這種方式設計出來的訓練計畫，提升了運動員以持久步調做運動的能力，但他們從事的運動根本就不需要「持久步調」。

支持這種訓練的人會強調有氧系統對運動恢復的重要性，並舉證歷歷，比方說，「足球員在一場比賽中要跑8公里」，或是「一場網球賽要打2小時」。這種觀點本身沒錯，但問題在於：過程中的速度為何？該速度又出現在哪一段時間？一場網球賽或許要打2小時，但衝刺與站立兩者的比例為何？球員持續處在活動狀態嗎？有氧訓練的擁護者從未提到用這種訓練法來提升運動表現，只是強調它是提升身體恢復力的方法。但我們的訓練目標明明是要提升運動表現，不是嗎？

一場長達2小時的足球賽中，會出現一連串的衝刺、慢跑和步行動作。任何運動員都有本

諸如網球之類的運動，選手做的訓練必須兼顧衝刺與減速，不能只做8公里的路跑訓練

事在2小時內跑8公里。事實上，2小時8公里的時速相當於是4公里，這是慢步走的速度。大多數不健身的人都能夠在2小時內走8公里。重點在於：優秀的足球員在2小時當中能夠反覆地加速與減速。現在，問問自己：「運動員該如何達到踢足球要求的條件呢？」

針對足球或網球運動，運動員在備賽期都必須訓練衝刺與減速（通常是在極速下放慢速度）。他們需要跑到8公里來培養這項能力嗎？大可不必。相同的邏輯幾乎適用於任何爆發力類型的運動。在橄欖球賽中，球員的跑步通常一次不超過9公尺。每次的衝撞為5秒，每個衝撞動作間隔有將近40秒的休息。你該如何達到打橄欖球要求的條件呢？或許就是做間隔休息30秒至40秒的衝刺短跑訓練。以下是分析一項運動的祕訣：觀看比賽、觀察表現優秀的選手、尋找共通的特點。不要把焦點放在選手的弱項，並試著琢磨出優秀選手表現到位的原因。此外，普世認定的共識若是違反常理，千萬就別死守不放。

分析一項運動時，你必須問下面幾個問題：

● 該運動需要衝刺短跑或跳躍嗎？如果需要，那麼下肢肌力（尤其是各種單腳動作時的肌力）至關重要。

● 運動時需要頻頻停止再開始嗎？

● 賽事時間有多長？或者一場比賽要持續多久？（這有點複雜，不過考慮一場比賽、活動或一套動作的總長度即可；或者考量每次佈陣、執行動作或得分的間隔休息時間有多久。）

● 參賽者全程的場地是在體育場、冰上、跑道或球場嗎？

● 如果是在以上場地比賽，那麼選手衝刺短跑與慢跑的頻率為何？他們慢跑是為了延長時間（5分鐘以上）嗎？如果不足，那他們為何在訓練時要慢跑？

● 運動員的速度與爆發力訓練已經讓他們成為該項運動領域名列前百分之十的選手嗎？男選手：我完成10碼短跑的電子計時成績可以在1.65秒嗎？〔參照電子計時是因為它的時間比手計時更精準。〕我的垂直跳躍可以超過86公分嗎？女選手：我完成10碼短跑的電子計時成績可以在1.85秒嗎？我的垂直跳躍可以超過64公分嗎？如果答案是否定時，你可能需要在訓練中加入更多的速度與爆發力訓練。

速度與爆發力幾乎是所有運動不可或缺的條件。網球、足球、棒球、體操、花式滑冰與其他不勝枚舉的運動，全都重度仰賴速度與爆發力。提升運動表現的關鍵也在於強化能力來促進速度與爆發力。耐力應該之後再納入考量。我們再三叮囑運動員的觀念就是：要達到速度變快與爆發力增強的成果，需耗時多年；要練出含氧能力高的體格只需幾星期即可。繼續往下看後文時，請切記這一點，也思索你當前訓練自己或運動員的方法，以及其他可採行的更明智的訓練法。

【參考資料】

1. Francis, C. 1997. *Training for Speed*. Ottawa, Ontario: TBLI Publications.

Assessing Functional
Strength

—

如何評估功能性肌力？

第一章提到，功能性訓練就是做真正有用的訓練，在分析過各運動的需求之後，就是評估自己或選手的強項與弱項了。本章的測試可以讓大家做自我評估。

我很少碰到有哪個運動項目的運動員具備的肌力、爆發力和加速度可以遠遠超出專項的需求。在電視賽況轉播中，也很少聽到評論員說：「天啊，他跑得超快，竟然可以跑在球的旁邊！」想達到速度與爆發力，就要將肌力納入考量，而且重點要放在開發功能性肌力（functional strength），也就是運動員能夠用到的肌力。

功能性肌力的客觀測量法（objective measurement）連最優秀的運動員都會奉從。為了評估功能性肌力，運動員對抗阻力的方式必須要更貼近運動中或是生活上會發生的狀況。因此運動員自身的體重（最常見的阻力形式）理所當然最常被運用在功能性肌力評估的鍛鍊中。

典型的肌力測試會要求運動員在一項鍛鍊中按照現成的基準，移動預定的重量。舉例來說，臥推（bench press）是經常用來評估上半身肌力的測試。但這類的測試真的能夠充分顯示出運動員的功能性肌力嗎？

況且也別忘了：原始數據必須考慮到背景資料。在大多數情況下，運動員可以臥推160公斤就會被視為強壯。但萬一這名運動員的體重就是160公斤呢？那他臥推的重量到160公斤只是到達自己的體重而已。千萬別被數據愚弄了，運動員執行功能性鍛鍊必須以自身體重為基準。

主張培養功能性肌力的人會質疑運動員以仰臥姿勢做測試有意義嗎？畢竟在大多數的運動中，仰臥代表無法達到高水準表現。像我們會告訴美式足球員：「如果以仰臥姿勢做推頂，那你的美式足球會打得超爛。」難道這就表示臥推不能列入功能性訓練計畫嗎？不是！你可以利用臥推練上半身的總體肌力，但如果你無法執行伏地挺身、引體向上（chin-ups）等徒手鍛鍊（body-weight exercises），那代表練出來的強壯肌肉無法發揮功能，而且更可能受傷。

一份好的功能性肌力訓練計畫，要使用經試驗證明可行有效的肌力鍛鍊動作，例如：臥推，同

時也要納入其他鍛鍊，比方說，單腳蹲（single-leg squat）、後腳抬高蹲（rear-foot clevated split squat）、伏地挺身、單腳直膝硬舉（single-leg straight-leg deadlift）。重要的是：讓訓練計畫不要顧此失彼，且更具功能性。50年來一直用來成功練出肌力的方法，人可不必為了一份更具功能性的訓練計畫就完全否決掉。

另一方面，千萬別只是為了肌力而去練肌力。有好長一段時間，大家都靠健力或奧林匹克舉重等運動項目界定運動員的肌力水準。教練試圖讓運動員表現更好時，經常會去效法或模擬其他的運動項目。而功能性訓練的重點在於操練可用的肌力，且我們主張不需要二選一。在肌力體能訓練界常見到教練只顧奉行一個思想學派，而不是為了他們的運動員去開發合適的訓練計畫。記得你訓練的運動員未必是健力選手或奧林匹克舉重選手，因此訓練目標應該結合多種訓練方式的學問，盡可能提供最佳的訓練計畫。套句美國EXOS體能訓練中心運動表現教練丹尼斯·羅根（Denis Logan）的話：我們必須「開發同時是優質舉重者的卓越運動員」。

如何評估功能性的上半身肌力

所以，該如何測定運動員的功能性肌力才是最好的方法呢？針對功能性的上半身肌力，多年來我發現有三個簡單的測試最有效且精準。

引體向上的最多次數

正確的反手引體向上（掌心面向臉）與正手引體向上（掌心背對臉）技術是精確評估的要素。完成每次的反覆（rep）之後手肘必須打直，肩胛骨必須外展（abduct）製造明顯的動作（參照【圖3.1】）。沒有做到完全伸直或是下巴沒有超過單槓的任何反覆，都不能計入次數。

也不准做擺盪式（kipping，利用衝力移動身體）引體向上。聲稱自己的反手引體向上或正

手引體向上可以做相當多次的運動員，大部分人實際只做到1/2或3/4次的反覆。

不會做引體向上的運動員，他們的強壯是不具功能性的，或許更可能造成受傷，尤其是傷到肩膀。大多數運動員若是沒有規律地做反手引體向上，他們耗費一年時間所達到的程度甚至只會到高中水準。

為了提升引體向上的實力，運動員不能遵循一份做下拉運動（pull-down exercises）的訓練計畫，而必須改做輔助式引體向上（assisted chin-ups）或以離心訓練為主的引體向上（以10秒～20秒從單槓降低身體）等。關於引體向上的漸進訓練詳情，請參照第八章。

我們已經調整了標準，現在要求運動員只要可以做10次的引體向上就轉換至負重引體向上（weighted chin-up）。運動員一旦徒手能夠反覆拉起10次，下次的測試就必須以負重腰帶加掛10公斤的重物。一般來說，負重會讓引體向上的反覆次數從10次降到3次，但

【圖3.1】反手引體向上

最重要的是它會強迫運動員訓練肌力。因為目標是練出肌力，因此希望每次測試都能夠進一步幫助我們達到目標。

反手引體向上或正手引體向上的最多次數，或許會用來決定負重反覆引體向上的重量。運用這種漸進測試與訓練，我們指導的女運動員可以在負重20公斤之下反覆做5次的引體向上；同樣的負重引體向上反覆次數，男運動員則可以在超過40公斤的負重下達成。

懸吊式反向划船的最多次數

懸吊式反向划船（suspension inverted row）是臥推的反向動作，主要鍛鍊到與拉的動作相關的肩胛牽縮肌（scapular retractors）、肩部肌肉。運動員若是無法做到懸吊式反向划船，代表他們的上背肌力不足，應該先做第八章介紹的基礎划船漸進訓練。運動員的上

【圖3.2】懸吊式反向划船

背肌力不足，發生肩旋轉肌群（rotator cuff）相關問題的風險會更高。對於游泳運動員、網球手、投手、四分衛與其他投擲選手等容易有旋轉肌群問題的運動員，上背肌力特別重要。

做懸吊式反向划船時，運動員的雙腳擺在訓練椅或跳箱上，雙手抓住握把或握環，姿勢很像做臥推。懸吊機的高度應該與腰部高度差不多。全身挺直時，運動員將握把拉向胸部，拇指必須碰觸到胸部，而且身體的位置不變。此外，確認肘關節完全伸直，身體也要維持完全挺直的姿勢。反覆次數的計算只有做到身體挺直且拇指碰觸到身體時才算數（參照【圖3.2】）。

與引體向上一樣，運動員一旦可以反覆做到10次，就要加重5公斤。讓我再次強調，焦點要放在開發肌力，而不是耐力。

伏地挺身的最多次數

對於較壯碩的運動員來說，伏地挺身的測試比臥推更精準。每次的伏地挺身，胸部應該觸碰到5公分厚的泡棉健身墊，軀幹也應該維持挺直。頭必須與軀幹呈一直線。未保持背部的姿勢、胸部未觸碰到健身墊、頭部下傾，或者肘關節未完全伸直，都不能計入反覆次數中。為了避免「偷工減料」，並讓計數簡單，可以將節拍器調在每分鐘50拍。運動員應該跟著節拍器的節奏，第一拍時挺身，下一拍時伏地。當他們做不了下一個伏地挺身動作，或是無法跟上節拍器的節奏時，測試就結束。

與前述的兩項測試一樣，運動員一旦反覆完成10次伏地挺身，就要穿上加重背心（一開始是5公斤，接著是10公斤）。更進階的訓練，可以在穿10公斤加重背心或背上擺槓片之下反覆完成更多次的伏地挺身。

如何評估功能性的下半身肌力

相較於上半身肌力的評估，安全又精準地評估下半身肌力顯然困難許多。事實上，可以安全檢測功能性下半身肌力的可靠測試寥寥無幾。多年來傳統雙腳蹲的背蹲舉（double-leg back squat）一直被用來測試下半身肌力，但這項測試的安全性也受到質疑，尤其在為了達到最多反覆次數而執行的時候。此外，很多教練認為背蹲舉是美式足球文化的一部分，並沒有真正符合自己指導的運動項目的需求。

後腳抬高蹲

過去5年來，我們一直努力開發與實行有效、可靠安全且執行簡單的下半身測試。我們已經使用後腳抬高蹲的最多反覆次數或RM（repetition maximum，運動員在預選的負重下能夠重複做特定動作的最多次數）作為下半身功能性肌力的測試。儘管不算完美，但我們發覺這項測試在評估肌力與衡量進步上很有效。

做這項測試比較簡單。運動員將後腳置於臥推長椅或特製的支撐架，地板鋪平衡墊，保護膝蓋免於反覆摩擦而受傷。運動員在5RM範圍選定一個重量，接著盡可能做更多次的反覆動作，直到出現技術性失誤為止（例如：運動員不再能繼續保持完美的技巧）。

一般來說承受的重量是兩個啞鈴或兩個壺鈴，但壺鈴是首選，因為比較容易抓握。為了安全起見，這種側邊負重更優於背蹲舉或前蹲舉（front squat）的姿勢。身體兩側的啞鈴沒拿好，只會造成一對啞鈴落地，但背蹲舉或前蹲舉的姿勢若失誤，可能會引發既不安全又有害的姿勢。

另一個可能的評估方式就是測試單腳蹲。在一項設計妥善的訓練計畫中，我們發覺運動員的強壯具功能性時，到第4週開始就能在抓握2.5公斤啞鈴之下做5組的單腳蹲（參照【圖3.3】）。不熟悉或不習慣單腳肌力鍛鍊的運動員，在開始做單腳蹲之前應該要做3週的分腿蹲（split squats，兩腳著地），或是3週的後腳抬高蹲（後腳抬高）的漸進訓練。我們

【圖3.3】後腳抬高蹲

指導的精英女選手身上負荷的總重量在20公斤之下（穿10公斤的負重背心，抓握一對5公斤的啞鈴），反覆次數可以達10次，至於男選手可以承受的外加總重量是45公斤。對男選手來說，在負重的同時要完成多次反覆次數會有困難度，因為必須穿好幾件負重背心。

最後，要提醒各位：用來測試的鍛鍊若在一開始沒有教導運動員正確的做法，想要安全地評估功能性的下半身肌力是幾乎不太可能的。如果這一點都不可能做到，那麼你將承受的風險就會遠遠超過從任何資訊所獲得的潛在好處。

雙腳垂直跳

一項合宜的肌力訓練計畫開始實行之後，評估腿部力量的簡單替代方法就是使用雙腳垂直跳（double-leg vertical jump，參照【圖3.4】）。實行垂直跳躍比較安全，而且有現成的基準。腿部爆發力若能增加，至少有部分要歸功於腿部肌力增加。

評估垂直跳躍的最佳器材就是Just Jump System與Vertec的彈跳測試評估設備，雖然我

們必須說兩種設備本身都有缺陷，但目前仍是最佳選擇（這兩項設備在美國都是由M-F Athletic公司經銷，欲購買可至：www.performbetter.com）。

Just Jump設備可以測量騰空時間，並將它轉換成騰空高度（單位：英寸）。運動員的跳躍與著地都必須在相同位置，而且在不提膝或膝蓋不彎曲之下，腳趾必須先著地。以上的測驗要素可能都會影響成績。

Vertec是可調整高度的設備，能夠測量伸手觸及高度（reach height）與跳躍高度。利用Vertec設備時，伸手觸及高度的測量必須精準。在我們的訓練中心，我們會在跳躍中測試雙手與單手的觸及高度。在受測者與施行的測試中維持一致性相當重要。

【圖3.4】雙腳垂直跳

功能性肌力測試的結論

這些測試是為了評估訓練的進展，它們不是訓練計畫，也不該是訓練計畫。測試只能顯示出需要訓練的區塊，以及可能容易受傷的部位。但從測試得來的數據有助於激勵與監控後續的肌力開發。

有些教練或許會批評本章介紹的測試方案，因為有些測試就算納入反覆次數的上限了，但仍可能被解釋成肌耐力的測試。雖然我有點同意這種看法，但還是必須再次強調：這些測試不是訓練計畫，只是評估訓練進展的方法。

現在，你應該比較了解運動的需求，也對自己或運動員的肌力水準有概念了。希望你會愈來愈清楚功能性訓練的原理。它的概念就是開發一套對運動有意義的計畫，強化的部位將

在運動表現或防止受傷上擔任關鍵要角。在開發一份改善運動表現的訓練計畫中，功能性肌力的評估是很重要的步驟。接下來，我們要開始開發訓練計畫了。

功能性肌力能擋掉冰上曲棍球的運動傷害

我們與美國波士頓大學（Boston University）男子曲棍球隊一起制定了一套功能性肌力測試，它們與本章介紹的測試相當類似，而且在增長肌力與預防傷害上的成效斐然。在測試時，反手引體向上的平均1RM是45公斤。

一開始，負重引體向上的反覆次數達到10～15次時就被視為表現出色了；但五年後，這種表現就會被認為是低於平均水準。在我們的健身中心，看到所有人都在做負重引體向上並不足為奇，而且男運動員負重20公斤的槓片反覆做引體向上也是司空見慣的事。

©Fred Kfoury III/Icon Sportswire

此外，值得注意的是在我們指導的波士頓大學校隊中，很少發生與撞擊相關的肩膀傷害。這是在平衡推拉動作訓練中加入阻力有益於防範受傷的強力證明。

Designing a Program

—

設計功能性訓練計畫

我經常和其他教練討論提升運動表現的訓練計畫。通常，對話的開頭內容會如下：「我用了你的一些訓練項目，再加上馬克‧沃斯特根的幾項內容，然後又摻雜少許的……」我知道這話大致上是褒讚之意，但這種做法可以達到怎樣的效果可是另一回事。

提到應該開發新的運動表現訓練計畫，還是採納既有訓練計畫的全部或部分內容時，讓我引用料理界的情況做為比喻——說到烹飪，有些人確實是行家，有些人就必須靠料理書和食譜才會做菜。有些人能編寫料理書，其他人則要參閱料理書。即使在餐飲業，也有人是一般廚師，有人是主廚。廚師依照食譜做菜，主廚則負責開創食譜。

所以，你是廚師，還是主廚呢？假如你正在為自己或一個團隊設計第一份訓練計畫，你會是一個廚師，你要做的就是找到一份符合自己需求的好食譜，然後完全按表操課。此外，在烹調時，食譜上的每種食材都有它的用途，舉例來說，大多數的烘焙食品都需要麵粉，比如烤蛋糕時，你不可能遺漏掉麵粉，對吧？

第一次做某道料理時，你會採用不同料理書中的兩份食譜，然後結合兩份食譜的做法嗎？你會添加其中一份食譜中的食材，同時又拿掉另一份食譜的食材嗎？這種方式最後烹調出的料理美味嗎？不！才不美味呢！同理，當教練採納源自各方的計畫開發出自己的運動表現訓練計畫時，結果就會像這樣。

偏偏一談到設計訓練計畫，多數教練竟然都是這麼做的。曾經有運動員跟著我訓練多年，最後也當上教練。他們採用的訓練計畫不是以前對自己相當有成效的方案，反而去更改它。之後他們會以電子郵件寄送訓練計畫給我，信件主旨是：「可以請你看一下這份計畫嗎？」而這份訓練計畫勢必夾雜了我與他們的一些設計，或許又攙有第三人的幾項素材。可以說是一份大雜燴的訓練計畫。同樣的，這種訓練計畫也一定欠佳。這些教練並非經驗豐富的「主廚」，但他們選擇的做法竟然是順應自己的口味去更動食譜。其實更好的抉擇是選擇一份由經驗老到的主廚開創的食譜，然後好好做出一頓飯。換句話說，就是「依樣畫葫蘆」，完全遵照該訓練計畫指導運動員。

如果你已經開發訓練計畫多年了，那你的專業或許會相當於副主廚的水準。副主廚是在廚房發號施令的第二號人物，很多擔任3、4年的教練就像副主廚。他們已經培養出更動食譜又不會破壞掉料理的實力。他們知道食材可以更動，但應該要有配套計畫，也了解應該遵循計畫。副主廚懂得食材比例的重要性，不會只是按照自己的口味去烹調。

最後，當你設計出有成效的訓練計畫並累積5年的經驗之後，或許你就有資格成為一名主廚。到了這個階段，具備豐富的烹調與烘焙經驗的你可以考慮大膽革新食譜。有位知名的肌力體能教練曾說過一句話：「要打破規則，可以。只要你確定對規則早已瞭若指掌即可。」經過五年的歷練，你不該在看到新的訓練DVD之後就全盤拋棄自己的訓練計畫。主廚可不會為了順應最新潮流而放棄自己的烹調方式，反而會視情況做小幅的調整，而這樣的改變使你確信可以讓自己的整套方法更上一層樓。

我的經驗顯示，大多數教練在設計運動表現的訓練計畫時需要更多的指導。如果你是初出茅廬的新手，千萬別害怕模仿。事實上，我要鼓勵你去模仿，而不是東拼西湊。本書提供的訓練計畫正是基於這項目的——我寧願你如法炮製我的訓練計畫，而不是試圖擷取本書部分內容添加至你的計畫中。

在過去的著述中，我曾提出警告：「只是模仿訓練計畫是錯誤的」。更具體地說，我想指出：「『盲目』模仿訓練計畫是錯誤的」。因此，你在選擇時要有見識、謹慎與敏銳的分辨力。萬一你沒把握或尚未準備好開創一份訓練計畫，就儘管去模仿吧！所有的料理書不都是為了這個目的嗎？

訓練計畫的基礎

在一步步嫻熟設計訓練計畫的過程中，當你如實評估自己的精通程度處於哪個階段後，下一步就是確定自己了解以下的觀念。本章會讓你熟悉設計訓練計畫的概念、用來實行這些概念的工具，以及該如何進展至功能性的訓練計畫。

針對體適能的訓練計畫

所有訓練計畫的開頭必須是2週或3週的「建立根基期」（base-building period）。對於身體已經鍛鍊得相當好的運動員來說，這段預備期可以避免他們的體適能衰退。而基礎體適能有任何明顯不足的運動員，身體就會在這段時期發出警報。

建立根基期的構成要素應該是：以節奏跑（tempo running）培養與衝刺短跑相關的體適能基礎。節奏跑並非衝刺短跑，也不是慢跑。它是由不同距離的跑步組成（通常是100公尺或200公尺），中間穿插步行做恢復。在我們的訓練中心，運動員經常是跨步跑全長37公尺的草坪、轉身再往回跑。記得一個步伐的配速要介於慢跑與衝刺之間。我們也會在跑步機上做節奏跑，選擇中度的步伐配速（每小時15～16公里），並以15秒衝刺、30秒休息或是20秒衝刺、40秒休息的比例做間歇訓練。

確定恰當的體適能基礎之後，你就可以開始設計一份功能性的訓練計畫了。重點不僅僅要放在強化肌力，也要兼顧應用在運動或生活上的肌力。

首先，讓我們複習一下第二章提出的幾個基本問題：

- 你的運動是強調速度與爆發力的衝刺型運動項目嗎？
- 你在運動時需要頻頻停止再開始動作嗎？
- 在你的運動中，一場比賽、得分、佈陣或一套動作會持續多久？

分析完比賽中實際會發生的狀況之後，再挑選體能活動，嘗試模擬比賽的能量系統與形式。接著是讓內容明確具體：一定要告訴運動員跑步的距離與速度為何，以及兩次跑步之間的休息時間。因為如果你容許運動員依照自己的配速跑步，通常他們就會跑得相當慢；容許運動員控制自己的休息時間，他們經常就會休息太久。

以足球、曲棍球、袋棍球、冰上曲棍球等衝刺型的運動為例，選手在運動時也需要頻頻停止再開始。那麼照道理來說，這些選手的訓練就應該特別著重於「停止再開始」的體能活動，例如：300碼（大約255公尺）的折返跑（shuttle run）。

針對肌力的訓練計畫

從肌力的角度來看，大多數的運動對肌力的需求是一樣的。馬克‧卡迪納爾（Marco Cardinale）在2012年倫敦奧運中擔任英國隊的高效能運動表現指導員，我們曾一同參加美國波士頓的一場研討會，他說了一句我最喜歡引用的話：「你的運動並沒有與眾不同，偏偏你就是要認為它與眾不同。」

卡迪納爾當時提到自己在倫敦奧運期間試圖調整選手肌力與體能的經驗。所有教練都認為他們的訓練計畫必須不一樣，因為每項運動都是獨特的。而真相是：各個運動的基礎肌力訓練需求其實差距甚微。況且，就算有差異，也不會大幅改變肌力訓練的方法。鍛鍊的體能面向或許不同，但肌力訓練的同異比例可能還是要遵照80/20法則，也就是所謂的帕雷托法則（Pareto principle）。即便針對不同的運動項目，我們在重訓室做的訓練也有80％是相同的，每位運動員擁有的肌群都一樣，而且這些肌肉的強化訓練也出奇相似。

增進爆發力與速度都需要肌力。你要將肌力視為構建一切的基礎。然而，千萬別只想到單純的雙側肌力概念，要將焦點放在特定的單邊肌力上。

一份肌力訓練計畫的鍛鍊內容，應該簡單到如同推、拉、膝關節主導的運動、髖關節主導的運動與一些核心肌群鍛鍊一樣。我曾有幸指導並訓練籃球、美式足球、冰上曲棍球、足球、柔道、划船等等運動領域的奧運獎牌得主與世界盃選手。我可以告訴各位：肌力訓練的同異比例80/20法則是很精確的。就算沒有百分百符合這個數字，也是比較接近90/10法則，而不是70/30法則。

設計訓練計畫的重點

想確切設計出一份功能性肌力訓練計畫，請務必記住以下的原則：

● **先學習基礎模式**

在考慮漸進訓練之前要先精熟基本動作，才會讓一份鍛鍊計畫更具功能性。運動員會犯的最大錯誤，就是連深蹲之類的基本動作都還不扎實就想做負重訓練或進階動作。運動員在加重鍛鍊之前一定要先精熟每項鍛鍊的徒手版動作，只有在通過這個關卡後，你才能繼續之後的漸進訓練。

● **先從簡單的徒手鍛鍊開始**

毀了一份肌力訓練計畫的頭號敵人，就是太急著嘗試負荷過重的推舉。如果運動員有能力做一項徒手的鍛鍊，但加上負重後覺得吃力，那麼加上的負重顯然就是問題所在。此時就要減輕或拿掉外加的負重。剛開始做上半身拉或划船動作時，很多運動員連在自身體重的阻力之下都無法完成訓練。遇到這種狀況，可能會需要運動器械或彈力帶輔助。

● **從簡單到複雜的漸進訓練**

本書的漸進訓練歷經多年開發，是依循著選手進展漸次推進的。針對單腳的鍛鍊，運動員應該先精熟最簡單的動作，例如：分腿蹲，之後再進展至後腳抬高蹲之類的複雜鍛鍊。鍛鍊要遵照功能性漸進訓練，有必要時，再適時增加難度即可。

● **運用「漸進阻力」（progressive resistance）的概念**

漸進阻力是成功的關鍵。簡單來說，就是嘗試每週增加負重或反覆次數。如果運動員能夠以同樣的負重多完成1次或2次訓練，就代表可以進階了。如果運動員在多增加2.5公斤負重的狀況下可以做到同樣的反覆次數，也是可以進階的。我們就是用這些簡單的原理打造出奧運與世界盃的冠軍。漸進阻力這個概念要歸功於古希臘的傳奇摔跤手——克羅托那的米羅（Milo of Crete），他一開始找了一頭小牛，每天扛牠當做訓練，小牛一天天長大，到最後米羅能扛起的已是一隻大公牛的重量，肌力也因而增加。這就是肌力訓練最簡單的基本功。

針對徒手鍛鍊的漸進訓練很單純。每種鍛鍊開始的第一週先做3組、每組反覆次數為8次；到第二週做3組、每組反覆次數為10次；結束的第三週做3組、每組反覆次數為12次。這項簡單的漸進阻力訓練，動用到的只有自身體重而已。

鍛鍊到第四週，你可以漸漸進階到更困難的動作，或者外加負重。外加的阻力可以是啞

鈴、壺鈴、加重背心、沙包或藥球。這些比較困難的漸進訓練可以依照相同的方式（反覆次數8-10-12），或者透過基本的阻力概念來規畫，只要在一項鍛鍊中每個星期增加2公斤負重，理論上最後結果是每年增加120公斤。而這樣的成果是多數運動員夢寐以求的。當然事實上，大部分運動員在這類的訓練計畫中最後都會碰到停滯期；不過新手倒是可以用基本的阻力漸進訓練方式取得很長一段時間的進步期。

針對這個環節，我要奉勸各位一句話：身為教練或訓練者，千萬不要根據自己的好惡去設計一份訓練計畫，而是要設計一份對運動員真正有作用的訓練計畫。

週期訓練

在訓練領域中，週期訓練（periodization）或許可以說是大家過度鑽研的主題。數以萬計的書頁內容詳述了小週期（microcycles）與中週期（mesocycles）的複雜度，這些書唯一做到的就是讓本來應該相當簡單的概念變得容易混淆。所謂簡單的概念，就像肌力體能界的傳奇教練查爾斯・保利金（Charles Poliquin）於1988年發表的文章〈肌力訓練的變化〉（Variety in Strength Training）中明確提到的：「高訓練量（累積週，高量的運動）、高強度（強化週，強度高的運動）與舒壓這幾個階段應該適當調配於訓練計畫中。」

概念真的就是這麼簡單！較高訓練量、較低負荷的週期應該與較高強度、較低訓練量的週期輪替。另一位肌力體能界的天王教練丹・約翰（Dan John）則建議大多數的鍛鍊反覆次數要介於15次至25次。這表示你可以選擇累積每週的訓練量為3組、反覆次數為8次（總反覆次數為24次），或者採用3組、反覆次數為5次（總反覆次數為15次）做強度更高的鍛鍊。

週期訓練的關鍵在於：設計一份簡單的訓練計畫，然後認真指導運動員。設計欠佳但好好指導的訓練計畫，永遠勝過設計很優但指導欠佳的訓練計畫。魔鬼就藏在執行的細節裡。

漸進阻力訓練與基本的週期訓練

我們的計畫擬訂的週期訓練循環很簡單：每組8～10下（累積週），接著是每組3下（強化週），最後是每組5下。我們做的事沒有花俏的內容，但我們每個星期都確實、努力地增加負重或反覆次數。我們的運動員就是利用這些技術練出相當驚人的肌力。

艾德・里皮（Ed Lippie）大學時期曾是美式足球隊選手，目前是肌力教練與私人訓練員；在本書英文版的第一版有不少照片中的示範模特兒就是他。在這裡舉艾德的例子，是因為他用本章敘述的技巧達到執行負重60公斤的引體向上3次，這是我們訓練中心表現最好的案例。

另一個例子是班・布魯諾（Ben Bruno），他曾在麥克波羅伊肌力體能訓練中心任職，後來因為他在YouTube上大量曝光的肌力影片而造成轟動。班做後腳抬高蹲動作已經進展到在負重140公斤時反覆次數到達5次，他同樣是採用簡單的週期訓練法。無論你是奧林匹克選手、教練或訓練員，做漸進阻力與週期訓練的基本功都能創造出顯著的成效。

鍛鍊分級

為上半身、下半身與核心肌群的鍛鍊做分級時，我們會在以下三個等級中擇一：

- 基線（Baseline）
- 進階（Progression）
- 倒階（Regression）

基線的鍛鍊是一般運動員的通用起始點，後續的鍛鍊則以進階或倒階做鑑別。運動員會執行三週的基線鍛鍊，接著換到進階的鍛鍊。然而，萬一運動員由於受傷或技術上的問題，因而在進階鍛鍊中遇到困難，這時就要立即轉至倒階的鍛鍊。對於適當的鍛鍊實行來說，進階與倒階的設計是很重要的工具。

進階是從基線級鍛鍊晉級，並依容易至困難的程度進行連續編號：進階1（容易）、進階2

（正常）、進階3（困難）。進階可以簡單地藉由漸進阻力增加負重，也有較難的進階是透過變換自身體重的運用方式來達成。比如說進階3的鍛鍊，難度就相當高。

倒階的編號方式也一樣，不過難易等級的順序是相反的：倒階1（容易）、倒階2（更容易）、倒階3（最容易）。因此，倒階3的鍛鍊是非常簡單的。

重點是，你必須明白每項鍛鍊一定要精熟之後才能進階，而且所謂的精熟可能也包含了從基線級退到倒階級的鍛鍊。

我會告訴我們的教練：在增加負重或進階之前，你必須喜歡當前鍛鍊看起來的模樣，而且我們的倒階制度是根據「目測」來判定。所以，決定要進階或倒階前，先問問你自己：身為教練，你喜歡目前鍛鍊看起來的模樣嗎？

我很喜歡傳奇田徑教練布‧謝克斯奈德（Boo Schexnayder）說的一句話：「教練的工作不是記錄鍛鍊，而是觀看鍛鍊。」

在紙上寫紀錄很容易，可是觀看別人執行你記錄的事，然後決定是否繼續做基線級的鍛鍊，或者給予倒階級鍛鍊的指示，應該同樣也是輕而易舉的 —— 雙眼會告訴你答案。

訓練工具

很多教練和運動員會認為功能性訓練的組成內容，是一些用大小抗力球（stability balls）與平衡設備執行的低強度鍛鍊。這與真正的事實天差地遠。真正的功能性訓練是以徒手訓練與漸進阻力鍛鍊為核心，運動員應該先熟練徒手鍛鍊，接著再漸進增加外在的負重至鍛鍊中。觀察新手在只有負擔自身體重時的分腿蹲動作，你會發現他們的動作明顯是不平衡的，而我們所謂的「平衡」實際上就是穩定肌群的肌力。大多數情況下，當運動員還在學習動作的模式時，一開始不必增加外來的阻力。他們需要的是熟練模式，之後再增加阻力。

不妨將功能性訓練想成是「功能失衡訓練」的反義詞，或者像物理治療師、功能性動作檢測（functional movement screen）研發人之一的葛雷‧庫克（Gray Cook）最喜歡說的

一句話：「我們要做的是在功能失衡中增添肌力。」功能性訓練的概念精要就是在負重之前學會正確的動作。在美國各個健身房都有功能失衡訓練的蹤跡，你會看到很多人試圖只是想將一個荷重從 A 點移至 B 點，使用的技巧竟然能從破綻百出到危險，不一而足。

接下來，我簡短概述幾項功能性訓練的重要裝備，以及使用它們的方式與時機的簡單指南。

藥球：過去 10 年來，藥球可以說是風靡全球，它可是有效開發爆發力的最佳工具之一。雖然藥球（參照【圖4.1】）已經存在了幾世紀，但它已然成了未來鍛鍊的重要工具。透過胸前傳球（chest passes）、過頂擲球（overhead throws）、砸球（slams）等動作，藥球可以用在做上半身爆發力的鍛鍊；也可用在長距離投擲做全身爆發力的鍛鍊。搭配磚牆時，藥球更是隨手拿來就能訓練核心肌群與臀部肌群的最佳工具。第七章會有一整節介紹藥球的訓練動作。

使用藥球想避免受傷一定要有常識。我們訓練中心的運動員不會執行需要接球的搭檔練習，也不會做任何單臂過頂擲藥球的動作。接球可能會導致手部受傷，至於單臂過頂擲球的動作可能造成肩關節的壓力過大。藥球的種類有彈力與非彈力之分，也有各種重量與尺寸。最實用的藥球趨近於 1 公斤至 3.5 公斤（2 磅至 8 磅）之間。

負重背心與腰帶：針對功能性訓練，比較好的工具莫過於加重背心或腰帶了。負重背心與腰帶有很多形式，它們從類似舊帆布做成的釣魚裝款式逐步發展成實用的輔具。有些教練可能認為，如果運動員已經以槓鈴或啞鈴訓練了，再使用負重背心或腰帶很多餘。然而，一件負重背心增加的外來負重，幾乎不會讓身體動作垮掉。運動員不必為了頂住外來的負重而變換上半身的姿勢，他

【圖4.1】藥球

們只需要穿戴上負重背心或腰帶即可。

對於原先被視為徒手鍛鍊的運動，穿戴背心和腰帶是增加額外阻力的絕佳方式。比方說，伏地挺身、單腳蹲、反向划船等運動，只要穿上背心與腰帶就能在超過自身體重阻力之下，安全妥善地做進階鍛鍊。此外，對於冰上曲棍球、橄欖球之類的運動，負重背心與腰帶也能讓選手在體能鍛鍊時模擬比賽穿戴裝備的重量。

泡棉滾筒：過去10年來，泡棉滾筒（參照【圖4.2】）從大家對它完全陌生變成不可或缺的裝備。滾筒有五花八門的顏色、長度與密度，不過都是用來自我按摩。自我筋膜放鬆（self-myofascial release）、自我按摩、軟組織按摩（soft tissue work）等術語全都適用在泡棉滾筒滾壓的動作。我在第五章更詳細介紹滾筒的使用方法。

【圖4.2】泡棉滾筒

抗力球：由於許多書籍、影片與課程全圍繞著抗力球（參照【圖4.3】）開發，因此對某些人來說，它成為了功能性訓練的代名詞。但過度使用抗力球訓練，引發很多肌力體能教練否定整個功能性訓練領域的成果。教練與運動員必須切記：抗力球不過是一項工具，而且可能對許多初學者也不適合。當然，抗力球用在一些特定的鍛鍊特別有效（例如：抗力球推滾［ball rollouts］、抗力球勾腿［stability ball leg curls］），但它絕對不是很多人原先認為的訓練萬靈藥，而且在深蹲或抬舉超過自身體重的重物等動作時，絕對不能使用它。有

影片出現運動員站在抗力球上，這實在是腦袋少根筋的做法。運動員永遠都不該站在抗力球上；這樣的風險遠超出任何可能的助益。如果你希望以不穩定平面幫下肢做額外的平衡訓練，請使用其他工具。

此外，教練與運動員都應當留意坐在抗力球上做槓鈴或啞鈴的鍛鍊，或者以抗力球取代在健身訓練椅執行的臥推動作。使用啞鈴或槓鈴時，絕對都不該用抗力球當支撐。就連使用所謂的「防爆抗力球」（burst-resistant balls）都應當謹慎小心。已經有許多新聞報導指出，防爆抗力球與傳統的球一樣會爆裂，並可能造成嚴重傷害。為了安全起見，我們當前的訓練策略是只用徒手，而且不准運動員站或坐在抗力球上。

【圖4.3】抗力球

滑板：滑板（slide board）最初的開發是為了當競速滑冰的訓練器材，但如今已普遍用在其他運動項目上。滑板能讓運動員在站立時執行能量系統的訓練，而它的特質正好能強迫運動員擺出屈膝微蹲（bent knee）姿勢，這個動作向來被稱為「專項運動的姿勢」（參照【圖4.4】）。唯有滑板這項體能器材可以在這種姿勢下做能量系統與肌肉系統的訓練；運動員可以在開發體能的同時，又能練適合的肌肉型態；在正規的心肺運動器材上通常不太可能兼顧到兩者。

滑板讓運動員可以活動到所有的伸肌，也能訓練髖外展肌群與髖內收肌群（hip

adductors）。從功能性體能的觀點來看，滑板的助益可能與跑步的好處不相上下，甚至更優。

在我們的訓練中心，會要求運動員使用滑板加強橫向移動（lateral movement）與平衡，同時還用它調整髖外展肌群與髖內收肌群的訓練難度。其他能量系統的體能設備，沒有一項可以提供以上的好處。此外，不同身高與體重的使用者都能輕鬆順應它。

【圖4.4】滑板

迷你滑板：迷你滑板沒有緩衝器，但可以用在滑板跨步（slide-board lunges）、滑板後勾腿（slide-board leg curls）之類的下半身鍛鍊，以及多種核心肌群的漸進訓練。由於我們無法在迷你滑板上執行能量系統的訓練，所以它不能算是傳統觀念中的滑板，但它仍然是該納入訓練配備裡的絕佳工具。

滑盤：在美國洛杉磯專門指導明星的教練瓦萊麗・華特斯（Valerie Waters）發明了滑盤（valslide），用它就能在任何地毯或草坪上做迷你滑板形式的運動。滑盤也與迷你滑板一樣，可以用在下半身與核心肌群的鍛鍊。

敏捷梯：可有效做功能性訓練的裝備中，敏捷梯（或稱繩梯）可能是最佳的器材之一。它可以做許多項目的動態暖身運動，也能用來培養平衡、離心肌力（eccentric strength）、腳步速度（foot speed）與協調性（參照【圖4.5】）。在敏捷梯問世之前，想鍛鍊腳步速度都沒有什麼好方法。此外，敏捷梯讓肌肉溫度升高時，可以額外為肌肉系統與神經肌肉系統（neuromuscular system）帶來助益。

【圖4.5】敏捷梯

半圓平衡球：會將半圓平衡球（BOSU ball）列入裝備清單的唯一理由就是：想在伏地挺身當中增加上半身的不穩定性，它是極佳的工具，而且它也是很棒的腳抬高式伏地挺身（feet-elevated push-ups）漸進訓練的工具。在我們的訓練中心，半圓平衡球只用在伏地挺身動作上。

懸吊訓練工具：過去十年來，懸吊訓練工具變得備受青睞。TRX是最流行的商品，但坊間的種類還是很多。相較於TRX，我更著迷的是以吊環做懸吊訓練，其實我們使用TRX或吊環的訓練方式也和使用半圓平衡球一樣，只用在一項鍛鍊 —— 反向划船上。以懸吊訓練工具練反向划船比較好的理由主要有兩點。首先，TRX與吊環是可調整的，因此可以讓任何程度的運動員或學員做有挑戰性的划船鍛鍊。第二，懸吊訓練工具可以讓肩膀開始於內旋狀態（拇指朝下），結束於外旋狀態（拇指朝上）；這樣的鍛鍊方式對肩膀相當適宜。

AT Sports Flex彈力帶：很少有一項器材可以像AT Sports Flex 彈力帶（參照【圖4.6】）這麼陽春，卻能大幅影響我們的特定 鍛鍊方式。它是多功能的繩索附著帶，相當適合推舉、划船與 肩胛胸廓（scapulothoracic）的鍛鍊。它的設計實在獨特到讓 我覺得它是一項不可或缺的工具。AT Sports Flex彈力帶是由芝 加哥白襪隊（Chicago White Sox）的肌力體能教練艾倫‧湯 瑪斯（Allen Thomas，這項器材也因此簡稱AT）開發，它是一 定要納入訓練計畫中的裝備。

【圖4.6】AT Sports Flex彈力帶

功能性訓練計畫的連續階段

設計一份訓練計畫時，做決定前事先考慮好一項鍛鍊或練習的功能屬性相當重要，我覺得 這時若有一張分類表當參考會很實用，所以整理出下頁的表格（【圖4.7】），將功能性的 連續階段從最少功能性排到最多功能性，讓各位依照等級評估並進行鍛鍊。

這張圖表分成下半身鍛鍊（膝關節主導與髖關節主導）、上半身鍛鍊（推與拉），以及核 心肌群鍛鍊。圖表上的漸進訓練從不具功能性、以運動器械為主的鍛鍊，到以單腳執行、 具高功能性的鍛鍊。這個表格強調一個概念：設計訓練計畫時不該用「二選一」的思考方 式，反而應該想出一個整合的方法，一方面用來開發肌力，一方面要讓練出來的肌力與運 動項目和動作更密切相關。

圖表所見的膝關節主導的下半身鍛鍊的連續階段，是從最少功能性到最多功能性，它依循 了以下的順序：

1. 我預想最少功能性的鍛鍊就是臥式腿部推蹬（lying leg press）。腿部推蹬時，運動員仰臥，

穩定是由運動器械提供。

2. 接下來是站姿的機械式深蹲（standing machine squat）。運動員的功能性連續階段已經進階至站姿，這是進步，但穩定仍由運動器械提供，而且呈雙腳站立的姿勢。

3. 再來是槓鈴深蹲（barbell squat）。運動員在這個階段是採取站姿，而且要靠自身的穩定，但鍛鍊仍尚未到達最高的功能性標準。

4. 漸進訓練的下一步就是以單腳做的訓練：單腳蹲。到這個階段，鍛鍊就極具功能性了。會在跑步或跳躍動用到的下半身與軀幹的肌肉，同時也被訓練到了。

【圖4.7】功能性的連續階段

最少功能性 ➡				最多功能性
下半身鍛鍊				
膝關節主導				
鍛鍊形式	腿部推蹬	機械式深蹲	槓鈴深蹲	後腳抬高蹲	單腳蹲
基本原則	仰臥、不必靠運動員自身維持穩定	站姿、不必靠運動員自身維持穩定	雙腳	單腳、額外的平衡輔助	單腳、沒有額外的平衡輔助
髖關節主導				
鍛鍊形式	後勾腿	背部伸展	雙腳SLDL或RDL*	單腳SLDL+2個啞鈴	單腳SLDL+1個啞鈴
基本原則	俯臥、非功能性動作	俯臥、功能性動作	雙腳站立	單腳站立	單腳站立
上半身鍛鍊				
水平推				
鍛鍊形式	機械式臥推	臥推	啞鈴臥推	伏地挺身	抗力球伏地挺身
基本原則	仰臥、不必靠運動員自身維持穩定	仰臥、中等的穩定	仰臥、單臂穩定	俯臥、閉鎖鏈動作	俯臥、在平衡上增加挑戰性

*SLDL＝直膝硬舉（Straight-Leg Deadlift）
RDL＝羅馬尼亞硬舉（Romanian Deadlift，直膝硬舉的變化式）

平拉				
鍛鍊形式	機械式划船	啞鈴划船	反向划船	單臂、單腳划船	單臂、雙腳轉身划船
身體軀幹鍛鍊				
鍛鍊形式	捲腹	單跪姿的斜向拉推	弓步姿勢拉推	站立拉推	藥球側邊投擲
基本原則	仰臥、不必轉身	單跪姿的推舉，加上限定範圍的核心肌群動作	箭步姿勢，加上限定範圍的核心肌群動作	站立加上配重片、肩關節內旋或外旋	藥球加上爆發力動作

功能性訓練與女運動員

訓練員與教練往往對男女運動員訓練方式的差別很好奇。常有教練提出問題的開頭或結尾都是「但我指導的對象是女性」。事實上，至少就訓練相關的生理機制來說，女運動員與男運動員是沒什麼差異的：身為人類，他們的肌肉與骨頭全相同。性別差異真的不影響訓練計畫的設計或運用方式。教練甚至根本不該對女運動員降低期待。以前別人告訴我的女運動員訓練相關內容，大多數都已證實是謬誤。這是否為無意犯的錯誤不得而知，但大部分與訓練女運動員相關的先入之見都不正確。

以前有個理論認為，女運動員必須避免做徒手的上半身鍛鍊，這尤其是謬誤。真正阻擋女運動員進步的，往往是對她們期待不高與抱持成見的教練。女性或許一開始不能做引體向上之類的徒手鍛鍊，但她們可以很快地進階到做這項鍛鍊的實力。我訓練過籃球、橄欖球、曲棍球、冰上曲棍球與花式滑冰的精英女選手，當她們穩扎穩打的進步時，很容易就有做伏地挺身與引體向上的實力。即使她們具備的上半身肌力無法如同精英男選手一樣大，但依然能練出絕佳的上半身肌力。

在相同的運動項目上，女運動員也不會比男運動員有更佳的柔軟度。我們訓練的冰上曲棍球精英女選手也和男選手一樣，會有臀肌緊繃的困擾。我們指導的橄欖球精英女選手，也

沒有比男選手更有柔軟度。運動員會出現緊繃與柔軟度欠佳是源於他們運動中的重複模式，而不在於性別之分。

女性比較樂於接受指導，也沒有與男性一樣的外在競爭。所謂「外在競爭」，我指的是女性不太會去在意其他運動員舉重的表現。女性的注意力往往比較集中在自己能夠做的事，比較少去管別人正在做的事。這一點也讓教練比較容易指導她們。

不過對女運動員來說，外在身體形象是很大的苦惱，她們比男運動員更加在意「練得太壯」的問題。這是教練必須理解並努力克服的一個獨特社會影響力。關於體重與體脂肪百分比的統計數據經常是杜撰、浮誇或漏失的，而且帶給女運動員不切實際的期待。運動員唯一要取得的體脂肪資訊，應該是來自教練、運動醫學人員或運動學系。不需要拿其他運動員的身體組成（body composition）來比較，因為運動員在不同方法、時間、不同人執行的訓練計畫下的身體組成根本是無法相提並論的。你必須提醒女運動員針對自己的運動項目與體型該有的標準身高與體重為何。

有些運動員的訓練計畫禁止教練為女運動員秤重或測量，採取鴕鳥心態的方式面對飲食失調、身體形象與營養的問題。這種做法對這些女性真的危害匪淺。解決之道是處理問題，不是逃避問題。有正面人物當典範、教育與推廣，對女運動員來說是必要的，因為有太多時候，女性的形象典範都是時尚模特兒或藝人，她們根本沒有一般女運動員的特質。我的建議是，讓女運動員接觸到的運動員照片是與自身相仿的，而且那些人的身體組成也是得到認可接受的。

克服女性身體形象的困擾

2012年冬季奧運一結束後，美國國家女子冰上曲棍球選手希拉里‧奈特（Hilary Knight）以79公斤的身材登上美國ESPN著名的《身體特刊》（*The Body Issue*，譯注：ESPN 的年度特刊，主打當年度體壇最佳運動員在運動狀態下的裸體寫真）。本書第一版出版上市時，我都還不確定有任何女運動員會接納79公斤的身材。我知道女子網球巡迴賽的幾位選手經常會對媒體謊報自己的體重。奈特受訪時表示：「嬌柔纖秀的瑜伽體型，這就是目

前對運動女子的意象。一般的女性，傾向於縮小自我，在應該展現自我與身材時相當沒自信。無論擁有什麼樣的體格，身體內在強壯、健康與舒服就好了。為了（奧運）在冰上曲棍球表現中達到顛峰，我增重了7公斤，自此之後我努力要打破『女人不能肌肉發達』的身體意象。」

事實上，是我說服奈特讓體格變得更龐大、強壯與快速，成為世界級的最佳運動員。殊不知我們的訓練計畫竟然也創造了一個最漂亮的典範，呈現出女運動員可以且應該有的外表模樣。長久以

©Josh Holmberg/Icon Sportswire

來，女運動員因為害怕外人會認定她們是胖子，所以都羞於公布自己真實的體重。像奈特這樣的選手在《身體特刊》上亮相，就是要告訴數以千計的年輕女生：「當女運動員是沒問題的！」

設計一份訓練計畫時，要留意最功能性的鍛鍊經常不等同於最恰當的鍛鍊，這一點很重要。你的做法要改換成依照本書列出的漸進訓練，先精熟基本功，到了訓練計畫的後期再來努力練強健的功能性肌力。以下是三個重點：

● 學會基礎。

● 先使用徒手訓練。

● 從簡單到複雜的漸進訓練。

我抱持一個很簡單的原則：一切必須看起來是合宜的。鍛鍊看上去應該是平穩流暢，而且有運動員的模樣。如果運動員要熟練一項鍛鍊時很吃力，他們就應該往後退一級，努力練到精熟。技巧永遠是我的第一選擇，它也永遠先於舉重的重量。

訓練女性運動員的裝備需求

訓練女性運動員最主要的差異其實在於裝備需求與漸進訓練。不過，大部分私人教練與肌力教練不會考慮到女運動員在裝備上的獨特需求。以下的建議也適用於訓練男性與女性的年少運動員：

7公斤、11公斤與16公斤（15磅、25磅、35磅）的奧林匹克舉重槓鈴（Olympic bars）

許多年輕運動員與女運動員幾乎沒有肌力訓練的背景，或許需要以比較輕的槓鈴入門。那就必須購買比較輕、有舉重槓片的奧林匹克舉重槓鈴。很多公司如今都會採買這種新型、較輕量與縮短的槓鈴。此外，千萬別使用傳統的槓鈴，以及孔徑2.54公分（1吋）的槓片；要採買最大尺寸的包膠槓片，它是標準20公斤（45磅）槓片的大小。愈年輕與嬌弱的運動員鍛鍊的模樣應該和重訓室的其他人一樣。看著鏡子中的自己舉著大尺寸的槓片，會帶來心理層面上的激勵。

1公斤（2.5磅）的啞鈴加重片

1公斤的啞鈴加重片對較年幼的運動員與女性運動員都很理想。2.5公斤（5磅）的啞鈴加重片會讓較年輕或訓練少的運動員無法以合理的速度進步。仔細想想：當經驗少的運動員拿啞鈴的重量從兩邊7公斤增加到兩邊10公斤時，他們的負重其實就是從15公斤晉級至20公斤，重量增加了33%。你會要求一個身體較壯的運動員在一星期間拿啞鈴的重量從30公斤增加至40公斤嗎？將啞鈴加重片的重量從2.5公斤至少減半到約1公斤，這個做法非常關鍵。

0.6公斤（1.25磅）的槓片磁鐵（PlateMates）

萬一你只有2.5公斤的啞鈴加重片，那麼使用槓片磁鐵會是個解決辦法。槓片磁鐵只有0.6公斤，有磁性，可以讓你將啞鈴增加約1公斤（啞鈴一邊各一個槓片磁鐵）。購買的槓片磁鐵一定要確認符合自己的啞鈴樣式：六角或圓形。圓形的槓片磁鐵在六角啞鈴上不太好用，會帶來安全的隱憂。

0.6公斤（1.25磅）的奧林匹克槓片

這種槓片不普遍，但買得到。使用它的邏輯同前文所述。從20公斤到22公斤雖然只增加了2公斤，但也是增重了10%。很多女運動員沒辦法達到這種形式的漸進訓練。舉男運動員的例子也同樣能解釋這項道理：要求一名男運動員在一星期中臥推要從135公斤推到150公斤，雖然只增重了10%，但它對任何運動員都是不可能的任務。

負重腰帶

隨著運動員肌力增加，他們可以開始執行負重引體向上，或是做負重雙槓撐體（weighted dips）。嬌小的女運動員戴傳統的負重腰帶可能會鬆落。必須訂做適合女運動員腰部尺寸的腰帶。

舉重皮帶（weight belts）

大多數重訓室也都備有舉重皮帶。如果你是舉重皮帶的支持者，那就為女運動員購買尺寸24至28吋的皮帶。這是男女有明顯差異的一個區塊。女性的腰圍通常比男性小。

一旦裝備齊全了，針對女運動員的功能性訓練就沒有任何問題了。有了合適的裝備，女運動員就可以使用本書提出的所有功能性訓練的概念，而且她們的訓練計畫裡的特性絕大部分和男運動員相同。倒是有一項可能的例外，那就是以自身體重為初始阻力之下所執行的徒手上半身鍛鍊。諸如伏地挺身與正手引體向上之類的鍛鍊，可能必須針對新手女運動員做調整。儘管女性可以練出絕佳的上半身肌力，但她們可能一開始並沒有這樣的肌力。然而，徒手鍛鍊可以讓女性運動員快速進步。

【參考資料】

1. Poliquin, C., 1988. Variety in Strength Training, *Science Periodical on Research and Technology in Sport.* 8 (8): 1-7.

Foam Rolling, Stretching, and Dynamic Warm-Up

—

滾筒動作、伸展與動態熱身

針對訓練前後該做的熱身、伸展活動與使用裝備，可以確定的一件事就是：隨著功能性的優點逐漸顯現在運動訓練上，熱身與伸展運動也會持續變化與進步。以往每項運動都做同一整套靜態伸展動作的舊習慣，不必說你也知道已經行不通了。

滾筒動作

面對各種新的訓練裝備與小道具，你會有一定程度的疑慮是必然的。因為每一項實用的新工具可能都伴隨著其他三、四種垃圾產品出現，而這些垃圾產品的訊息連在深夜的廣告時段播個一分鐘都不值得。然而，就算它們一開始怪異到不得了，我們還是必須保持開放心態去面對每一項有創意的新產品。

本書英文版的第一版在2004年出版時，連暖身活動都還沒開始使用泡棉滾筒。事實上，大多肌力體能教練、選手訓練員與物理治療師在10年前望著90公分長的泡棉滾筒時，都會困惑地問：「我應該拿它做什麼？」

如今，幾乎所有的肌力體能中心都有一整排的泡棉滾筒、泡棉球、硬式按摩球（lacrosse balls）、塑膠按摩花生球（plastic peanuts），長度與軟硬度不一，全是為了自我按摩而設計的。我們的訓練中心有硬式滾筒、軟式滾筒，以及表面有突起的滾筒。一大堆針對軟組織的道具很驚人，而且每年都在增加。究竟是什麼因素讓這些簡單的泡棉滾筒變成必要的準備工具呢？

這是因為，肌力體能教練與訓練員開始明白：按摩可能是獲得與維持健康最快速的方法。傳統按摩、肌肉活化技術（Muscle Activation Techniques, MAT）、肌肉主動放鬆技術（Active Release Techniques, ART）等手療技術對受傷的運動員能夠發揮奇效，而眾人對

這種效果的認知大幅高漲，在傷害防護與治療上的態度也發生大翻轉。

1980 年代流行的等速收縮（isokinetics，譯注：指整個肌肉收縮產生動作的過程中，肢體運動的速度一定，所有關節所產生的張力都是最大的，因此又稱「等力收縮」）與電子設備的傷害防護模式，已經被比較歐式的程序取代了，現在我們將焦點集中在徒手的軟組織保養。物理治療師利用軟組織鬆動術（soft tissue mobilization，這是物理治療界的按摩術語）與肌肉活化技術，再加上許多手療師運用肌肉主動放鬆技術取得成效，顯然讓聚焦點回歸到肌肉的品質。從運動界精英級選手透露出的訊息就很明顯：如果你想要擁有健康或保持健康，趕快找個技術好的手療師！

你可能會問：「這一切與泡棉滾筒有何關聯？」嗯……對荷包有限的人來說，泡棉滾筒能為肌群提供軟組織的按摩，可說是他們的最佳按摩師。當肌力體能教練、私人訓練師看到精英級選手力推自己從各種軟組織技法得到的成效與改善時，有個明顯的問題就產生了：如此廣大的運動族群該如何以合理的價格大規模取得按摩或軟組織的手療呢？於是，方便又便宜的泡棉滾筒就在這個時候登場了。

美國著名的物理治療師麥克・克拉克（Mike Clark）讓運動與物理治療圈接觸到泡棉滾筒，他主張的「自我筋膜按摩法」有很多信徒，也包括我本人。「自我筋膜按摩法」簡直等同於自我按摩的另一個專有名詞。

克拉克早期有一本教學手冊，是其著作《新世紀的整合訓練》（*Integrated Training for the New Millennium*）的入門版，該手冊用幾張照片示範了利用泡棉滾筒執行所謂的自我筋膜按摩技法。這些技法示範很簡單且完全一目瞭然：拿一個泡棉滾筒，然後利用自身體重對痠痛點施壓，這就是一種自我穴位按壓（self-acupressure）。

這些照片引發一股風潮，如今製造與銷售這類簡單的工具可能獲利達上億美元。突然之間，熱身動作不只是英語字面意思上與「體溫」（讓人聯想到「預熱」[warm-up] 這個用語）相關，而是攸關肌肉組織的品質。我們都知道，肌肉組織以及由肌肉調控的關節必須為任何活動做好確切的準備動作。當肌肉組織充滿糾結、黏連或觸痛點（其實這三個詞彙指的是同一件事）時，即使有熱身，在運動時也可能無法達到理想狀態。

一分鐘談按摩

我認為，在 1980 年代物理治療蓬勃發展之際，按摩不受青睞的原因不在於它沒效，而是價格不划算。由於超音波與電刺激（electrical stimulation）之類儀器治療的使用日益增加，運動教練與物理治療師因此可以用更快的速度治療更多的運動員。只有在歐洲與特定的精英級體育賽事（例如：田徑運動與游泳）中，按摩才會是優先於儀器療法的選項。慢慢地，運動表現的領域才體認到軟組織的推拿可以幫助運動員更健康或者更快獲得健康。

在今日，泡棉滾筒的運用已從穴位按壓法進展到自我按摩法。滾筒如今的慣常用法就是在小腿肚、內收肌群（adductors）與股四頭肌之類的長肌群上做較長距離與更多的刷掃動作；也在闊筋膜張肌（tensor fasciae latae, TFL；譯注：位於大腿上部的前外側，主要功能為維持膝關節與骨盆的穩定）、髖旋轉肌群與臀中肌（gluteus medius）等區域做較小範圍與更直接的施壓。滾筒有各種尺寸、泡棉厚度與密度，而且催生了更多新一代的軟組織工具。運動員如今除了使用滾筒之外，也包含球、棒，甚至在某些情況下還會用聚氯乙烯管（PVC pipe）自我按摩。

在伸展運動之前使用泡棉滾筒會讓肌肉更柔軟與增進延展性。執行重點就是尋找觸痛部位或觸痛點，然後在這些部位上滾動，達到降低組織密度與活性過強的效果。經過滾動的組織可以得到適切的延展。因此，儘管滾筒的作用仍然是爭議性的話題，但「它真的有效」這件事似乎沒有人會質疑。大多數的運動員或健身中心學員就算一開始抱持懷疑心態，也會很快轉變成泡棉滾筒的粉絲。

必須留意的關鍵就是：泡棉滾筒的使用經驗是有悖常理的。我們以往會告訴健身中心的學員：「如果會疼痛，千萬別執行。」泡棉滾筒倒是反其道而行。我們現在會鼓勵健身員去找到痛點，接著主攻這些部位。泡棉滾筒的執行模式或許得歸入「疼痛才好」的類別。

使用泡棉滾筒

泡棉滾筒就是某種以擠塑成型的實心泡棉製成的一根圓柱體。各位可以聯想一下浮力棒（pool noodles），但泡棉滾筒比它稍微厚實些，筒徑也較大。

麥克‧克拉克最初對泡棉滾筒的使用介紹還不算是自我按摩的技巧，倒是比較像過去提到的穴道按壓概念，只有指導運動員或患者使用滾筒在肌肉上的敏感痛點施壓。依據治療師的角度，這些點的替換說法可以是觸痛點、糾結，或者簡單地形容為「肌肉密度增加的部位」。無論名稱為何，它們在運動復健界都是疼痛肌肉與按摩需求等概念中的熟悉名詞。

滾筒動作的基本原理

如果嘗試解釋執行滾筒動作的「理由」，離不開兩個概念：

1. *潛變（creep，譯注：肌肉和韌帶等身體組織具有黏彈 [viscoelasticity] 的生物力學特性，「潛變」指的是當一黏彈的身體組織受到固定外力持續作用下，其變形會隨著時間而逐漸增加，最後會趨於定值）。*

2. *羅夫按摩療法的治療師湯瑪斯‧邁爾斯（Thomas Myers）提出的一組術語：閉鎖延長與閉鎖縮短（locked long and locked short）。*

潛變在延展的軟組織上是很常見的。軟組織延長時因為膠原纖維重新排列，所以會變得比較僵硬（Currier and Nelson, 1992）。應力潛變（mechanical creep）的定義就是：組織的伸長量由於長時間持續的負荷，致使它超過本身的延展性（Wilhelmi et al., 1998）。

我經常用來比喻「潛變」的說明就是：用拳頭試著打破一個塑膠袋，如果施力緩慢且力道調和時，塑膠袋不會馬上破掉，反而會順應長時間持續的負荷而延展。各位可以試想一下「久坐」這件事。知名的背痛研究專家史都華‧麥基爾（Stuart McGill）有一項研究的結論提到：「以曲背的姿勢坐上短短20分鐘，就可以造成後脊椎韌帶的鬆弛度增加。」（McGill and Brown, 1992）潛變會造成肌肉組織或筋膜的品質改變，無論是前者或後者，

該組織都會變成湯瑪斯‧邁爾斯所謂的「閉鎖延長」：「當肌肉被伸展時，會在放棄抵抗並讓更多的細胞與肌原纖維（sarcomere）加入來填補伸展所造成的空隙之前，試圖回縮到原本的靜止長度（resting length）。快速拉伸筋膜，它就會撕裂（造成結締組織受傷最常見的形式）。如果拉伸的施力足夠緩慢，筋膜會塑性變形（plastic deformation）：筋膜會改變長度，該改變也會留存。」（Myers 2009, p.36）

有關潛變的一個重點就是：久坐產生的持續、低負荷量的作用力會讓肌肉組織（或淺筋膜[superficial fascia]）變得更長與更密集。我們會看到過多的膠原蛋白增生在閉鎖延長的組織上。而滾筒動作正好是對抗潛變的方法。

人體經常會見到潛變的部位在背部，也就是上背與下背、臀肌與腿後腱肌群；使用滾筒似乎也對這些部位最有幫助。簡而言之，我們必須在背部滾壓（但不是伸展，因為背肌已經延長了），接著再滾壓與伸展身體前側。

那麼，哪一個方法對抗潛變比較好呢？是按摩療法，還是使用泡棉滾筒呢？對我來說，答案是顯而易見的：徒手按摩比滾筒好。徒手按摩會直接連接到大腦，而且感覺得到。滾筒按摩感覺不到。如果花費不是問題的話，我應該會請一組按摩師團隊為我的運動員隨時待命。

然而，這種做法根本不切實際。大多數運動員要負擔合格教練的服務或健身房會員費都很勉強了。就當前醫療保健的現狀，預防治療通常都不是健康的運動員會涵蓋的費用。無力償付之下，光是按摩療法的花費就接近或超過訓練的費用了。而一般的泡棉滾筒花不了20美元，就能提供無限次的自我按摩。各位精打細算一下吧。

滾筒動作的技巧與訣竅

在鍛鍊前後使用滾筒都有莫大的好處，然而，在鍛鍊一開始就使用滾筒是必要的。在鍛鍊之前使用滾筒會降低肌肉密度，為更好的熱身運動打好基礎。在鍛鍊過後使用滾筒或許也有助於劇烈運動後的恢復。泡棉滾筒最棒之處就是可以每天使用。事實上，《觸痛點治療手冊》（*The Trigger Point Therapy Workbook*）的作者克萊兒‧戴維斯（Clair Davies）與

安柏兒・戴維斯（Amber Davies）建議，在急性疼痛的狀況下，一天的觸痛點按摩要達12次（2004）。

運動員或健身學員使用滾筒的時間長度，也是因人而異。就我們健身中心的規畫，在熱身前，我們會做5分鐘至10分鐘的軟組織按摩。

接著我們要來看看運動員使用滾筒後最能受益的身體主要部位，以及能夠獲得最佳成效的使用技巧。雖然沒有硬性規定，不過就一般的經驗法則來說，在每個部位執行10次的慢速滾壓就能見效。我們通常會鼓勵運動員或健身學員只做滾壓，直到疼痛逐漸消解或不痛為止。

臀大肌與髖旋轉肌群的滾筒動作

【圖5.1】臀大肌與髖旋轉肌群

髖旋轉肌群位於臀肌下方。為了滾壓髖部，運動員要坐在滾筒上，稍微偏往要滾壓的身體側邊。滾動方向是從腸骨稜（iliac crest，譯注：位於腸骨的最上緣，又稱「髂骨稜」、「髂嵴」）往髖關節，來放鬆臀大肌。為了更專注對髖旋轉肌群的處理，腿要交叉讓髖旋轉肌群處在拉伸狀態（參照【圖5.1】）。

下背的滾筒動作

【圖5.2】下背

滾壓過髖部之後，運動員接下來要滾壓下背部（參照【圖5.2】），稍微偏右或偏左滾壓到豎脊肌（spinal erectors，譯注：脊椎兩旁的肌肉），以及腰方肌（quadratus lumborum，譯注：位於豎脊肌下方的大三角肌層）。萬一你有任何脊髓損傷的問題，那就略過下背的滾筒動作。針對腰椎的滾筒滾壓動作，我們從來沒有出過任何問題，不過仍然要用常識判斷，並謹慎處理。

上背的滾筒動作

【圖5.3】上背

運動員將身體往上挪，繼續滾壓豎脊肌，也就是在脊椎兩側上的大肌肉層。運動員按壓到達肩胛骨中間的部位時，指導他們試著將兩手肘在身前相碰，讓按壓深入所謂的「胸脊」部位（參照【圖5.3】）。兩手肘合併，盡量讓兩肩胛骨的距離拉開，如此一來，滾筒就會對下斜方肌（lower trapezius）與菱形肌（rhomboids）產生效果。

闊筋膜張肌與臀中肌的滾筒動作

闊筋膜張肌與臀中肌雖然是小肌肉，卻可能是前膝疼痛的重要元凶。處理闊筋膜張肌時，一開始讓身體傾斜，使滾筒邊緣位於闊筋膜張肌，也就是腸骨稜的正下方（參照【圖5.4a】）。按摩過闊筋膜張肌之後，運動員將身體轉90度呈側臥姿勢，接著從髖關節滾壓至腸骨稜，處理臀中肌（參照【圖5.4b】）。

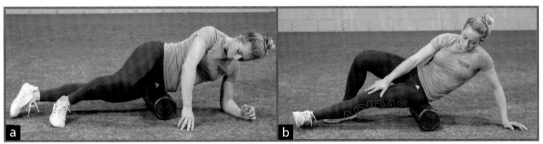

【圖5.4】(a) 闊筋膜張肌；(b) 臀中肌

大腿內收肌群的滾筒動作

【圖5.5】大腿內收肌群

大腿內收肌群或許是下半身最常受到忽略的部位。我們往往花很多時間和精力聚焦在股四頭肌群和腿後腱肌群，但鮮少將重點放在大腿內收肌群。滾壓大腿內收肌群的方法有兩種。首先，有一個相當適合初學者的地板動作技巧，（參照【圖5.5】）。在這技巧中，運動員的腿外展置於滾筒上，滾筒與腿之間的角度大約是60度。滾壓動作應該從膝蓋正上方的股內側肌（vastus medialis）與鵝掌肌群（pes anserine）開始，涵蓋到三個部位。先讓滾筒在大腿骨（femur）約三分之一長的位置短暫滾壓10次。接下來，將滾筒挪到大腿內收肌群的中點，同樣在這中間三分之一的肌肉部位滾壓10次。最後，將滾筒挪高至腹股溝（groin），幾乎快到恥骨聯合（pubic symphysis）的部位。

針對大腿內收肌的第二種技巧，應該在運動員適應前述的技巧後再使用。第二種技巧需要訓練室的健身台，或是跳箱的頂部。採取坐姿，一條腿放在滾筒上，讓運動員大幅轉移更多的重量到滾筒上，按摩內收肌大三角處更深層的組織。

肩關節後側肌群的滾筒動作

【圖5.6】肩關節後側肌群

另一個必須按摩的部位就是肩關節後側肌群。為了滾壓到肩關節後側肌群，運動員要側躺，手臂貼在滾筒上（參照【圖5.6】）。先滾壓至臉朝下的姿勢，然後再回到臉朝上的姿勢，並做輕微的左右側翻滾壓動作。這會對背闊肌（lat）與肩旋轉肌群產生效果。

胸大肌的滾筒動作

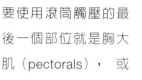

【圖5.7】胸大肌

要使用滾筒觸壓的最後一個部位就是胸大肌（pectorals），或稱為「胸肌」。為了滾壓胸大肌，運動員要將臉朝下俯臥，滾筒與身體是幾近平行，手臂貼壓在滾筒上（參照【圖5.7】）。男性可以採取短暫按壓的方式做側翻滾壓。女性想達到更好的效果，只要將手臂抬高過頭，延展背部，採取伸手取物的動作即可。

當兩隻手臂也肩負移動身體的重責時，使用滾筒滾壓可能就會很吃力，尤其是對肌力不足或體重過重的運動員。此外，使用滾筒滾壓也可能到達疼痛的臨界點。優質的按摩有成效，同樣的，優質的自我按摩也會有成效，但或許會很不舒服，就像伸展動作一樣。重點在於：運動員或健身學員要學會區分感到的不舒服是與觸痛點相關的中度不適，還是可能

造成傷害的狀態。身體肌肉密度較低的運動員或健身學員，使用滾筒滾壓時應該慎重小心，絕對不該造成瘀傷。切記：在使用滾筒一小段時間之後，運動員或健身學員應該要感覺到狀況改善，而不是惡化。

可運用的滾筒有很多材質密度，從質地比浮力棒稍硬但比較軟的滾筒，到質感扎實的新型高密度滾筒。使用滾筒的感覺與自我按摩觸壓的強度必須因應年齡與個人的體能水準適度調整。

過去10年來，泡棉滾筒的使用人數激增，未來還會繼續增加。要高中和大學的體育訓練員教導運動員做徒手治療或許不太可能，但肌力體能教練可以為運動員提供按摩治療的方式。泡棉滾筒則只要花點小錢，就可以使很多非接觸性的軟組織傷害機率大幅降低。

靜態伸展

肌力體能界的變化永不停歇。本書英文版第一版的內容曾特別提到：鍛鍊前不做伸展動作也沒關係。但10年後的現在，我們健身中心的運動員和會員在每次鍛鍊前一定要做的就是伸展動作。

運動表現提升專家艾爾文・科斯葛羅夫（Alwyn Cosgrove）很喜歡說這段話：「對於新觀念，人在短期內會做出過度的反應，日久了又興趣缺缺。換句話說，人對於趨勢與潮流，一窩蜂湧上的速度極快，拋棄的速度也一樣快。」

經典的例子就是靜態伸展的熱衷與摒棄。靜態伸展從原本的最佳熱身方式，變成大家不做的事。我們見識過整組運動員於鍛鍊前在地板上做伸展運動，後來又變成所有人在鍛鍊前都不准做伸展運動的景況。大眾對於靜態伸展的反應完全符合科斯葛羅夫所形容的「短期內過度反應，日久又興趣缺缺」。

1980年代的研究顯示，運動前做靜態伸展會降低肌力的輸出。這引發了體能界的過度反

應，靜態伸展遭到踢除，動態熱身運動則應運而生。這就是正負消長之理。

在運動表現領域中，動態柔軟度（dynamic flexibility）的運動就熱身來說一直大有助益。靜態伸展雖然不是做熱身準備最妥當的方式，但長遠來說，它對於預防運動傷害仍是有效且必要的。鍛鍊前做動態柔軟度運動或動態熱身動作會是比較好的。然而，對於靜態伸展，上述研究表示它會讓肌力降低，這導致在任何時間點、為了任何目標而做的靜態伸展都遭到徹底的鄙棄。但其實真相就在這兩種觀點之間。

真相的其中一面就是：在高強度的運動之前做動態熱身，是預防急性傷害的最佳方法。換句話說，如果想要降低腿後腱肌群側與腹股溝拉傷的機率，你必須在訓練、比賽或舉重課程之前執行動態柔軟度運動。

然而，還有另外一面的真相。許多讓現今運動員受苦的漸進式傷害，罪魁禍首似乎就是「柔軟度」的缺乏。諸如髕股骨症候群（patellofemoral syndrome，譯注：「髕骨」就是膝蓋骨，它呈倒三角形，位於大腿骨與小腿骨之間。「股骨」就是大腿骨。髕股骨症候群的成因是髕骨與股骨間軟骨受壓迫，壓力太大而造成疼痛，這是膝蓋痛最常見的原因）、下背痛、肩膀疼痛之類勞損性的毛病，似乎都與這些看似不會被動態伸展影響的長期組織變化密切相關。

事實上，運動員的熱身必須兼顧動態熱身運動與靜態伸展，而且執行之前都要先做滾筒動作。我知道許多教練心裡認定的正解是：在運動前做動態熱身，運動後做靜態伸展。雖然這個想法似乎很有道理，但它的思維過程有點小瑕疵，因為運動後才做的伸展動作似乎並不會為柔軟度加分。

關鍵在於：一開始先執行靜態伸展，可以在肌肉最容易增加長度之際提高柔軟度，後面再接著做動態熱身，為肌肉的運動做準備。教練必須針對長期的傷害防護考量到肌肉長度的變化，並為了短期的傷害防護設想到動態熱身運動。兩者都至為重要。

因此，我們提出的對策如下：

1. 滾筒動作：利用前文提到的滾筒技巧，做5分鐘至10分鐘，降低肌肉的密度。依據密

度的增加,肌肉會有受傷、勞損或過度緊繃(潛變)等反應。這種增加的肌肉密度經常被稱為「糾結」或「觸痛點」。按摩、肌肉主動放鬆技術、肌肉活化技術與軟組織鬆動術等術語,都是針對改變肌肉密度而設計出的技巧。我很喜歡將滾筒滾壓想成是對肌肉做熨衣服的動作,它是靜態伸展前的必要前奏。

2. 靜態伸展:你沒看錯,我說的就是靜態伸展;而且沒錯,我會在鍛鍊前執行。用滾筒降低肌肉組織密度後,可以緊接著執行改變肌肉長度的動作。很多頂尖的軟組織專家如今提出的建議都是:在不借助熱身動作之下,讓肌肉做「冷」伸展,也就是只要做滾筒動作和伸展即可。這個理論認為,升溫的肌肉不過是拉長與回歸到它的正常長度,冷肌肉可能也會歷經一些塑性變形與長度增加。我喜歡運動員能夠輕鬆上手的靜態伸展,因為運動員不愛做伸展的一項理由就是它很吃力。伸展動作若能夠讓運動員好好利用自身的體重與有利姿勢,就會有很大的加分作用。雙人伸展運動也很不錯。

3. 動態熱身:滾筒動作與伸展運動之後就是執行動態熱身。滾筒動作是為了減少糾結與觸痛點;靜態伸展的目標則是提高柔軟度;緊接著再執行動態熱身。這樣的做法,應該能排除肌力降低的任何可能性。

靜態伸展的法則

● 伸展姿勢勝於一切。你的伸展程度要具體明確。大多數人沒有在伸展,他們只是試圖做得好像正在執行伸展運動的模樣。

● 合宜的伸展動作會不舒服,但不會疼痛。要懂得兩者的差異。稍微感覺不舒服,代表你的伸展位置適當。

● 使用不同技巧:啟動拮抗肌、執行時間夠長的靜態伸展、多利用主動式伸展(active stretches)。

● 利用體重當輔助。在同一時間中,舒服與不舒服的感覺全都要有。

● 伸展所有部位,千萬別集中在一處。要做針對以下每個部位的伸展動作:

　　▣ 內收肌群

　　▣ 髖屈肌(hip flexors)

> ■ 外側腿後腱肌群（lateral hamstrings）
>
> ■ 髖旋轉肌群

美國國家冰上曲棍球聯盟的球隊卡羅萊納颶風（Carolina Hurricanes）訓練師與肌力教練彼德‧弗里森（Peter Friesen）認為：單一肌群過度柔韌比全部肌群緊繃更危險。運動員不該只做自己喜歡或擅長的伸展動作。事實上，排除或縮減自己擅長的動作，轉而更努力執行不喜歡做的動作，或許是不錯的主意。

靜態伸展的技巧與訣竅

總之，大家都太低估伸展動作了。想要健康長長久久的運動員，就必須在鍛鍊中增加一些舊式的伸展動作。另一個訣竅就是伸展時搭配呼吸。

有好幾年的時間，我曾取笑瑜伽老師將所有焦點放在呼吸調息上。但新近的研究已經證明他們是正確的，而我是錯誤的。呼吸調息很重要，它具有舉足輕重的影響力。

身體緊繃的運動員在伸展時很容易憋氣，可能因此更加緊繃。考慮一下，一個伸展姿勢的維持長度別用時間計算，改用三次呼吸調息來替代。指導運動員透過鼻子吸氣（沒錯，這很重要，因為鼻子是天生會溫暖氣體的過濾器），再經由嘴巴呼氣。盡力讓吸氣與呼氣的比例是1:2，也就是以鼻子吸氣時數3下、以嘴巴呼氣時數6下。呼氣時，要求運動員嘟嘴呼氣（是的，這一點也很重要）。

站姿的腿後腱肌群伸展

這個伸展動作的執行位置最好在訓練室的健身台、大跳箱，或是其他高度略低於腰部的地方（參照【圖5.8】）。

姿勢

兩腿的足部筆直朝前。這實際上就是髖關節的中立位。可以將足部想成是髖關節的映照；假如足部內轉，那麼髖關節就會內旋。

動作

腿後腱肌群並未與脊椎相連，與它們連結的是骨盆；因此，為了伸展腿後腱肌群，要活動到的是骨盆，千萬別屈伸脊椎。這一點相當有難度，因此我經常必須親身示範指導運動員該如何做這項動作。

【圖5.8】站姿的腿後腱肌群伸展

貼牆的腿後腱肌群伸展

我很愛這個伸展動作，因為不費力。重點在於：姿勢要正確。（參照【圖5.9】）

姿勢

找到與牆面之間的理想距離 —— 臀部的位置貼著地板，腰椎略為拱起。最好在下背放一個腰墊，維持小幅度的脊柱前凸（lordosis）。切記：腿後腱肌群是嵌入骨盆，不是脊椎。

【圖5.9】貼牆的腿後腱肌群伸展

動作

讓兩腳的腳趾與腳踝相碰。如前所述，大多數的緊繃都會在側面或外側。髖關節向外旋轉會很舒服，但盡量讓足部回到中央，或者最好是做內旋轉，適度伸展腿部側邊的肌群。

滾筒輔助的髖屈肌伸展

前側髖關節的構件（髂肌與腰肌）是最難伸展的肌群。大部分的髖屈肌伸展動作其實都未到達髖屈肌，而且對前側髖關節囊（hip capsule）施加的壓力也過大。想要有效伸展髖屈肌，腰椎必須是平直的。延展脊椎其實是縮短腰肌，而不是拉長腰肌。在兩腿之間加一個滾筒，可以讓一開始的伸展姿勢較好，也能助長脊椎屈曲去對抗脊椎延展。

【圖5.10】滾筒輔助的髖屈肌伸展

姿勢

為了執行這項伸展動作，兩腿要橫跨於滾筒上，盡量叉開（參照【圖5.10】）。動作有難度，但滾筒可以讓大多數運動員有機會辦到。從這個姿勢開始，只要前腳彎曲，同時後腳盡量打直即可。

動作

利用雙臂當支撐，降低施壓。可考慮以這個動作啟動後側臀肌，對腰肌的伸展會有直接的效果。

箱上的髖屈肌伸展

這是我們心目中最棒的髖屈肌伸展動作。用一個15公分高的箱子墊在前足下，以及一個迫使髖關節內旋的起始姿勢，這兩個做法相當重要。箱子會增加更大的髖關節屈曲，並穩住腰椎。身體與箱子的位置呈45度角，接著朝內旋轉，讓足部踩在箱子上，迫使下方的（伸展的）腿部內旋。

姿勢

左腳跪地，然後右腳踩在地板上，而不是箱子上。身體應該與箱子呈45度角（參照【圖5.11】）。以這個姿勢開始，再將右腳踩上箱子。執行這個動作會迫使左髖關節在骨盆旋轉時內旋。

動作

稍微讓骨盤後傾去啟動腰椎上的腰肌。右足的位置應該要稍微偏向右側髖關節的外側。這一點很重要，因為髂肌與腰肌的連結是在大腿骨內，而且髖關節內旋會使肌肉長度改變更大。

【圖5.11】箱上的髖屈肌伸展

活動度與啟動

在本書英文版的第一版中，並未收錄活動度（mobility）與啟動（activation）的運動。事實上，「柔軟度」與「活動度」兩個詞在10年前被認為是可以互換的。不過訓練的「相鄰關節理論」（joint-by-joint approach）有助於改變這種認知。想徹底理解相鄰關節理論，你必須明白知名物理治療師史丹利・帕里斯（Stanley Paris）說的一句話：「疼痛從未早於功能失調」。你也必須知道，功能性訓練的目標就是為了預防或補救功能失調。

訓練的相鄰關節理論

「相鄰關節」這個概念的誕生於我與物理治療師葛雷・庫克間一次隨興的交談。當時我們正在討論他的「功能性動作檢測」的測驗結果。我留意到深蹲有困難似乎總是和受限的踝關節活動度相關。庫克的回答與他對身體的分析非常清晰易懂。庫克認為，人體不過是關

節的疊砌。每個關節或一連串的關節都有一項特定的功能，從關節著手，可以具體明確的預測功能失調的程度。因此，每個關節都有特定的訓練需求。在【表5.1】中，對身體的著眼點就是從腳到頭依據「相鄰關節」的基礎。

請注意，身體由下往上的關節之需求是活動度與穩定度輪流交替的。踝關節的需求是活動度，而膝關節的需求則是穩定度。髖關節需要的也是活動度。順著這個理路往上推，簡明的關節交替順序就會呈現出來了。

設計一項功能性鍛鍊時，要考慮到動作是鎖定在哪一個關節。要保有活動度的關節，必須在做滾筒動作、伸展與活動度訓練等熱身時依序處理。至於維持穩定度的關節則必須在伸展鍛鍊時處理。大致上，相鄰關節理論讓我們在功能性訓練的特定面向上有了鎖定的目標。

關節	需求
踝關節	活動度
膝關節	穩定度
髖關節	活動度
腰椎	穩定度
胸椎	活動度
肩胛帶	穩定度
肩關節（盂肱關節）	活動度

【表5.1】相鄰關節的訓練需求

受傷顯然是和特定的關節功能密切關聯，或者更貼切的說法是與關節功能失調相關。須理解的最重要概念就是：一個關節的問題通常會在該關節的上方或下方以疼痛呈現出來。

舉「下背」這個最簡單的例子來說，依照過去10年來的進展，我們需要核心穩定似乎是顯而易見的，而很多人飽受背痛之苦也是很明顯的。但為何下背會疼痛呢？是背部無力、不穩固嗎？史都華・麥基爾過去在研討會上已經屢次提到，有背痛的人其實背部比沒有背痛的人還強健結實，因此無力、不穩固並非元凶。

過去，背痛都會怪罪核心肌群無力，可是並沒有強力的證據證實這件事。我認為造成下背

疼痛的主因是髖關節失去活動度。一處關節的下方（也就是腰椎、髖關節）喪失功能，會影響該關節或該關節的上方（腰椎）。換句話說，如果髖關節無法有效地活動，腰椎就會代償。從【表5.1】中，我們知道髖關節是為了活動度而存在的結構，腰椎則是針對穩定度。當理應活動的關節失靈了，身為穩定的關節受迫要發揮代償作用去活動，穩定就變差，疼痛便隨之而來。

這個過程很簡單：踝關節失去活動度，膝蓋就痛。髖關節失去活動度，下背就痛。胸椎失去活動度，頸部和肩膀就疼痛（或下背疼痛）。

以踝關節為始，依據相鄰關節的原則來看待身體，這樣的思維過程看起來是合邏輯的。比如說，一邊的踝關節活動失能，會導致著地的壓力轉移至它的上方：膝蓋。事實上，我認為籃球運動員患有髕骨股骨症狀的高比率，與貼紮和穿戴護具的量息息相關，而這一點又與籃球鞋的堅硬有直接關聯。我們想保護不穩定的踝關節，而這個設想附帶了太高的代價。我們的健身中心有很多膝蓋疼痛的運動員，他們都有相應的踝關節活動度問題。這類的膝蓋疼痛經常是緊跟著腳踝扭傷與隨後的穿戴護具與貼紮而來。

這個法則對髖關節似乎是例外。活動失能與不穩定在髖關節上都可能出現，並導致膝蓋因為不穩定而疼痛（無力的髖關節會讓大腿骨內旋與內收），或者背部由於無法活動而疼痛。為何一個關節可以同時活動失能與不穩定呢？這個問題很有意思。髖關節無論在屈曲或伸展的無力、不穩固，似乎會引發腰椎的代償作用，而在外展與外旋（更準確的說，是阻止內收與內旋）薄弱無力時會導致膝蓋的壓力。

腰肌與髂肌的肌力或功能差時，將造成腰屈曲模式取代髖關節屈曲（參照【圖5.12】）。臀肌的肌力或啓動不足時，會引發腰椎的代償性伸展模式，它會試圖取代髖關節伸展的動作。

【圖5.12】腰肌與髂肌的肌力或功能差時，造成了腰屈曲模式取代髖關節屈曲

十分有趣的是，這引發了惡性循環。當脊椎的活動是為了代償髖關節的力量與活動度不足時，髖關節就會失去活動度。這看起來彷彿是髖關節無力導致活動失能，而活動失能反過來又造成了脊椎的代償性運作。最終的結果就成了一種傷腦筋的難題：有一個關節要兼顧力量與活動度多面向的需求。

腰椎甚至更有意思。依照所有在核心穩定部位的訓練來看，腰椎的一連串關節顯然需要的是穩定度。但很怪異的是，過去十年來我認為大家在訓練上最大的錯誤著力點即是：在一個擺明就迫切需要穩定度的部位上，拚命想增加它在動態與靜態的活動範圍。我認為，很多針對腰椎而做的旋轉鍛鍊（rotary exercises），即使沒有全部，也有大部分是錯的。

美國失能動作分類與訓練專家雪莉・撒曼（Shirley Sahrmann, 2002），以及合著《姿勢性下背痛》（*Mechanical Low Back Pain*, 1998）一書的物理治療師詹姆士・波特菲德（James Porterfield）與卡爾・德羅薩（Carl DeRosa）均不建議大家試圖增加腰椎的活動範圍，以避免潛在的危險。雪莉・撒曼就表示：「旋轉腰椎的危險多於好處。尤其在身體軀幹保持穩定或轉向另一側時，將骨盆與下肢旋轉至一側特別危險。」

我認為，眾人對胸部活動度的認知不足，造成我們不斷試圖去加大腰部旋轉的活動範圍，這真是天大的錯誤。胸椎看來是大家了解最少的身體部位。很多物理治療師都會建議提升胸部的活動度，我也覺得未來大家會持續看到提升胸部活動度的運動會增多。相當有趣的是，雪莉・撒曼就主張發展胸部的活動度、限制腰部的活動度。

肩關節（Glenohumeral joint，亦稱盂肱關節）在天生擁有較多活動度設計上的功能非常類似於髖關節，因此應該要發展這兩大關節所缺乏的穩定度。肩關節對穩定度的需求，產生了大量的鍛鍊實例，例如：抗力球與半圓平衡球的伏地挺身，以及單側的啞鈴訓練。

合著《不吃藥的生活》（*Ultra-Prevention*, 2005）一書的美國功能醫學界名醫馬克・海曼（Mark Hyman）與內科醫師馬克・利波尼斯（Mark Liponis），一針見血地道出美國當前醫療體系的治療方式有問題。不檢查踝關節或髖關節就冰敷疼痛的膝蓋，猶如為了讓煙霧感應器安靜而拿掉電池一樣。身體的疼痛就像煙霧感應器的聲音，正在對其他地方的問題發出警告。

活動度訓練

執行活動度訓練的要點在於：只針對需要活動度的關節做活動度訓練。需要穩定度的關節，必須做的是增加穩定度的肌力訓練。這裡要再次聲明：活動度與柔軟度不能混為一談，這一點至關重要。柔軟度針對的是肌肉，往往需要一些靜態支撐（static hold）的單元。活動度的目標是關節，需要的是溫和的活動。活動度的鍛鍊或許也被視為啟動鍛鍊，因為它們的目標正如雪莉・撒曼很喜歡說的一句話：「讓對的肌肉在對的時機啟動，並運動到對的關節」。

【注意】在四天的訓練計畫中，活動度訓練會在第2天與第4天執行，並搭配多方向熱身訓練（lateral warm-up drills）與敏捷梯訓練。

1. 胸椎的活動度

胸椎是我們了解最少的身體部位之一。胸椎以前屬於物理治療師的領域，將胸椎活動度的需求帶進體育界的功臣，或許當屬美國洛杉磯道奇隊（Los Angeles Dodgers）的前首席體育訓練師蘇・佛森（Sue Falsone）；更重要的是，她也為我們這些在肌力體能界的眾人指點了一個簡單的方式去操練這個部位。很妙的是，幾乎沒有人的胸椎活動度是足夠的，而且想在胸椎有太多的活動度似乎也很難。現在，我們會鼓勵運動員每天做胸椎活動度的訓練。

胸椎訓練 1

我們的第一種胸部活動度訓練是單純以滾筒滾壓胸椎。如前文的滾筒動作單元所述，手肘互碰很重要，這會伸展肩胛骨，並展露出胸椎。

胸椎訓練 2

【圖5.13】胸椎訓練 2

我們的第二種胸部活動度訓練，需要的只有兩顆網球，所以可沒有推搪的藉口喔！只要用膠帶將兩顆球綁在一起成「花生球」就可以用來訓練了。這個訓練基本上是連續的捲腹動作（crunches），一開始要將球置於胸腰交接關節處。球就在豎脊肌上，利用每次稍微小幅的捲腹動作，有效促進脊椎的前後活動度。訓練的要點為：每次做完捲腹動作，頭的位置要回到地上，然後兩手以45度角向前伸（參照【圖5.13】）。每個脊椎段反覆次數為5次；身體只要往下挪動約花生球大小的一半即可變換位置。鍛鍊要從胸腰交接關節處，往上做到頸椎起點。避開頸部與腰部——因為這兩個部位不需要活動度的訓練。

胸椎訓練 3

【圖5.14】胸椎訓練 3

第三號鍛鍊是四足跪的胸椎活動法（quadruped T-spine mobilization，參照【圖5.14】）。這項鍛鍊為了針對胸椎活動度的伸展，添加了一個脊椎屈曲、伸展與旋轉的綜合動作。一開始是四足跪，臀部往後，靠向腳後跟。然後一手置於頭後，接下來是綜合屈曲與旋轉的肘向肘動作。每一側的反覆次數通常為5至10次。

2. 踝關節的活動度

我們的熱身運動第二階段著力在踝關節的活動度上。踝關節活動度的狀況與胸椎活動度一樣，不需要在這個部位上做活動度訓練的人是稀有動物。無論你或妳是在多年前曾扭傷腳踝的運動員，或者是每天蹬高鞋的女人。

踝關節活動度訓練 1

【圖5.15】踝關節活動度訓練 1

這項訓練的開發要歸功於EXOS健身中心的另一位物理治療師——岩崎臣（Omi Iwasaki）。踝關節活動度鍛鍊的首要重點就是：了解它是活動度訓練（參照【圖5.15】），不是柔軟度訓練。你要讓踝關節前後擺動，不是維持伸展姿勢。

第二項重點是：留意腳後跟。腳後跟一定要觸地。大部分踝關節活動度受限的人都會提起腳後跟。對於初級入門者，我經常要幫他們壓下腳後跟，這樣他們才會慢慢習慣腳後跟觸地。第三項重點：讓動作朝多個方向。我很喜歡在反覆次數15次當中，5次朝外（小趾）、5次往前，然後5次將膝蓋推到超過大拇趾的位置。

踝關節活動度訓練 2

這項訓練是擺動腿部（leg swings），這是很有趣的運動。我以前常認為擺動腿部是髖關節活動度鍛鍊，以及動態的內收肌群伸展。後來物理治療師蓋瑞‧葛雷才讓我明白：擺動腿部是針對支撐腳踝關節橫狀面（transverse-plane）活動度的絕佳鍛鍊方法。沒錯，我說的就是「踝關節」。觀察踝關節活動度差的運動員做擺動腿部，你會看到他每次擺動

時，同樣是著地支撐腳的足部會往外旋轉（外轉）。擺動腿所給予支撐腳的橫狀面動量，對於活動度不佳的支撐腳踝關節，容易在每次擺動中出現外轉代償的情況。擺動腿部的重點，確保支撐腳的腳掌持續接觸地面，利用擺動腿的搖擺帶給支撐腳的腳踝旋轉動能（參照【圖5.16】）。擺動腿部的動作會在橫狀面上增加踝關節的活動度。

【圖5.16】踝關節活動度訓練 2

3. 髖關節的活動度

與胸部和踝關節活動度狀況一樣，不需要做髖關節活動度訓練的人實在少見。事實上，髖關節的活動度對絕大多數運動員來說更是不可或缺。

髖關節活動度訓練 1

第一項訓練要做分腿蹲。各位的第一個反應或許是「分腿蹲是肌力鍛鍊吧？」實際上，分腿蹲（參照【圖5.17】）是矢狀面（sagittal-plane，又稱「縱切面」）的髖關節活動度鍛鍊。為了防止痠痛與增進活動度，我們會讓運動員在進階到弓步深蹲（lunges）之前，先執行3週的原地分腿蹲。天王教練丹・約翰喜歡說：「一件事如果重要，那就每天做。」這表示運動員可以每天做單腳動作的訓練。做分腿蹲時，有幾天可以為

【圖5.17】髖關節活動度訓練 1

了增加活動度而練，然後有幾天是在負重下為肌力而練。許多用來當熱身運動的活動度鍛鍊，我們也會拿來練肌力。

髖關節活動度訓練 2

第二項訓練是側蹲（lateral squats，參照【圖5.18】），這是側弓步（lateral lunges）的前導定點動作。訓練會發展額狀面（frontal-plane）的髖關節活動度，很多運動員都是在這個部位有活動度受限的問題。側蹲的重點是觀察足部——兩腳的腳掌應該要維持筆直朝前。外旋就是代償作用。側蹲的動作稍微違反常理，步距愈寬做起來愈容易，比較不吃力，但大多數人一開始嘗試時步距都較窄。試著讓兩腳掌分開的距離是1公尺至1.2公尺。我通常會用折疊式地墊（通常尺寸是1.2公尺）上的線條，或者舉重平台上的木板寬度（通常尺寸也是1.2公尺）當測量標準。

【圖5.18】髖關節活動度訓練 2

髖關節活動度訓練 3

第三項訓練是伸手單腳直膝硬舉（reaching single-leg straight-leg deadlift，參照【圖5.19】）。如前所述，這項基本功每週都要執行多次，有時是在負重下執行，有時則是當成熱身與活動度的訓練。

【圖5.19】髖關節活動度訓練 3

4. **上半身的活動度與穩定度**

仰臥姿的肩關節上下滑地

仰臥姿的肩關節上下滑地（floor slides，參照【圖5.20】）會給予上半身許多活動度與穩定度上的益處，包括：

● 啟動下斜方肌、菱形肌與外轉肌群（external rotators）。

● 伸展胸肌與內轉肌群（internal rotators）。

● 降低上斜方肌在此動作中的參與。

有些運動員頭一次嘗試做肩關節上下滑地動作時，會很訝異自己竟然連個姿勢都做不到位。這很正常。很多人也很驚訝自己的兩側肩關節竟然是不對稱的。第三件令人吃驚的事，或許會出現在他們的手試著往頭頂上滑動時。很多人會立即聳肩，這是上斜方肌主導出力的現象。

【圖5.20】仰臥姿的肩關節上下滑地

以下是仰臥姿的肩關節上下滑地的重點：

● 收縮與下壓肩胛骨。

● 手掌與「手腕」平貼地板（最好兩手的手背都碰觸地板）。

● 手在往頭頂滑動時，想像是用前臂輕壓地板。

● 移動動作只要到達不適點即可。前肩會放鬆，活動範圍也會加大。千萬別用力。

動態熱身

熱身動作中的站立姿勢動態過程，應該會逐步增加肌肉的壓力、讓關節移動，並啓動與延長肌肉。適當的熱身過程要從滾筒動作，進行到針對活動度的伸展、啓動鍛鍊，然後漸進到增加強度的動作。我認為鍛鍊應該先著重柔軟度，接著再強調動作。

功能性熱身的第二項好處，就是它會再強化正確動作的基本功，同時也讓身體準備好去執行強度更高的增強式訓練、速度強化訓練或橫向移動訓練。

優質的熱身應該在所有的站立姿勢訓練時強調正確的雙腳位置，如此一來，運動員在熱身的同時也會開始領略到雙腳位置與力量輸出之間的關聯。以最簡單的方式說明，當加速動作產生時，腳掌的相對位置會落在髖關節的正下方，在減速動作時則會將腳掌落在身體前方。此外，所有練習應該以完美的身體姿勢完成。運動員應該學習從髖關節移動，腰部則不該彎曲。

熱身與動作的訓練日程可以劃分成直線日與多方向日（或線性日與非線性日）。這則不該是EXOS健身中心創辦人馬克‧沃斯特根獨創的做法，它是將鍛鍊的動作部分做邏輯規畫的最佳方式。運動員會用直線熱身（linear warm-up）當成直行加速、增強式訓練與體能訓練的預備動作；而多方向熱身則用來做為側移動作（side-to-side movement）、橫向增強式訓練與橫向體能訓練的預備動作。

直線的主動式熱身

直線的主動式熱身單純集結了動態伸展，以及為了讓身體做好直行衝刺準備的衝刺相關訓練。直線熱身的過程會從站立姿勢的動態伸展運動，進行到大多數教練會歸類為姿勢跑法（form running）的一些訓練。姿勢跑法的訓練是田徑動態熱身動作的變化式。這些訓練不僅適用於動作技巧的教學，用來讓下半身準備好做後續的速度鍛鍊也很適合。

姿勢跑法的訓練可以讓運動員在針對拮抗肌做溫和的動態伸展時，也做主動肌（prime

mover）的熱身。這就是直線熱身相當有益之處，它滿足了適度熱身的兩項需求：肌肉的溫度升高，而且幫助肌肉主動的到達全活動範圍（full range of motion）。絕對不要以為這兩項需求滿足一項就足夠了，因為伸展會幫助肌肉到達完全活動範圍，但不是以主動的方式。慢跑可以提高肌肉的溫度，但不會幫助肌肉達到近似全範圍的活動。為了讓運動員確實準備好做大部分的運動，直向的熱身必須包括前進與倒退兼顧的訓練，因此它必須納入倒退跑（backward running）訓練。

【注意】倒退跑訓練或許在田徑運動上無關緊要，但對其他大多數運動相當重要。在速度教學上的重大錯誤之一，就是太信賴田徑運動上的知識。儘管大家對「速度」的認識大部分來自田徑運動，但各位必須跳脫框架思考，將這裡的一些概念運用到其他運動項目中。

直線的主動式熱身基本上著重在三個肌群，也是跑步動作中最常繃緊的肌群，分別是：髖屈肌、腿後腱肌群與股四頭肌。一開始的六項鍛鍊是速度較慢的動態伸展，接下來的系列動作（蹦跳與跑步）速度較快，下一階段的動作（蹦跳、跑）速度更快且激烈，目的是啟動現階段已經被延展的肌肉群。

框架，存在有理

你是不是經常聽到某個人被形容為「跳脫框架的思想者」，或者因為「跳脫框架思維」受到稱讚？這通常都被當成是一種褒揚。然而，大多數人擅長的都是讓自己徹底去熟悉本業框架內的事物。我抱持的想法則是：我欣賞的教練之所以有所成就，是因為一開始由裡至外通透了解事情的重點，而不是透過跳脫框架的思維。

美國著名籃球教練約翰‧伍登（John Wooden）有句名言：「如果花太多時間去學本行的竅門，你可能就學不會這一行的本領。」伍登是有才氣的聰明人，而他指導籃球的方式出奇的簡單。事實上，「詳細解說該如何穿襪子，才能避免出水泡」是他每年第一堂課的指導內容。這可能會被說是相當「框架內的思維」；事實上，有些教練或許還會認為像這樣平凡無奇的事根本浪費時間。但伍登認為，球員由於沒正確穿襪子（在鞋內不能起皺摺），腳因而起水泡，導致訓練缺席，這才真的是浪費時間。他的見解沒錯。伍登是在基

礎功夫上深耕,相當深入本業框架內的教練。

坦白說,我認識的傑出教練多半談論「簡單」的話題會多過「複雜」的話題。比方說,EXOS健身中心創辦人馬克・沃斯特根喜歡強調「將簡單事做到極致」,衝擊表現訓練機構(Impact Performance Training)的教練杜威・尼爾森(Dewey Nielsen)也要求大家專精基本功。有位佛教禪師的名言提到:「初學者的心充滿許多可能性,而專家的心能容下的可能性寥寥無幾。」我常常與很多我覺得是優質教練的人看法一致,我想是有原因的。這些達到專家水準的人想法都相當雷同,而且對於新資訊的反應方式也非常相像。這些專家都能敞開心胸面對改變,而且擁有很棒的心理篩選機制。結果,這些優秀的教練即使來自不同領域,但最後抱持的思想是一致的。

有人或許會認為我是那種跳脫框架的思考者,但別忘記我也擁有30年本業框架內思維的基礎。事實上,針對不同問題,我給出相同答案的機率已經高到難以形容了。很多人的問題,我都只告訴他們:「KISS it!」,意思是「Keep It Simple, Stupid」(讓問題簡化、單純)。持續堅持在本業框架內。跳脫框架的思維應該保留給對本業已瞭若指掌的人。

下次,聽到有人被形容為「跳脫框架的思想者」時,可以問問自己:這位話題當事人是否也是本業的專家?身為教練的我們,最重要的是在開始跳脫本業思維之前,要先成為本業的專家。

直線的主動式熱身(每個動作執行20公尺)

● 高抬膝踏步(high-knee walk)

● 抱腿提臀(leg cradle)

● 走步與拉腳跟觸臀(walking heel to butt)

● 走步與身體前傾的拉腳跟觸臀(walking heel to butt with forward lean)

● 倒退跨步走與腿後腱肌群伸展(backward lunge walk with hamstring stretch)

● 倒退直膝硬舉走步(backward straight-leg deadlift walk)

● 高抬膝蹦跳(high-knee skip)

● 高抬膝跑步(high-knee run)

- 抬腳跟（heel-up）

- 直膝走步（straight-leg walk）

- 直膝蹦跳（straight-leg skip）

- 倒退踏步（backpedal）

- 倒退跑（backward run）

一項適當的直線熱身動作的結尾，應該由慢至快地將肌群帶到全範圍的活動。這類型的熱身動作應當優先於包含任何形式直向動作（如：衝刺、增強式訓練、跑道訓練或折返跑）的其他課程。千萬別認為提高肌肉的溫度就夠了。熱身必須為肌肉做好準備，讓它可以在要求的速度與必須的活動範圍中運動。

高抬膝踏步

【圖5.21】高抬膝踏步

高抬膝踏步對熱身過程來說，是很溫和的起步動作，它會先伸展後側髖關節周邊肌肉，尤其是臀肌。一腳向前踏步時，抓住另一腳的脛部，將膝蓋拉往胸部（參照【圖5.21】）。注意力集中在踏地腳的向上延伸與腳尖的踮起。此動作也會伸展同側著地支撐腳的髖屈肌。

抱腿提臀

做抱腿提臀時，與抱起的腿同一邊的手要抓住膝蓋，另一手則抓住小腿。抱腿朝胸部方向抬時，在小腿的手要朝外旋轉髖關節（參照【圖5.22】）。同時，延展支撐腳的髖關節時，要踮起腳尖。別讓兩隻手同時放在小腿，這會導致膝蓋落到腰部的高度。

【圖5.22】抱腿提臀

走步與拉腳跟觸臀

【圖5.23】走步與拉腳跟觸臀

行走每一步時，以同手抓住同腳的腳掌，然後將腳跟拉到臀部（參照【圖5.23】）。腳跟一碰到臀部，就動用內收肌群，並試著做到兩膝互碰。這個動作是針對側邊的股四頭肌與髂脛束。

走步與身體前傾的拉腳跟觸臀

與前述鍛鍊一樣，將腳跟拉至臀部。此外，身體前傾，軀幹打直，然後膝蓋盡量抬高（參照【圖5.24】）。這項鍛鍊會對抬高的腿的股四頭肌與股直肌（rectus femoris）施壓，同時對於支撐腳的腳掌與腳踝也提供絕佳的本體感覺輸入刺激。

【圖5.24】走步與身體前傾的拉腳跟觸臀

倒退跨步走與腿後腱肌群伸展

在此介紹的所有鍛鍊中，這是最講求技巧的一項鍛鍊。它包含了兩個倒退跨步的綜合動作，以及中間穿插了一次腿後腱肌群伸展動作（參照【圖5.25】）。對於伸展前側髖關節

【圖5.25】倒退跨步走與腿後腱肌群伸展

來說，倒退跨步是很棒的鍛鍊，又能達到整條腿與髖伸肌的熱身。它必須搭配雙手用力高舉過頭的動作。在倒腿跨步中增加雙手高舉過頭的動作，可以同時伸展前側核心肌群與髖屈肌。這項鍛鍊之所以很優的原因在於：推離（push-off）可以達到股四頭肌的熱身。從第一個倒退跨步動作開始，兩手都要放在前腳的腳掌兩側，並伸長前腿製造一次腿後腱肌群的伸展動作。從腿後腱肌群的伸展動作開始，再回到後跨步姿勢，接著推離再換腳動作。整套鍛鍊的順序是：搭配雙手高舉過頭的後跨步、腿後腱肌群伸展、後跨步、換腳。做這項鍛鍊時，我喜歡每一側的反覆次數做3次，才能確實專注在動作上。若以距離為目標來做，運動員會匆促完成動作，忽略細節。

【注意】向前跨步走對腳加重的壓力，大過許多運動員習慣的施力。而且，向前跨步走10公尺的後遺症可以讓運動新手痠痛到根本無法完成其他的鍛鍊。沒做過跨步走的運動員，或許會形容痠痛的感覺像是腹股溝肌肉拉傷。事實上，跨步的單腳肌力訓練的動作已經對「輔助髖屈曲」的髖外展肌群造成壓力。這讓許多運動員引發罕見與不熟悉的痠痛。通常，在我們健身中心的運動員一開始都是先做倒退跨步走（參照【圖5.25a】），這個動作對膝伸肌（knee extensors）施壓較大，對長收肌的施壓較少。

倒退直膝硬舉走步

倒退直膝硬舉走步是另一個絕佳的主動式腿後腱肌群伸展動作。此外，它也能賦予腳踝肌肉極好的本體感覺刺激。在試圖將一條腿抬升到與腰部同高時，兩隻手臂盡量往前伸直（參照【圖5.26】）。

【圖5.26】倒退直膝硬舉走步

這個動作會對支撐腿的腿後腱肌群帶來極佳的動態伸展，同時也能啓動另一條腿的腿後腱肌群，使其發揮髖伸肌的功能。針對這項動作的指示原則應該是身體「盡可能拉長」。我喜歡加強伸展時想像視覺畫面是兩手伸長到房間或場地的一端，而一條腿伸長到房間的另一端。要結束動作，只要從這個拉長伸展的姿勢讓另一條腿退後一大步著地即可。做這項鍛鍊請小心，新手的腿後腱肌群可能會有點痠痛。

高抬膝蹦跳

【圖5.27】高抬膝跳躍

高抬膝蹦跳（參照【圖5.27】）是從動態伸展進行到更主動式熱身動作的第一項鍛鍊。應該以輕跳的動作，達到讓髖屈肌群與髖伸肌群活動的目標。這裡不強調高度或速度，只著重於有節奏的動作。從高抬膝跳躍鍛鍊開始，熱身動作的速度已變得更快，而且柔軟度導向的部分也減少了。帶跳躍動作時，要想著提膝、提腳跟、提腳尖。膝蓋應該到腰部高度，腳跟要朝臀部方向，而且腳掌要上拉至脛部。

高抬膝跑步

高抬膝跑步時，髖屈肌群的施壓會增加。這個動作類似原地跑再加上稍微前進的動作。重點在於要保持直立的姿勢（功能失衡的運動員很容易前傾或後仰），以及讓腳掌盡可能地多次著地。這項訓練的關鍵就是維持完美姿勢，這樣才能在正確的肌群上施壓（參照【圖5.28】）。針對高抬膝跑步最好的指導提示，就是讓運動員去思考「抬步高過另一腳膝蓋」的動作。我們會告訴運動員去想像站立腳前有一根膝蓋般高的木椿。接下來給予運動員的指示為：抬腿跨步時需跨越並且高過木椿。同樣的，這裡關鍵的提點是「提膝、提腳跟、提腳尖」，膝蓋應抬至腰部高度，腳跟朝臀部方向拉，而且要啓動脛前肌（anterior tibialis）去提起腳趾。

【圖5.28】高抬膝跑步

抬腳跟

抬腳跟動作有時又稱「踢臀」（butt kick），是將加強部位從髖屈肌轉移至腿後腱肌群。主動將腳跟帶到臀部，不只能對腿後腱肌群熱身，也能讓股四頭肌做全範圍活動。在抬腳跟時，膝蓋會略微提高（參照【圖5.29】）。

【圖5.29】抬腳跟

直膝走步

直膝走步（參照【圖5.30】）會增加腿後腱肌群的動態伸展，同時也能啓動髖屈肌。髖屈肌必須用力收縮，才能彎曲髖關節，而且腿打直。重點是主動讓腿後腱肌群下拉。後文會提到，腿後腱肌群是角色相當吃重的髖伸肌，必須在它能夠伸展的最大範圍內熱身。

【圖5.30】直膝走步

直膝蹦跳

直膝蹦跳就是在直膝走步中加入有節奏的跳躍動作（參照【圖5.31】）。此外，透過直膝蹦跳動作可以增加腿後腱肌群的動態伸展。

【圖5.31】直膝蹦跳

倒退踏步

清楚區分倒退跑步與倒退踏步很重要。它們或許看起來很像，但在熱身程序中的目標全然不同。倒退踏步是用在股四頭肌的熱身，而不是腿後腱肌群。在倒退踏步時，髖部要放低，腳掌不是在身體下方，就是在身體前方（參照【圖5.32】）。這個動作是以股四頭肌為主的向後推進，且腿不向後延伸。和倒退跑不同，兩腳腳掌在執行倒退踏步時，位置絕對不能落於身體的後方。注意力集中在執行推進那一腳的延展動作。美式足球的後衛做這個動作很輕鬆，但對其他運動員來說大多很吃力。

【圖5.32】倒退踏步

倒退跑

倒退跑（參照【圖5.33】）就字面解讀就是反方向的跑步。重點在於前腳主動推進的同時，後腳要使勁的伸長。倒退跑會強力啓動腿後腱肌群，發揮髖伸肌的功能，並能動態伸展前側髖關節。這項運動在伸展髖屈肌時啓動了腿後腱肌群。在功效方面，它其實和直膝蹦跳是相反的。

【圖5.33】倒退跑

安全並輕鬆地增加直線動作的速度

這裡要釐清一項重點：運動講求的是加速度，不是速度。

在運動上，大家都犯了一個錯誤。許多教練在談論到自己最渴望的素質時，始終用錯了術語。諸如10碼、20碼、40碼（約9公尺、18公尺、36公尺）衝刺的測驗，實際上是加速度測驗，不是速度測驗。你只要觀看世界級賽跑選手跑步，就會明白在大概60公尺之前跑者是達不到最快速度的。身為教練，我們的興趣不是在最快速度，反倒在於加速度（等同於汽車世界講求的從0到60英里的加速度）。一個運動員的加速度有多快，決定了團體運動中的勝利，它並非取決於個人的絕對速度（absolute speed）。

為什麼加速度很重要呢？因為目前大多數速度開發的研究都著重在田徑場上的速度，而不是實際在體育運動場中的速度。跑道上最短距離的賽事為55公尺賽跑。在體育運動場上，最長距離的賽事為40碼（36公尺）的衝刺（不過，有個例外是棒球，可能會達到60碼[55公尺]）。跑道場的影響力實際上對體育運動項目的適用性很有限，因為體育運動經常使用加速度力學對應速度力學。針對跑道上的訓練，教練經常會引用跑步中的牽拉動作（pulling action），並致力於培養扒地動作的鍛鍊。在體育運動上，動作主要是重心稍微在腳掌之前的推進，有點像是美國短跑傳奇人物麥可‧詹森（Michael Johnson）的顛倒動作。這可能造成許多當前大家視為速度培養的鍛鍊，應用在團隊運動的選手上反而會有局限。事實上，要說過去20年來一些受敬重的教練在影片和課程中已經不提及速度培養的相關內容，這一點也很難說。速度培養的技術層面資訊仍然可以從很多不同源頭取得。

教練逐漸意識到運動員必須訓練肌力和爆發力，才能提升速度。很多教練採用了抗阻速度訓練。許多健身機構會提供針對速度培養的商品給教練，例如：雪橇。我們確知的一件事就是：假如運動員想要追求短距離的快速，他們最好做短距離的快跑。此外，我們也明白要將力氣放在基本功上。速度與垂直跳躍緊密相關，而垂直跳躍與下半身肌力又有密切的關聯。在某種意義上，速度要更快可以很簡單，同時又可以很困難——當然概念是很簡單，但執行起來可能有難度。

我所提出的速度培養系統，或者更貼切的說法是「加速度培養系統」，是著重在團隊運

動與大小團體的傷害防護的直向速度加強的系統，它簡單又容易上手。在這套系統中的速度鍛鍊，絕大部分是在10碼或10公尺內完成，而且確實是加速度的鍛鍊。在團隊運動項目中，加速度遠比速度更重要；然而，教練經常將兩個詞互換使用。即使大多數運動其實偏愛擁有較優質加速度的選手，反倒未必是速度最快的選手，教練經常展現出的期待仍是針對更高的速度。說明速度與加速度差異的最簡單比喻，就是觀察汽車。每部車子每小時都能行駛60英里（約96公里）。但區分德國保時捷（Porsche）與塞爾維亞國民車優果（Yugo）的差別，就在於車子從0到60英里的加速度可以多快。許多以跑步機為主的速度培養訓練計畫和田徑場為主的訓練計畫，掉入的陷阱就是只在意速度，而不是重視加速度。

設計一份速度培養的訓練計畫，最大的問題在於執行的訓練項目、執行訓練的距離，以及執行訓練的頻率。我第一次實測這份建議系統是在西元2000年夏季，由400位運動員執行了大概19,000項鍛鍊（400位運動員1週做4天的鍛鍊，持續12週），而且腹股溝與腿後腱肌群拉傷的次數也少於10次。

這套系統的重點如下：

- 每次的速度鍛鍊之前至少要做15分鐘的動態熱身與敏捷性訓練（agility work）。
- 增強式訓練要在熱身後、衝刺前執行。增強式訓練能夠提供一個收縮速度（speed-of-contraction）的合適橋梁，銜接後續的衝刺運動。

這項訓練計畫依據幾個簡單的概念拆分成三階段，每階段為3週。

1. 第1～3週：非競速

在非競速的階段中，專注在起跑後的前3～5步的衝刺。著重在起跑技巧與第一步爆發力（first-step quickness）。運動員執行3至5項費力的推進動作，接著是不費力的動作。一開始，鼓勵運動員以略低於全速的速度跑步，有助於肌肉逐漸適應衝刺動作。在非競速階段，運動員無論何時都不該執行任何形式的賽跑或競速。這個階段採用的主要訓練為功能性訓練專家維恩・甘貝塔在影片《直行速度》（*Straight Ahead Speed*, 1995）中的傾斜、落下、跑（參照【圖5.34】），以及90度角的傾斜、落下、跑。一般來說，每天只要執行6次的10碼（約9公尺）衝刺。

【圖5.34】傾斜、落下、跑

2. 第4～6週：短距離競速

第二階段會帶進一系列競速的訓練，但距離有限制。維持在一段距離（數量）時，衝刺鍛鍊的強度增加。速度培養訓練計畫中的難題之一，就是教練經常無法控制或明辨運動員在速度培養期間是否真的努力去達到最快速度了？帶入競速的刺激對象保證會讓運動員努力加速。我們用來刺激競速的對象，只是一顆網球。短距離競速階段包括從不同的雙腳與單腳起跑姿勢的落球衝刺（ball-drop sprints，參照【圖5.35】）。落球衝刺可確保運動員會為了短暫的衝刺而加速。即使是有天賦的運動員一般都不會超過7碼（約6公尺）。儘管

【圖5.35】落球衝刺

不鼓勵向前撲球，但運動員經常會如此。落球衝刺製造了一個競速的環境，刺激加速，而且對腿後腱肌群或髖屈肌也不會過度施壓。

3. 第7～9週：長距離競速

在第三階段中，運動員要從許多不同的起跑姿勢開始與一位搭擋衝刺。追趕衝刺（chase sprints）與雙人綁帶衝刺（breakaway-belt sprints）都從站姿與躺姿起跑開始執行。這時候，衝刺鍛鍊變成鬼捉人遊戲（tag games），運動員輪流當追人者與被追者。運動員的加速能力在競爭氛圍下受到挑戰，保證會使出全力。在這個階段中，運動員追跑的區域限制在10碼至20碼（約9公尺至18公尺）。

這項速度培養訓練計畫在結合適當的熱身、合適的下半身肌力訓練計畫，以及進階的增強式訓練，會得到極佳的成效。從依據個人速度的起跑與第一步爆發力訓練，到高競速的追跑，運動員歷經9週的逐步進階一定會練得適用的肌肉適應能力。在每個階段中，不是數量增加，就是強度增加，但絕對不會兩者同時增加。在下半身肌力訓練計畫中，針對膝伸肌的鍛鍊（分腿蹲對應前蹲舉，以及單腳動作的變化式），以及髖伸肌的鍛鍊（著重於臀肌與腿後腱肌群的直膝與屈膝動作變化式），每週都要執行2次。在我們的訓練中心裡，結合漸進的速度、增強式訓練與肌力訓練，已經讓每1,000次的鍛鍊引發受傷的機率少於1次了。

4. 雪橇訓練

協助運動員提高速度的最佳方法莫過於負重雪橇（weighted sled）訓練了。事實上，假如我的時間有限、只能做一項鍛鍊，我會執行的就是推雪橇（sled push）。

很多研究指證「負重雪橇在最快速度的成效上有限」，竭力質疑將負重雪橇用來當速度培養工具的做法。實際上，負重雪橇可能無法提高最快速度跑步的舉證，並不能套用在加速度上，而這可能導致教練低估這項裝備的潛在價值。其實不少提到負重雪橇無法提高速度的著述者仍表示，它可以提高加速度。曲解研究結果經常是眾人的通病。

大部分的教練為了提高速度，會把時間花在訓練跑姿與技巧。這些教練為了提升肌力，也

會納入下半身肌力鍛錬。雖然這兩者顯然相當重要，但可能還漏失了一個環節──專項肌力（specific strength）的培養。我們觀看運動員跑步是著眼於「漂亮」還是「快速」？依我看來，很多教練其實花了太多時間在跑姿與技巧練習，花太少時間培養讓跑步加快的必要專項爆發力與專項肌力。

2000 年的《應用生理學期刊》（*Journal of Applied Physiology*）刊載了「人類跑步速度的力學基礎」（Mechanical Basis of Human Running Speed）一文。文章開頭的一段摘要寫道：「要達到提高最快跑步速度的目標，憑靠的是更大的著地力量（ground forces），不是更快速的腿部動作。」這個概念後來變成知名的「韋揚德研究」（Weyand study），主導的研究員是運動科學家彼德・韋揚德（Peter Weyand）。負重雪橇訓練的目標就是針對用在衝刺的專項肌肉，並有助於銜接體態跑步訓練與重訓室鍛鍊（例如：深蹲與奧林匹克舉重）之間的缺口。

很多運動員可以做高負重的深蹲，但能夠跑快的運動員似乎少之又少。任何速度的研究者都會告訴你：「針對速度培養通常會建議的肌力鍛鍊，要放在髖關節延展（hip extension），但不能著眼於髖關節過度延展（hip hyperextension）。」在跑步中，所有力量輸出的源頭都來自髖關節過度延展。只有在腳掌位置於身體中心下方且往後推時，才可能出現對地面施力與製造前進動作的能力。儘管深蹲與其他的運動會訓練到相關的肌肉，但這樣的訓練並沒有專門針對衝刺的動作。因此我們發覺，透過肌力訓練連帶影響垂直跳躍提升的相關性，會高於速度提升，這或許就是其中一個原因。負重雪橇能教導強健的運動員該如何讓輸出的力量形式能夠帶自己往前移動。運動科學家喜歡將它拆分成特殊肌力（special strength）與專項肌力。儘管我認為當中的差異微乎其微，但了解兩者的不同也很重要：

● 特殊肌力的訓練，是透過整合技巧當中的關節動力學而成的阻力活動。雪橇跋步（sled marching）就歸入此類。我認為雪橇跋步或許是有效培養速度的最佳方法。在雪橇跋步訓練中，運動員無法在衝刺動作中輸出力量就會變得格外明顯。

● 專項肌力的訓練，是透過模擬關節動作而成的阻力活動。我會將雪橇跑步（sled running）列入專項肌力訓練的範疇。

在麥克波羅伊肌力體能訓練中心，我們喜歡於 12 週的訓練週期中的前 6 週做高負重的雪橇

跋步訓練，接下來的6週再執行較輕負重的雪橇衝刺（sled sprints）。

在過去，教練會建議速度培養的阻力訓練一定不能讓運動員的速度減慢10%以上，或者阻力的重量一定不能超過運動員體重的10%。這些建議似乎是根據肌動學習（motor learning）研究而來：這類的研究提到負重過大會改變肌肉在諸如衝刺與投擲等活動上的動作模式。以前我曾經老是覺得在速度培養上漏掉了一個環節，但直到幾年前為止，這個所謂的「10%法則」一直讓我不去追究自己的直覺。如今我的感覺是：負重與超出運動員體重的做法可以用來針對特殊肌力的鍛鍊，只要運動員展現出的肌肉動作模式是類似衝刺動作的加速度階段即可。將雪橇跋步想成是特殊型態的腿部推蹬（leg press）。運動員透過髖關節過度延展對抗阻力之下，整合了衝刺動作的關節動力學。只要我們達到技巧上的正確跋步動作（完美姿勢），這個運動的負重可以到極高的重量。

至於雪橇跑步的做法則是朝專項肌力訓練的方向。在雪橇跑步中，負重明顯減輕，但我仍然不會依循10%法則。因為在雪橇訓練上的主要變數，並不是在雪橇上的負重，而是肌肉動作模式。如果運動員在不改變力學模式的狀況下，能夠維持加速度姿勢與跑步，那它就是針對衝刺的專項肌力鍛鍊了。那為什麼我們要受制於像10%負重或速度減慢10%之類專斷的準則呢？畢竟做20碼（約18公尺）雪橇衝刺訓練時，10%才相當於0.02秒而已。重點應該是觀察運動員的姿勢與肌肉動作模式。如果運動員必須改變力學模式去產生想要的動作，那該負重就已經超重了。10%法則無法讓我們將漸進的抗阻概念套用在這種訓練形式中。

改變10%法則的另一個明顯卻常常被忽略的變數，就是跑步時的地面材質。在草地時，雪橇上負重必須更輕；在人工草皮上時，負重要比較重。這只是關係到摩擦係數。雪橇在草地上運行時，較少的載重就能產生大量的摩擦。在人工草皮或類似的表面上時，相同載重的摩擦就太輕了。另一個變數就是平底雪橇（flat sled）與雙板雪橇（double-runner sled）的差別。平底雪橇會產生較大的摩擦，因此為了達到類似的成效，雪橇上的載重就必須較輕。

關於衝刺的阻力訓練，我發現大家可能都曲解了研究資訊。儘管研究顯示雪橇訓練或許無法提升運動員以最快速度跑步的能力，但它有助於運動員跑得更快。切記：運動講求的是

加速度，不是最快速度。團體運動的選手鮮少有人曾達到路跑教練喜歡說的「絕對速度」（absolute speed mechanics）境界。對速度培養來說，負重雪橇或許是最被低估的工具，原因在於：我們曲解了以培養速度為中心的研究與術語。

多方向熱身動作：提升橫向的敏捷度與速度

多方向熱身動作是讓身體做好準備，能夠應付專門針對提升橫向移動的鍛鍊。它的內容包括：8分鐘左右的活動度訓練（請參照滾筒動作、伸展與活動度的章節），後面接著執行一項以橫向為主的動態熱身動作。最後的5分鐘將焦點擺在敏捷梯的訓練。

關鍵在於：多方向熱身動作在外展肌群與內收肌群的施壓程度，大於在直線熱身動作中的合理或必要的施壓。大部分的熱身動作往往被大量包含直線準備動作的田徑運動所影響，並不會讓運動員側對側移動。重要的是：熱身動作因應的需求要專門針對當天的活動。多方向的動態熱身動作強調側向側的移動，或者額狀面的移動。多方向熱身能讓運動員做好準備，應付橫向運動與後續的橫向速度進階訓練。

側蹲

大多數教練認定側蹲（lateral squat）是腹股溝的伸展動作。我比較喜歡將側蹲視為動態柔軟度運動，其目的是為了提升髖關節在額狀面的活動範圍。開始時，雙腳分開的距離為1.2公尺，而且右側蹲坐，左腳打直且腳掌平貼地面（參照【圖5.36】）。蹲坐盡量坐挺、身體放低，將重量放在右腳後跟。在底部位置（bottom position）維持1秒，接著換左腳後跟。

【圖5.36】側蹲

側向蹦跳

側向蹦跳（lateral skip，參照【圖5.37】）連續動作是最難教與最難學的動作之一。最好一開始先練原地跳躍。往右邊側向跳躍時，運動員的左腳必須橫向推。這裡帶入的概念是：運動員往右移動是靠左腳推進，並不是靠右腳跳躍。我喜歡教運動員原地跳躍，然後每次左腳著地時都將它想成左腳推進。每次他們朝右邊側向跳躍時，我也會一直提示：「左腳、左腳、左腳」。這是外展或朝側邊外推的動作之一。

【圖5.37】側向蹦跳

上腿交叉步蹦跳

側向跳躍練熟之後，接下來就做上腿交叉步蹦跳（crossover skip，參照【圖5.38】）。目前在上方的腳橫跨身體呈交叉，而且同樣一隻腳執行側向推進動作。這裡一樣再以朝右移動為例，左腳上抬呈交叉步，然後放下腳搭配側向推動作。當運動員專注在左腳推放與交叉連續動作時，教練的提示同樣是：「左腳、左腳、左腳」。上腿交叉步蹦跳在膝蓋與身體的中線交叉時，會增加一點轉動的元素至橫向動作。

【圖5.38】上腿交叉步蹦跳

下腿交叉步蹦跳

下腿交叉步蹦跳（cross-under skip）看起來與上腿交叉步蹦跳相像，但肌肉動作改變了。用上抬交叉跳的腿做有力的推進動作，改換成以腳下交叉跳的腿執行推進動作。這裡介紹的三個側向跳躍對運動員來說是最難學的，有些人要花好幾個星期才能學會。這項動作的變化就是：運動員即使要往右移動，重點也得擺在用右腳做有力的側推動作。想將這一點牢記在心的最佳方法，就是將「上腿交叉步蹦跳」想成是外展跳躍，也就是利用髖外展肌群做橫向推離；至於「下腿交叉步蹦跳」就想成是內收跳躍，也就是將焦點擺在下腿的動作，以此達成橫向推離。

【注意】在交叉步的動作中，外展肌群與內收肌群一定都要運作，而且這兩個跳躍動作是開始讓運動員熟悉橫向移動必備的特質。交叉步是涵蓋一個腿部外展推進動作，而這個腿部外展推進動作又是結合一個下腿的內收推進動作而成交叉步，運動員開始掌握這項概念極為重要。

橫向側滑步

【圖5.39】橫向側滑步

橫向側滑步（lateral shuffle，參照【圖5.39】），動作正如看起來的一樣簡單。運動員的側向移動是靠左推朝右邊移動的。重點要擺在運動員的姿勢，腳掌要筆直朝前。這是非常好的專項運動指導要點。籃球選手或許可以採用掌心向上的防禦姿勢，而足球員或許在想像自己是阻擋球員採取較防禦的姿勢下將手放在身前。

前後交叉側併步

前後交叉側併步（carioca）動作，我們採用標準的快腳訓練（參照【圖5.40】）。

【圖5.40】前後交叉側併步

側向爬行

側向爬行（lateral crawling，參照【圖5.41】）是從橫向主軸切入，為核心與肩胛胸廓（scapulothoracic）部位熱身。

【圖5.41】側向爬行

培養敏捷度與方向變換

「速度是教不來的」這句老話在幾年前已經被反駁了。然而，很多教練仍然認為敏捷度與協調是教不來的。對我來說，變換方向是橫向移動的精髓，而且是教得出來的，並可歸結出三個簡單的標準：

1. 無論停止移動或停止後再重新動作，你需要單腳的肌力嗎？

在培養敏捷度上，單腳肌力是必要素質。缺乏單腳肌力，運動員就沒有敏捷值或無法發揮敏捷度做到用最快速度來減速。這一點對重訓室的單腳訓練很重要。

2. 你有辦法減速嗎？

離心肌力是減速的真正關鍵。別將離心肌力想成是負重下放（lower a weight）的能力，反而要想成是帶動身體達到急停的能力。離心肌力就是踩剎車的能力。這會出現在增強式訓練中，而且也透過敏捷梯訓練學習。

3. 你可以穩定著地嗎？

你的本體感覺系統能準備好做出一個穩定的著地動作嗎？跳躍與敏捷梯訓練同樣是關鍵。

運動員必須了解敏捷度最基本的概念就是：想朝左移動，你必須以右腳推離。若跨步的腳和自己打算移動的方向同側，你就永遠別想快速到達任何地方；實際推離的腳必須與自己想移動的方向相反，才能達到目的。然而，在你有辦法針對變換方向做出必要的推進動作之前，必須減速與穩定著地。大部分被視為敏捷度訓練的內容都只是測定時間的動作。對於動作，最好抱持的理念是「教導」，而不是「測定時間」。千萬別只是要求運動員拚命在較短的時間內繞著三角錐跑步。要教他們用正確的方式執行右轉、左轉或切45度角。

為了這項目的，我們以簡單的敏捷梯訓練開始。要注意的是：這項裝備叫做「敏捷梯」，不是「速度梯」喔。敏捷梯不是讓運動員速度變快的工具，但它可以提升協調能力，對於變換方向的概念教學也有幫助。

「快腳」真的重要嗎？

我實在太常聽到有人問這個問題：「我可以用何種方式提升我家兒子（或女兒、運動員）的足速（foot speed）或敏捷度？」看來大家總是想要尋求捷徑與速成的解決方法。我想，比較好的提問或許會是：「你認為足速可以提升嗎？」甚至是更大的問題：「足速真的重要嗎？」甚至延伸到「足速與敏捷度有任何關聯嗎？」

教練和父母看到這裡可能會說：「這人瘋了嗎？這可是耳熟能詳的一項速度技巧耶！」

我想問題在於：教練和父母習慣將快速的「快腳」與關於敏捷的「靈敏的腳」畫上等號。然而，擁有快腳不會讓你速度快，就像擁有靈敏的腳也不會讓你敏捷一樣。在某些情況下，快腳其實可能會讓人速度變慢。

我常常認為快腳會對速度不利。事實上，我們有些轉移靈敏的運動員，會被形容為「擁有快腳」，但他們一開始的速度都相當慢。快腳的問題在於：你沒有徹底善用地面來輸出力量。快腳或許適用於踩在熾熱的煤炭上，但在硬地板上就沒這麼適合了。將地面想成是你產生牽拉速度（draw speed）的源頭。它無關腳的移動速度有多快，而是進到地面的力量有多少。這是基礎的作用力對反作用力（action-reaction）的物理學。進到地面的力量等於前進動作。這就是為什麼擁有絕佳垂直跳躍能力的運動員通常速度也最快。原因歸結於力量的輸出。教練經常會主張垂直跳躍無法與水平速度相應，但幾年來美國職業美式足球聯盟聯合測試營（NFL Combine）的資料可不苟同這項看法。朝地面使力，力量就是進入地面。實際上，我們該關注的重點是「改善垂直跳躍」，而不是「快腳」。我的經典台詞是：「舞王麥可・佛萊利（Dance Michael Flately）擁有快腳，但他未曾移動。」如果動你的快腳，人還在原地，快腳真的重要嗎？這就是「林中樹倒」的老哲學問題了（譯注：「林中樹倒」的哲學命題為：有一棵樹在森林裡倒下，如果沒有人聽到，聲音還是聲音嗎？）。

解決足速慢的最佳方法，就是讓腿更強健。腿比腳掌的重要性更大。不妨這樣來想：假如你站在起跑線上，第一腳的速度雖然很快，但沒有後腿的推進，人還是會在原處。

實際上，起步有強力的推進，才會造成第一腳速度快。大家應該改變用語，開始說：「這個年輕人的起步推力很出色。」下半身肌力才是解決足速慢的真正之道，也是速度與敏捷度的關鍵。

我認為培養快腳的要素在於：單腳肌力與單腳穩定度的訓練（即著地技巧）。如果不會減速，你就不會加速，而且至少無法加速一次以上。我有個很喜歡的神奇訓練概念，它的理論是：培養足速與敏捷度並非增加肌力與爆發力中的一個過程，卻與發現這個理想的訓練相關。認識我的人都聽我說過：「假設我確信有個神奇的訓練，就會每天做。」事實上，

這樣的訓練就取決於肌肉輸出功率的馬力系統與神經系統，這兩個系統也會隨著時間慢慢改變。

因此，我們該如何培養速度、靈敏度與敏捷度呢？恐怕我們必須放慢速度，並以老方法培養。關鍵在於增進馬力、減速與加速。我對這個問題的答覆始終如一：速度、敏捷度與靈敏度的培養僅僅取決於好的訓練。我們必須鍛鍊下半身肌力、下半身爆發力，而且一定要以單腳執行鍛鍊。

敏捷梯訓練

前文曾提到，敏捷梯是熱身、方向變換與多平面移動的工具。敏捷梯的訓練1週2次，每次約5分鐘。它不是什麼萬靈丹或神奇訓練，僅僅只是一項很棒的指導工具。將它安排在熱身動作的一環中，可以教導腳的動作、方向變換與減速的概念。我們會用到約5公尺長敏捷梯的一半長度。此外，挑選敏捷梯的訓練時，我喜歡將人體三個活動面的移動全納入考量。至少挑一項訓練是讓運動員在額狀面上跨敏捷梯移動；還有一項訓練是運動員面向敏捷梯，做矢狀面的移動；也要有一項訓練具備旋轉或橫狀面的元素。

【注意】敏捷梯不是練體能的工具，況且，訓練的敏捷梯越長，反覆次數就越少，這會導致足速變慢，不會變快。

左右滑步與定住

伊奇‧伍茲（Ickey Woods）曾是美國職業美式足球隊辛辛那提孟加拉虎（Cincinnati Bengals）的跑衛，他最著名的就是達陣後的「伊奇滑步」舞，而左右滑步與定住（shuffle wide and stick，參照【圖5.42】）是一個三拍動作的訓練。敏捷梯訓練分成：以1-2節奏的兩拍動作訓練、以1-2-3節奏的三拍動作訓練，以及四拍動作訓練。

此處的動作是「進－進－出」。換句話說，運動員一開始在敏捷梯的左側，以左腳站立。

訓練的動作現在進行到「右－左－右」：兩腳進到敏捷梯內，接著是以右腳在對側穩定著地。

運動員著地定住的時間要占一拍（1秒）。這項訓練的精髓在頓步（stutter step），在大部分體育運動的進攻規避戰術中，它是基本要素。籃球的身前換手運球（cross-over

【圖5.42】左右滑步與定住

dribble）、曲棍球的運球過人（wide dribble），就是執行頓步規避對手的幾個例子。

腳往敏捷梯移動時應該快速、精準與壓低。我們喜歡在一旁提示：「進－進－出」與「定住」。這裡的關鍵是：在敏捷梯內的速度要快，在敏捷梯外的一隻腳也要穩定著地。我們所有的敏捷梯訓練一開始都是先面向前方執行，再以倒退執行動作返回，因此運動員的左右滑步與定住動作，是要在往前進與倒退返回中執行。別忘了，大多數運動的移動不會只有往前。

滑步快版

滑步快版（shuffle quick）與前述訓練相同，但拿掉定住動作。原先在敏捷梯外腳要穩定著地的動作，要改換成立刻跨到另一側的快腳動作。

滑步快版與定住

【圖5.43】滑步快版與定住

左右滑步與定住、滑步快版的動作學習3週之後,接下來就進階到在一側定住,以及在另一側快腳的動作(參照【圖5.43】)。整個訓練的順序是來回敏捷梯兩趟。沿著敏捷梯前行時,在右側時快步,左側定住,返回時要倒退步行進。接著換邊做,前進與後退的時候在左側快步,右側定住。它相當適合訓練腳腦並用。運動員必須移動腳掌並動腦筋思考,這可是運動不可或缺的要點。

前交叉

【圖5.44】前交叉

前交叉(cross in front)是另一個三拍、快腳的敏捷梯基礎訓練(參照【圖5.44】)。這時的順序是「進-出-出」。運動員一開始兩腳是在敏捷梯外面。從左側開始,第一步是用左腳交叉步進入敏捷梯內。右腳接著跨過敏捷梯,接著是左腳跨出。這個順序是「左-右-左」。我喜歡在一旁提示「跨進、出、出」,這樣運動員才會有概念與節奏。我也喜歡用華爾滋的「碰-恰-恰」節奏,「碰-恰-恰」節奏能讓運動員去想到腳掌觸地,在前進與倒退返回中執行前交叉動作。

挑戰版交叉步

挑戰版交叉步（hard cross-over）的腳部動作和前交叉相同，但它更加激烈。上述的訓練是快腳的練習，此處的訓練實際上是方向變換練習。在挑戰版交叉步中，我們的提示為：用內側腿做使勁的推離，鼓勵運動員朝敏捷梯傾斜。著地是在兩腳為基準的姿勢中做相當使勁的停步，所以它不是「1-2-3」的節奏，比較是兩拍的訓練。這項訓練的動作是：朝敏捷梯傾斜，並用內側腿使勁推，達到交叉步進入敏捷梯內，以及用兩腳在對側重重著地。著地應該模擬溜冰者的停步動作，或是棒球的兩腳滑壘動作。

後交叉

後交叉（cross behind）與前交叉的訓練很類似，不過這時腳是在身後交叉。很多運動員做起來會很吃力，因為這不是習慣動作，但教導運動員該如何交錯兩腳並持續行進很重要。此外，在足球與曲棍球之類的運動中，傳球經常在身後，可以用後腳後交叉動作接球或擲球。

進－進－出－出

「進－進－出－出」（in-in-out-out）是我特別喜歡的訓練之一，因為它可以在前進（參照【圖5.45a】）、後退、右移、左移（參照【圖5.45b】）執行。它是四拍的訓練，移動方式完全與它的名稱順序一樣。在前進版的動作中，運動員一開始以兩腳跨立在敏捷梯上，然後依照「進－進－出－出」的順序往前移動。運動員前進時，在敏捷梯外面的兩腳要移進與移出梯道井隔。左移與右移版本的動作也一樣，不過運動員開始時是人面向敏捷梯，而不是跨立在敏捷梯上。

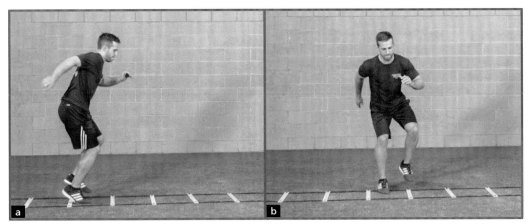

【圖5.45】進－進－出－出

出－出－進－進

【圖5.46】出－出－進－進

我相當喜愛「出－出－進－進」（out-out-in-in）這項訓練，因為它更像是空間感的訓練。運動員一開始要從敏捷梯的側邊開始，但這時必須在敏捷梯外往右或往左移動（參照【圖5.46】）。雖然動作看起來簡單，但與敏捷梯的位置逆向，大幅提高了困難度

剪刀步

剪刀步訓練（參照【圖5.47】）是很簡單的橫向、矢狀面訓練，運動員一開始將一隻腳放在敏捷梯內，接著只要換腳踩入就能橫向移動。比方說，如果打算往右移動，運動員一開始就是右腳在敏捷梯的第一個井隔內，接著只要以「左－右－左－右」的踩入順序沿著敏捷梯移動即可。

【圖5.47】剪刀步

轉髖步

轉髖步（參照【圖5.48】）基本上是交叉式的剪刀步。當兩腳要轉換時，離敏捷梯較遠的腳要跨到下一個井隔內。轉髖步訓練在橫向鍛鍊中添加了一個旋轉或橫狀面的元素。

【圖5.48】轉髖步

雖然有無數千姿百態的其他訓練可任君挑選。重點在於讓訓練簡單。比如混搭直向與橫向的敏捷梯訓練，並納入一些添加旋轉元素的訓練。記得要認清敏捷梯的本質──它是拿來當熱身、腳動作訓練與方向變換的絕佳工具。

本章提供一些簡單卻有效的進階訓練，它們都能用來提升直線速度與多方向移動能力。

訓練要配合每日的動作重點，讓運動員的鍛鍊過程加入針對這些訓練所設計出的特定熱身動作。有特定幾天要專注於直線速度，其他天則擺在多方向移動。這套簡單的系統訓練能讓教練輕鬆設計鍛鍊項目，運動員也能為後續的壓力做妥善準備。熱身動作融合針對神經肌肉系統的進階鍛鍊，並依據時下的熱身與降低傷害科學，確保方法可以安全。切記功能性訓練是有目的性的訓練。與即將執行的訓練與活動息息相關的熱身動作，也有它的目的性。

【參考資料】

1. Currier, D.P., and R.M. Nelson. 1992. *Dynamics of Human Biologic Tissues. Philadelphia*: Davis.

2. Davies, C., and A. Davies. 2004. *The Trigger Point Therapy Workbook*. New Harbinger Publications.

3. Gambetta, V. 1995. *Straight Ahead Speed* (video). Gambetta Sports Systems.

4. Hyman, M., and M. Liponis. 2005. *Ultra-Prevention*. Atria Books.

5. McGill, S.M. and S. Brown. 1992. *Creep response of the lumbar spine to prolonged full flexion*. Clinical Biomechanics. 7: 43-46.

6. Myers, T. 2009. *Anatomy Trains: Myofascial Meridians for Movement Therapists. 2nd ed*. Philadelphia: Churchill Livingstone, Elsevier.

7. Porterfield, J., and C. DeRosa. 1998. *Mechanical Low Back Pain: Perspectives in Functional Anatomy*. Philadelphia: Saunders.

8. Sahrmann, S. 2002. *Diagnosis and Treatment of Movement Impairment Syndromes*. St. Louis: Mosby.

9. Weyand, P. 2000. Mechanical basis of human running speed. *Journal of Applied Physiology*. 89(5): 1991-1999.

10. Wilhelmi, B.J., S.J. Blackwell, J.S. Mancoll, and L.G. Phillips. 1998. Creep vs. stretch: A review of viscoelastic properties of skin. *Annals of Plastic Surgery*. 41: 215-219.

Lower Body Training

—

下半身訓練

從本書英文版的第一版出版至今，我對下半身訓練的觀點有了徹底的改變。過去10年來，下半身訓練已經從傳統以背蹲舉為主的計畫轉為以前蹲舉為主的計畫，最後再變遷到以單邊硬舉與單腳蹲變化式動作為重點核心的計畫。在特定情況下，我們一開始會使用雙腳蹲與雙邊硬舉，但牽涉到培養下半身肌力時，現今的重點顯然更趨向單邊的鍛鍊。

下半身訓練的策略會有這種演變，是因為我們想要更有效地達成以下三項目標：

● **訓練過程中不受傷**

　我們的運動員會背痛，幾乎都是執行高負重深蹲所造成的。

● **在賽季期間減少受傷**

　相較於以雙邊鍛鍊為主的訓練計畫，單邊鍛鍊的訓練計畫似乎在降低傷害上有更大的助益。

● **提升運動表現**

　運動員使用單邊鍛鍊後，其運動表現的提升與使用雙邊鍛鍊的結果不相上下，甚至更勝一籌。

雖然大家可以認同在任何高品質的訓練計畫中，功能性的下半身肌力應該是主要的加強重點，但在培養的方法上，眾人的意見不一。我們知道幾乎每一種團隊運動與許多個人項目的運動都極仰賴速度，而提升速度的首要步驟就是提升肌力。無論你的訓練目標是提升運動表現、預防受傷、增加肌力或長肌肉，訓練下半身都是達成這些目標的最佳之道。

從徒手深蹲開始

我們訓練中心的下半身肌力訓練的入門通常是學習徒手深蹲，以及執行壺鈴相撲式硬舉（kettlebell sumo deadlift）；兩者都屬於雙邊的鍛鍊。我們仍然將深蹲與鉸鏈（hinge）動作視為動作技巧的基本功。然而，對很多運動員來說，以壺鈴相撲式硬舉或六角槓硬舉

（trap-bar deadlifts）之類更偏重髖關節主導的鍛鍊起步，會比深蹲鍛鍊更合適。事實上，硬舉比較容易學，通常也比較不會受限於活動度問題。不過，指導運動員執行徒手深蹲還是很重要，而且運動員的柔軟度和受傷可能性相關的重要訊息也會在過程中現出端倪。

提到深蹲，現在問題來了：該如何負重深蹲？是否要負重深蹲呢？

無論從生理或心理立場來看，深蹲與負重深蹲都有著獨特的問題。簡單來說，我們必須自問：「當運動員無法確切執行完美的徒手深蹲時，該讓他負荷外加的重量嗎？」

想明白深蹲教學的挑戰，最重要的是先探討練舉重的普遍心理。抱持「猛男形象」的包袱，會使肌力訓練運動的學習難如登天，尤其又以年輕男性最明顯。這種肌動學習的過程在團體環境中尤其會變得難上加難。鮮少有運動員會想先從沒有負重的深蹲運動開始，並達到正確深蹲必備的活動度；反倒會希望能先做舉重，而且期待有挑戰性。

很多時候，運動員明明深蹲欠佳，但在教練出於好意的鼓勵下還是會追求「變強壯」。物理治療師葛雷・庫克形容這種錯誤是「為功能失調火上加油」。庫克的意思就是：如果深蹲做不好，千萬不要負重深蹲。一旦讓欠缺技巧的運動員在負重之下深蹲，根本就是在動作失衡上助紂為虐。運動員或健身學員的動作模式本來就欠佳，但在外加的負重之下，有問題的動作模式更容易在此時展露無遺。這是美國高中與大學實行的肌力訓練常犯的錯誤，可能也是很多運動員背痛的元凶。

因此，教練一開始應該給予運動員的建議是「變靈活」或「深蹲的動作模式臻於完美」。唯有奠定正確技巧之後，運動員才可以加入負重做推舉。

我們當前採取的方法，是在負重深蹲之前先鍛鍊活動度，練好深蹲的動作模式。而且執行下半身深蹲動作模式下的負重鍛鍊時，絕大部分都是採用單邊的運動。膝關節主導的單邊動作模式，是比較簡單易教的鍛鍊，而且相當實用。

雙邊深蹲鍛鍊當成熱身動作的一部分來學習可能是最好的，因為熱身動作若是在重訓室之外執行，運動員就不必想著：舉重槓上的重量為何？有誰在注意我？從心理的角度來說，我們已經排除掉阻礙成功學習深蹲的一道關卡。在重訓室裡，渴望持續外加負重的欲望會迫使運動員恢復有缺點與習慣的動作模式。至於將深蹲的活動度強化鍛鍊當成熱身動作的

做法，則是反其道而行：雖然我們的主要目的是在熱身動作中處理深蹲的活動度，但也同步在肌力訓練計畫中透過單邊的下半身進階訓練加強單腳的肌力。

運動員搭配壺鈴相撲式硬舉或六角槓硬舉（這是比深蹲簡單易學許多的運動，因為髖關節需活動的範圍較小）之類的鍛鍊，可以培養髖部與背部的肌力，同時加強單腳肌力與活動度。

區別深蹲與硬舉

過去別人問我深蹲與硬舉之間的區別時，通常我會給出簡單扼要的答覆：做硬舉時，負重是握在手上的（參照【圖6.1a】）。做深蹲動作時，舉重槓鈴是在肩膀上（參照【圖6.1b】），無論它是在身前或身後。兩種鍛鍊的抬舉看起來都很相像。但如果我們將「負重是握在手上的」定義為硬舉，那【圖6.2】的動作又作何解釋呢？

【圖6.1】(a) 硬舉 (b) 深蹲

熟悉鍛鍊的讀者可能說得出右圖這個動作叫「後腳抬高蹲」，又或者你喜歡用「保加利亞弓步」（Bulgarian lunge）這個可笑的動作名稱呼它（對我來說，這名稱之所以「可笑」，是因為它與保加利亞無關，也不是弓步）。但是，它的負重不是握在手上的嗎？我自己的想法是：因為這個動作的身體軀幹是比較挺直的，所以我把它視為深蹲動作。

【圖6.2】後腳抬高蹲

下半身肌力訓練可分成膝關節主導模式與髖關節主導模式。早期，我們將這二種模式分別以雙邊深蹲與雙邊硬舉為代表，再加上它們的變化式動作。

但因為如今要掌握的狀況複雜許多，所以我們的鍛鍊菜單已經大幅改進，過去的深蹲與硬舉的定義已經不再適用，必須有新的定義。做高腳杯深蹲（goblet squat）時，負重是握在手上，但位置是在腰部以上。這是一個深蹲動作。它或許是一種前蹲舉動作，但就是深蹲。做壺鈴相撲式硬舉時，負重是握在手上，但下半身的模式可以轉變成膝關節主導的模式，這時動作看起來就會比較像深蹲，不像是硬舉。

【圖6.3】是六角槓硬舉，還是六角槓深蹲？或者這要取決於鍛鍊的執行方式嗎？如果名為「六角槓硬舉」的鍛鍊有了深蹲式的下半身模式時，它就會變成「六角槓深蹲」嗎？做提行李箱式的後腳抬高蹲（suitcase-style rear-foot-elevated split squat）時，負重是握在手上，而且位置是在腰部以下，但它顯然就不像是硬舉動作。

再回到硬舉動作的定義來思考：當負重是從地面提起再放回地上，就是硬舉嗎？這是我曾經深信不疑的定義，直到我拜讀健身教練丹‧約翰與「西方壺鈴之父」帕維爾‧錫特索林（Pavel Tsatsouline）合著的《輕鬆增肌力》（Easy Strength），才發現這兩位教練已經重新界定了深蹲與硬舉的概念。他們的區別為：硬舉就是「膝關節在最小的彎曲限度下，做大幅度的髖關節活動」；深蹲就是「膝關節與髖關節均有大幅度的活動」（p.179）。

【圖6.3】是六角槓硬舉，還是六角槓深蹲？

換句話說，髖關節主導的動作就是硬舉，而膝關節主導的動作則是深蹲。按照兩位教練的說法，髖關節主導的動作，即為「膝關節在最小的彎曲限度下，做大幅度的髖關節活

【圖6.4】壺鈴擺盪 ▶

【圖6.5】直膝硬舉或改良式直膝硬舉

動」。聯想一下壺鈴擺盪（kelllebell swings，參照【圖6.1】）與名稱有謬誤的直膝硬舉（參照【圖6.5】）。比起「直膝硬舉」，我更喜歡「改良式直膝硬舉」（modified straight-leg deadlift）這個用語。由於擺盪受眾人青睞，以及六角槓出現，動作樣貌有相當多的轉變。

運用約翰與錫特索林兩位教練的定義，也許我們應該重新審視與分類一些鍛鍊。

我們來分析相撲式硬舉（參照【圖6.6】）這項鍛鍊好了。它是身體前方肌群（anterior chain，譯注：包括腹部、髖屈肌、股四頭肌）主導嗎？可能。身體後方肌群（posterior chain，譯注：包括背部、臀部與腿後腱肌群）為主嗎？可能。以內收肌群為目標嗎？絕對是。這是硬舉動作嗎？身為健力運動員時，它對採蹲姿的人來說就是硬舉動作。我練健力的時候，就是採相撲式硬舉的運動員，因為我的雙腿比背部更為強健。

採寬站姿（wide-stance）深蹲的人比較偏重前鏈肌肉主導，在相撲式硬舉時牽拉的動作可能會多於執行傳統硬舉時。基本上這類型的舉重運動員深蹲做硬舉時，舉重槓是握在手上的。至於它是膝關節主導，還是髖關節主導呢？我想答案是膝關節主導。在本書英文版的第一版中，針對似乎無法清楚歸類至膝關節主導或髖關節主導的鍛鍊，我都稱為「混合式」鍛鍊。

【圖6.6】相撲式硬舉

【圖6.7】(a) 相撲式深蹲；(b) 相撲硬舉；(c) 高腳杯深蹲

在【圖6.7a】中，未加載負重的版本是相撲式深蹲動作。若如照片所示的增加壺鈴，它就會變成相撲式硬舉（參照【圖6.7b】）。在高腳杯姿勢下將負重的位置上移，它就變成高腳杯深蹲（參照【圖6.7c】）。你覺得自己被搞迷糊了嗎？我希望沒有。只是，問題在於很多事情永遠都不會照我們喜歡的模式那樣清楚或簡單。

我的結論是：誰在乎啊？這不就是用語上的差別嗎？在健力比賽場上，硬舉的舉重向來就是從地板往上提起。然而，在健身房與運動表現的訓練計畫中，菜單已經改變了：如果讓膝關節在最小的活動限度下，做髖鉸鏈動作呢？這是硬舉。當膝關節與髖關節動作各占一部分呢？這是深蹲。

可能會讓狀況變得更混亂的是（或者該說更好的是），我會希望教練夫指導自己的運動員做深蹲，不過當他們開始變強健時，就要轉換成單邊深蹲的變化動作，又或者如果真的想要他們做雙邊的鍛鍊，那就換成六角槓硬舉。針對下半身肌力須以單邊訓練為主，這樣的概念是根據一項很簡單的想法──人大多數時間都是用一隻腿在跑步與跳躍的，以及一項沒那麼簡單的想法──所謂的「兩側性缺失」。

「兩側性缺失（bilateral limb deficit, BLD）的現象，就是當肌肉單獨收縮，或者聯合對邊肌肉一起收縮時，在達到最大力量或接近最大力量時所產生的肌肉能力是有落差的。當單邊各自可產生的力量總和大於雙邊同時可產生的力量時，缺失就會出現。不少研究者已經在上肢與下肢於等長收縮（isometric contractions，譯注：肌肉收縮時，肌肉的長度沒有改變，又稱為靜態收縮）與動態收縮（dynamic contractions，譯注：當肌肉收縮時，張力不變而長度改變）的時候，觀察到兩側性缺失。」（Kuruganti, Murphy, and Pardy 2010）

這是什麼意思呢？它代表，運動員用單腳能夠深蹲的力量會超過雙腳同時深蹲時能使出力量的一半。我們在只用單腳著地時，其實是比雙腳著地時更強壯的（若以雙腳著地時的力量除以二相比）。我們訓練出的每位運動員能夠做後腳抬高蹲的力量，遠遠大於他們在背蹲舉時所能使出力量的一半。事實上，我們的健身中心測試前蹲舉（雙腳用力）與後腳抬高蹲（單腳為主）時，有許多運動員是可以拿相同的負荷重量做後腳抬高蹲舉與前蹲舉。我曉得這看起來好像不太可能，但其實不然。

因此，教學的第一步仍然要指導深蹲的模式。注意喔！我說的是「深蹲的模式」，不是「深蹲」。鎖定的目標是深蹲姿勢中的活動度，並非拿個舉重槓在背部或身前的深蹲姿勢。只要努力指導運動員做徒手深蹲、高腳杯深蹲或壺鈴硬舉（kettlebell deadlift），就能窺悉肌力、柔軟度與受傷可能性方面的重要資訊。徒手深蹲與高腳杯深蹲可以用來評估髖關節與踝關節的活動度、腿後腱肌群的柔軟度，以及下半身的整體狀態。

運動員如果無法以大腿與地面平行的姿勢徒手深蹲時，很容易在踝關節或髖關節缺乏活動度、腿後腱肌群的柔軟度不足，或者這三個部位的問題皆有。深蹲的模式有問題時，矯正的第一步就是嘗試搭配提高腳後跟的方式做深蹲。腳後跟放在一塊2.5×10公分的木板或

特製的三角形輔助工具上墊高，應該就可以讓大多數運動員的深蹲「深度」到位。木板只是提供人為的踝關節活動度。

【注意】墊高腳後跟無論如何都不會傷害膝蓋。我們並未見到有任何科學研究證實「腳後跟提高會增加膝蓋壓力」的觀點。事實上，奧運舉重選手與健力比賽選手在比賽與訓練中使用腳跟墊高的舉重鞋已經數十年了。

要讓運動員練成適當的深蹲模式，指導時就要教他們將重量擺在腳後跟，臀部往後坐成深蹲姿勢。當大部分運動員聽到「深蹲」的指令時，心智就會告訴身體盡量以最輕鬆的方式放低髖關節。若運動員深蹲的深度無法達到大腿與地面水平，則可能原因傾向為踝關節、髖關節、腿後腱肌群的柔韌度不足所導致。（參照【圖6.8】）

對力量不夠的運動員來說，最輕鬆的方式不是過度加強無力的肌群（通常是股四頭肌）。比較沒力或傷癒復出的運動員經常會試圖想去壓低重心，也就是透過一開始強迫膝蓋往前的位置在腳尖上方，一直到達踝關節的活動範圍極限為止（參照【圖6.9】）。

【圖6.8】

【圖6.9】

從深蹲到健力型平行蹲

大部分治療師與運動訓練師在描述深蹲時會犯的錯誤就是：只依據膝蓋角度評估動作是否正確，經常指示患者深蹲到膝蓋角度呈90度。然而，我們的目標姿勢其實是在大腿骨與地面平行的位置。當膝蓋角度呈90度時，可能早就超過大腿要與地面平行的深蹲位置了。

另一方面，肌力教練通常不會以膝蓋角度的方式定義深蹲的深度，而是採取大腿骨與地板的平行關係。如果運動員是採取踝關節主導深蹲的人，那麼深蹲到大腿骨平行地面的姿勢時，經常會造成膝蓋角度大於135度。這種以踝關節主導的深蹲姿勢，往往會出現於膝蓋疼痛或患有膝蓋肌腱炎（patellar tendinitis，也就是股四頭肌腱處發炎）的運動員身上。

教學與學習深蹲模式的關鍵重點，就是結合治療師想要限制運動員膝屈曲的活動範圍的要求，以及教練想讓運動員大腿與地面平行的期待。教練、訓練師與治療師必須口徑一致。運動員得到的指導應該也都要因應教練、訓練師或治療師在意的環節來調整。必須教導運動員執行徒手深蹲時，採取的方法能將踝關節的活動範圍降到最低，而膝關節的活動範圍

達到最大。

我們的訓練計畫向來都會指導全蹲的深蹲（full-depth squat）。我們將全蹲定義為大腿最上端與地面平行。

為了指導深蹲，我們會使用30公分的跳箱當成深度的衡量標準。為了達到與地面平行的深度，我們還會搭配Airex平衡墊調整高度，不過令人驚訝的是能使用30公分跳箱的運動員還真不少。

請注意我們不是要做箱式深蹲（box squats），而是執行徒手深蹲或高腳杯深蹲時以箱子做為深度的評估標準。此外，千萬別進行或指示下坡半蹲（half squats）或四分之一蹲（quarter squats）。下坡半蹲與四分之一蹲常見於設計不良的肌力體能訓練計畫中，它們會讓背部承受較大的受傷風險，因為在這些不完整動作中使用到的負重都比較重。

柔軟度正常的運動員在不提高腳後跟之下，就有辦法做到大腿與地面平行姿勢的深蹲，而柔軟度欠佳的運動員要在腳後跟提高之下才能辦到。學會深蹲的模式，是提升下半身肌力、速度與垂直跳躍的第一步。

在某些圈子，低於平行位置的深蹲動作很受歡迎。這種蹲姿低於「健力型平行蹲」（powerlifting parallel）的深度，必須謹慎使用。研究員卡爾・克雷恩（Carl Klein）在1970年有一本劃時代的著作《運動中的膝蓋》（*The Knee in Sports*），對執行全蹲的深蹲提出警告。遺憾的是，很多人只知道克雷恩的意見，並沒真正閱讀他的著作。俗話說得好，魔鬼藏在細節裡。克雷恩奉勸不要做全蹲的深蹲，也掀起很大的爭議。然而，知道克雷恩這項建議的醫師，很少有人實際去閱讀這本著作，或者正視實情。

克雷恩警告的是：「當彎曲到底已接近內側與外側側韌帶（medial and lateral collateral ligaments）的前束時，緊繃與伸展就會超出它們正常長度的狀態。在膝蓋完全屈曲時，也會讓前十字韌帶拉緊；這時膝關節由於支點作用（fulcrum effect）被迫拉開，尤其若是後大腿與小腿肚又有大塊肌肉時。這種性質的動作持續下去時，最後這些支撐韌帶的完整性就會受損，而且在伸展狀態下召喚肌肉支援的『拉伸效應的機動性』（stretch-effect readiness，也就是本體感受刺激）很可能也會減低。」（p.14）

克雷恩還提到：「深蹲的深度應該要謹慎控制，大腿可稍稍偏離平行姿勢。但偏離平行位置太多時，腿後腱肌群與小腿肚肌群之間的反應就會開始扮演槓桿，迫使前方與兩側的關節分開，拉緊了韌帶。」（p.30）即使在 40 年後的今天，也很難反駁克雷恩的邏輯。低於平行位置的深蹲是有一些韌帶受傷的隱憂存在。

最大的問題在於克雷恩對於全蹲（full squat）的定義。克雷恩的全蹲是指低於平行位置的蹲姿，過去奧運只有舉重選手會用這種姿勢，但如今它在一些硬漢式肌力訓練（hard-core strength）族群中很流行。

克雷恩提出了一個有充分根據的疑慮：「在全蹲的姿勢中，膝蓋內側軟骨（medial cartilage）的後角或後緣會在脛骨與大腿骨之間交鎖……如果這時候關節有任何力學結構瓦解出現，而軟骨的後部維持不動，前部則繼續往前移動之際，就會引發後部的撕裂傷。」（p.56）不受傷的關鍵在於「不必冒著雙腿彎曲到超過平行位置的風險之下，還是有可能練出極佳的腿部肌力。因此，除非你是覺得這種深蹲方式特別有效的舉重比賽選手，否則鍛鍊時不要做低於平行位置的深蹲是明智之舉。」（p.57）

根據上面引述的資料，我同意這個結論：請維持「健力型平行蹲」的深蹲姿勢，避免做時下流行的手槍式深蹲（pistol-style squats）。

基線、進階與倒階的鍛鍊動作

我們將上半身與下半身的鍛鍊分成基線、進階與倒階三個等級。基線的鍛鍊對一般的運動員來說是基本入門。從這個等級開始，運動員的鍛鍊不是進階，就是倒階。進階的編號順序是從容易、中等到困難；倒階也會編號，但順序是容易、更容易、最容易。因此，「進階 3」會是難度相當高的鍛鍊，「倒階 3」則是非常簡單的鍛鍊。

徒手深蹲

針對徒手深蹲（參照【圖6.10】），一開始雙臂在身前伸出去，兩手要與肩同高。應該要挺胸，而且上背與下背也必須稍微呈拱形與繃緊。兩腳腳掌的距離應該幾近與肩同寬，而且稍微向外開大約10至15度角。如果有柔軟度的問題，那麼為了得到適當的深蹲深度，或許可以加大站立的寬度。如果運動員在下蹲過程中容易往前傾、腳後跟無法著地，或者在下蹲時骨盆會後旋，可以在腳後跟下墊一塊2.5×10公分的木板、5公斤（10磅）的槓片，或是特製的三角形輔助工具。

【圖6.10】徒手深蹲

雖然很多專家會奉勸不要在腳後跟墊東西，但在我們訓練中心的運動員採用這種方式體驗到的成效很棒，膝蓋也不會疼痛。

下蹲

1. 在身體下沉呈深蹲姿勢之前，以鼻子深吸氣。

2 當身體下沉做深蹲姿勢時，注意力集中在往後坐的動作，然後將身體重量擺在腳後跟上。我很喜歡在旁邊提示初學者將腳趾上推頂到鞋頭。將身體重量放在足中部（midfoot）或腳趾會引發不良的前傾姿勢。別把氣吐掉，而且雙手與肩同高。

3. 緩緩下蹲直到大腿的最上端與地面平行。

4. 在下蹲時，膝蓋的位置應該在腳尖上方。千萬不要內夾膝蓋，就讓膝蓋向外延展到腳尖上方。

起身

1. 注意力集中在利用挺胸、提高髖部與向前的方式帶動向上的動作。

2. 強迫腳後跟緊貼地面。

3. 呼氣時，像吹熄蠟燭一樣噘嘴用力吹氣。

學習高腳杯深蹲

倒階1＋進階1

深蹲動作的倒階第一級會包含增加負重。令人驚訝的是，它的進階第一級訓練內容同樣如此。事實上，進階與倒階的鍛鍊是相同的。我知道這聽起來很矛盾，但請各位耐心往下繼續看後文。

高腳杯深蹲

倒階1

我想再主張一次的一個重點就是：增加負重會讓一項鍛鍊更容易（詳見後文）。事實上，這是有悖常理的建議。我想強調的是，技術問題有十之八九的時候是源自於使用過多的負重；但學習徒手深蹲是例外之一。

【圖6.11】高腳杯深蹲

針對任何不盡理想的深蹲，前文已經提到最先的矯正方式一律是利用一塊墊高腳後跟的木板或三角形輔助工具。第二個矯正方式就是在高腳杯姿勢中加入一個啞鈴。

高腳杯姿勢（參照【圖6.11】），相當受到肌力體能界大師丹．約翰的青睞，在這個動作中，啞鈴的拿法是將它垂直抓住上端。約翰教練將它比喻成拿著一個大高腳杯或湯碗（題外話：「湯碗式深蹲」這個名稱沒那麼順口好記）。重點在於：啞鈴的上端碰觸胸骨

（sternum）與鎖骨（collarbone），而底端則接觸胸骨下端或劍突（xiphoid process，譯注：是胸骨最下端的軟骨，形狀為倒三角形，約略位於兩側肋骨正中間、上腹部的位置）。

負重採用如同拿高腳杯的方式，成效簡直是不可思議。深蹲不合標準的人在高腳杯姿勢中抓著啞鈴，深蹲姿勢立即就能變好。簡直像變魔術一樣。

聽到約翰教練一而再、再而三地讚揚高腳杯深蹲之後，麥克波羅伊肌力體能訓練中心就用它做了一項簡單的實驗。我們把深蹲姿勢很差的人全部找來，當中大部分是十幾歲的男性，實驗時讓他們在做高腳杯姿勢中增加5公斤至10公斤（10磅至20磅）的負重，結果這項做法發揮到百分之百的有利作用。這種高腳杯深蹲看來可當成啟動核心與上半身穩定肌群的方法；它會促成技巧大幅提升。此外，高腳杯深蹲的關鍵點是在舉啞鈴的整個過程中，要一直碰觸著兩個身體部位（鎖骨和劍突）。如果是啞鈴底端沒碰觸到身體，那就表示身體前傾了，這是必須矯正的不良姿勢。

【注意】只要是可以採用拿高腳杯方式舉重的每一種下半身鍛鍊，都應該要優先採用這種做法。運用高腳杯姿勢，直到運動員再也無法將啞鈴拿在正確位置上為止。為了碰觸到正確的身體接觸點，使用啞鈴而非壺鈴。

高腳杯深蹲

進階1

可以改正不良深蹲姿勢的技巧，同樣也能讓原本已經符合標準的深蹲姿勢更好，這一點也不足為奇。針對技巧已經很完美的人，負重訓練的第一選擇也和技巧不佳的人相同——在高腳杯姿勢中加入一個啞鈴。這是我們在深蹲中唯一採用的負重方式，負重要做到運動員的啞鈴無法停留在兩個身體接觸部位為止。在我們的訓練中心，男高中運動員做高腳杯姿勢拿到55公斤（120磅）重的啞鈴，是稀鬆平常的事。至於女運動員則可以輕易拿起的啞鈴重量在30公斤至35公斤（70磅至80磅）之間。事實上，深蹲拿舉重槓鈴的訓練我們只有在協助奧林匹克舉重的選手身上才會使用（詳情請參照第十章）。

壺鈴相撲式硬舉

倒階2

我知道這項鍛鍊又要讓各位更困惑了。一開始我主張深蹲不佳的人要嘗試增加負重，這一點已經相當有悖常理了。現在我竟然提出在倒階鍛鍊中做硬舉？我確實是很愛用一個壺鈴與一個啞鈴做相撲式硬舉。如果沒有壺鈴（有方便的握把），運動員只要將啞鈴倒過來打直放在地上，然後抓住一端即可。壺鈴相撲式硬舉的優點就是它簡單到不能再簡單了。

【圖6.12】壺鈴相撲式硬舉

採取深蹲站姿，臀部放低直到手能拿到壺鈴把手（或啞鈴一端）的位置，抓住壺鈴，接著背闊肌（lats）與下斜方肌（low traps）用力再提起壺鈴（參照【圖6.12】）。有些舉重運動員會再多加一點硬舉模式（也就是髖關節動作多一點，膝關節動作少一點），但無所謂。

就我們過去幾年來的經驗，它已經是重要的倒階鍛鍊了。我們持續將壺鈴或啞鈴相撲式硬舉當成我們初階首要的下半身鍛鍊，運動員要一直練到可以舉起最重的啞鈴為止。

【注意】我們從頭到尾的方式幾乎都是由壺鈴轉換到啞鈴。最重的壺鈴是45公斤（約100磅），最重的啞鈴是55公斤（約120磅）。

腳墊高式啞鈴硬舉

進階2

一旦運動員可以抓起55公斤重物（120磅，或者最重的啞鈴），就用15公分的跳箱墊高雙腳，增加活動範圍。這項動作的進階時間是3週至4週。一般來說，我們增加活動範圍時，負重能力就會減少10公斤左右，所以負重×組數會從55公斤×5會變成45公斤×5。

六角槓硬舉

進階3

壺鈴硬舉與高腳杯深蹲之外，再加入六角槓硬舉（參照【圖6.13】），就是我們的三大雙邊鍛鍊。壺鈴硬舉與高腳杯深蹲可以視為入門者的基礎鍛鍊，而六角槓硬舉可以用來當成一項主要的雙邊肌力鍛鍊。

六角槓是非常棒的一項發明，可以讓硬舉動作（負重握在手上）結合更多的深蹲模式（在膝關節與髖關節均有大幅度的活動）。實際上，由於六角槓是環著身體框住，因此可排除從地板拉起直槓鈴且必須活動膝關節而產生的問題。這會免除某些人會因為傳統的硬舉角度所造成的剪力（shear forces）問題。

【圖6.13】六角槓硬舉

六角槓還可以運用在更多的傳統硬舉模式（膝關節小幅彎曲之下，髖關節有大幅度的活動），或者改良式直膝硬舉模式中。六角槓實在是非常有價值的工具，因為在操作得當

時，它會讓背舉的雙邊全身鍛鍊比深蹲更安全。

硬舉對下背造成的壓力竟然可能少於深蹲？解開箇中原因的關鍵與肩關節活動度息息相關。針對活動度差的肩關節，身體會以腰椎屈曲來代償。肩關節活動度差是引發背痛的主要成因。如果運動員嘗試要把一個舉重槓鈴置於肩上做深蹲，但肩關節活動度不足時，會發生什麼事呢？他會延展腰椎。如果運動員在前蹲舉中試圖讓手肘往上，但缺少肩關節活動度時，他會做什麼呢？他會延展腰椎。

就像髖關節與脊椎環環相扣一樣，腰椎與肩關節也是如此。下次碰到有下背痛的運動員，千萬別只留意髖關節活動度，還要觀察肩關節活動度，以及選擇的鍛鍊項目。這就是硬舉會比深蹲更少見到下背痛的原因。讓活動度不足的人免除掉外來強迫的旋轉，或許能大幅減輕背部的症狀。當你留神傾聽與思考時，學到的事會令你驚異的。

在英文版的第一版中，我們稱六角槓硬舉是混合式鍛鍊，因為它兼具深蹲與硬舉動作。無論如何，因為六角槓的設計，所以這項鍛鍊比傳統硬舉更容易教，也比較安全。六角形的環槓讓運動員在舉重一開始是在槓鈴裡面，而且只要站立即可。六角槓硬舉不像傳統的硬舉，它可以避開對背部施壓，因為運動員蹲坐動作會多於傾斜身體。六角槓的槓身不必靠近小腿，因此可以排除許多傳統硬舉存在的潛在危險。

減量的深蹲模式

倒階3

萬一高腳杯深蹲沒有產生令人滿意的技巧時，另一種選擇或許就是深蹲模式的減量訓練，尤其針對年長的健身學員。有些年長的健身學員或受傷的運動員可能根本就無力到沒辦法確切執行深蹲模式。減量可以在負重小於自身體重之下執行鍛鍊，而且不必求助大腿推蹬機之類的健身器材。減量訓練也可以搭配懸吊裝置（例如：吊環、TRX）或任何下拉器材（pull-down machine）。負重要增加時，就採取減少上半身輔助（比方說吊環或TRX）的方式，或者減輕下拉器材上的負重。我個人偏好下拉器材，因為它有重量數據可以衡量要

減少的輔助負重。

等到正確動作熟練到一定程度之後，就是增加負重的時候了。負重工具有不少，包括但不限於槓鈴、壺鈴、啞鈴、石頭與磚塊，但切記：正確動作為第一優先。

培養單腳肌力的方法

過去10年來，培養單腳肌力的流程有極大幅度的進展。10年前，很少見到一個運動員會執行功能性的單腳鍛鍊。事實上，很多教練對弓步深蹲與單腳蹲變化式動作之類的單腳鍛鍊嗤之以鼻。即使運動員會執行單腳鍛鍊，常見方式也不外乎是以單邊的健身器材為主的鍛鍊，例如：單邊的腿部推蹬、單邊的腿部伸屈與勾腿。如今，有些教練已經徹底拋棄傳統的雙腳鍛鍊，擁護完全採取單腳鍛鍊版本的訓練計畫，尤其指導的運動員若有下背的毛病，或者對肌力訓練心存懷疑的時候。運動界有很多選手長期下來的訓練重點都不是在負荷重的肌力訓練，也對背蹲舉與瞬發上膊（power cleans）等鍛鍊方法抱持保守態度，現在反倒很樂意接納單腳肌力與增強式訓練的概念。而對其他可能會完全逃避肌力訓練的運動員來說，單腳訓練也能讓他們完成相對更激烈的下半身鍛鍊。

雖然，傳統肌力訓練過去都忽略單腳肌力的訓練，但對於增進速度與平衡，以及預防受傷而言，它很可能是不可或缺的要素。單腳肌力是功能性下半身肌力訓練中的核心重點；我甚至可以說：所有雙腳的鍛鍊對大多數的運動而言都不具功能性。

儘管將雙邊的深蹲與硬舉視為不具功能性的想法很極端，但這種主張是為了闡明在任何肌力的訓練計畫中，單腳鍛鍊是必須項目。可惜的是，有很多肌力訓練計畫依舊將重點全部聚焦在傳統的雙腳鍛鍊，例如：深蹲和硬舉，或者最糟的是仍然著重在諸如腿部推蹬、腿部伸屈與勾腿等完全不具功能性的鍛鍊上。

為了確切釐清功能性與非功能性的爭議，我們回到本書一開頭問的一個簡單問題：有多少

運動在進行時須兩腳同時著地的？答案只有一個：划船槳手在出力的同時是雙腳著地。然而，大多數的運動技巧都會在單腳下執行。基於這麼簡單的理由，將單腳肌力當成肌力訓練計畫的重點至關重要。

單腳的肌力是特殊的，無法透過雙腳鍛鍊的方式培養出來。骨盆穩定肌群的動作在單腳站立與雙腳站立中是不一樣的。單腳的鍛鍊會迫使臀中肌（臀部的肌肉）、內收肌群與腰方肌扮演穩定肌群的角色，這在運動技巧中相當重要。這些肌群（臀中肌、內收肌群與腰方肌）在傳統的雙腳鍛鍊中並不需要履行穩定肌群的作用。此外，單腳肌力如今也被公認是降低受傷的關鍵，並已成了所有復健、體能重建與膝蓋傷害防護計畫中的必要項目。

這些單腳鍛鍊的等級分成基線，以及從基線等級開始的進階（1、2、3或4）或倒階。所有運動員不分訓練的階段，在訓練的前3週都應該以適合的基線鍛鍊起頭。程度較高的運動員在執行「進階2」的鍛鍊時，幾乎全都能搭配某些形式的外加負重，不過切記：運動員只有在完全熟練一項鍛鍊時才可以進階。等到運動員已經精熟一項基線級的單腳肌力鍛鍊之後，才可以晉級到進階的單腳肌力鍛鍊。

大部分的單腳鍛鍊一開始可以使用簡單的徒手訓練的進階版。意思是指：運動員在前3週可以只用徒手的方式（沒有外加的負重），但每隔一週反覆次數要從每一腳8次增加到10次與12次。這就是簡單的漸進阻力概念。程度較高的運動員一開始或許會想搭配外加的負重（舉重槓鈴、啞鈴或負重背心），不過萬一運動員沒有單腳訓練的經驗，那麼起頭時就不鼓勵這種訓練法。在運動員比較進步時，就可以在訓練計畫中加入任何的單腳鍛鍊，只要採用的反覆次數高於5次即可。

分腿蹲

基線

分腿蹲（參照【圖6.14】）可能是培養單腳肌力的最佳鍛鍊。無論就執行與學習來說，分腿蹲都是容易的動作，因此它在我們訓練中心裡的單腳訓練進階版中永遠都是第一步驟。

【圖6.14】分腿蹲

我們有倒階與進階版的鍛鍊，但基線的鍛鍊就是分腿蹲。

執行分腿蹲時，分腿姿勢是雙腳位置與肩膀都呈一直線，距離大概1公尺至1.2公尺。這個姿勢可以讓兩個在地板上的踩點扎實穩定。由於是徒手的分腿蹲，所以雙手在頭後緊扣，或者放在髖部。在這個姿勢下，後膝朝地板（或Airex墊）下跪，身體重量仍要持續擺在前腳的腳後跟上。教練在旁邊提示「後膝跪與重量擺在前腳腳後跟」相當重要。你絕不會想要把全部的重量都向前轉移到前腳掌上。膝蓋可以向前移動至腳尖上方，只要身體重量放在前腳的腳後跟上即可。

指導的提示

針對分腿蹲的教學，在美國佛羅里達州坦帕市（Tampa）的肌力體能教練布萊德．卡茲馬斯基（Brad Kaczmarski）提出了很棒的輔導建議。卡茲馬斯基提議使用一個「提臀」（bottom up）的方法，這也是我們碰到動作學習很吃力的運動員時所實行的首要做法之一。指導「提臀」時，只要讓運動員採取前弓後箭（kneeling lunge）伸展姿勢，並讓他們透過後腳的腳後跟上推。對於做髖部後側姿勢或核心控制很吃力的運動員，教練在旁邊提示「提臀」會迅速發揮矯正的作用。

【注意】分腿蹲不是弓步。這項鍛鍊並沒有腳掌的動作或跨步。分腿蹲對於培養髖屈肌群的平衡與動態柔軟度有加分的效果。

技巧重點

● 注意力聚焦於後腳膝蓋往下跪於地板的動作，同時身體重量放在前腳的腳後跟。

● 保持抬頭挺胸姿勢。雙手置於頭後的姿勢對初學者的成效最好。

● 要將後腳的腳掌想成是平衡點。不要試圖動用到後腿。

● 萬一動作執行很吃力，就想想「提臀」的做法。

● 後腿的膝蓋應該要稍微彎曲。當姿勢正確時，臀部會有輕微的髖屈肌伸展的感覺。

這些單腳鍛鍊一開始加入的負重最好就是執行前文所述的拿高腳杯姿勢。在拿高腳杯姿勢中的負重，要做到運動員拿著啞鈴放在正確位置上（兩個身體接觸點）已經覺得困難了為止，接著就轉換到用兩個啞鈴做側邊負重（side-loading）的姿勢。

【注意】有好幾年的時間，我們從分腿蹲切換到後腳抬高蹲的速度太快。如今回想起來這項做法可能是個錯誤。之所以快速轉換動作，是因為當負重加大時，運動員會抱怨後腳掌的大姆趾受到壓迫，於是我們就會讓運動員轉換動作。後來，我們才明白應該要持續分腿蹲的動作直到運動員抱怨大姆趾不舒服為止，而不是單純只做3週的分腿蹲鍛鍊，接著立刻跳到更進階的動作。採用這個做法後，我們發現我們的運動員在沒有抱怨的情況下，在分腿蹲時變得很強壯。

後腳抬高蹲

進階1

過去5年來在我們的訓練計畫中，後腳抬高蹲一直是主要的下半身肌力鍛鍊項目。在轉換到後腳抬高蹲形式的鍛鍊之前，至少會有6週是採取傳統的分腿蹲。

做後腳抬高蹲（參照【圖6.15】）的時候，採取的姿勢類似分腿蹲，只不過要將後腳掌放在一個凳子或特製的後腳抬高架上。後抬高腳掌的擺放方式必須為腳背朝下。別讓運動員的腳趾置於凳子上。一旦運動員拚命要去平衡腳趾時，就無法在後腳抬高蹲的動作

【圖6.15】後腳抬高蹲

中握住沉重的負重。

在這個姿勢中，仍有一個撐在地板上的穩定點，不過這時在凳子或後腳抬高架上也有一個穩定度稍低的撐點。這讓分腿蹲的難度大幅提高，因為後腿這時給予的穩定與輔助減少了。從這個姿勢開始，身體放低直到前腳的大腿與地板平行，而且後腳膝蓋幾乎快碰觸到地板為止。與分腿蹲一樣，這項鍛鍊並沒有執行腳掌的動作，而且還可以提升髖屈肌群的動態柔軟度。

這項鍛鍊剛開始可以採取徒手鍛鍊，依照前文所述的每週反覆次數要從每隻腳8次進階增加到10次與12次，不過它要搭配壺鈴或啞鈴才是用來當肌力訓練的最佳做法。一開始的負重要以拿高腳杯的姿勢抓一個啞鈴。只要運動員還可以將啞鈴放到正確位置（兩個身體接觸點），就持續拿高腳杯式的負重。我們訓練中心的男運動員在切換負重形式之前，已經可以拿45公斤以上的負重，而女運動員例行使用的負重也有23公斤至27公斤。一旦運動員無法再承受拿高腳杯式的負重時，從有握把與平衡的觀點來看，壺鈴能發揮的作用極好。在每組訓練中，每隻腳的反覆次數要低達5次（例如：每隻腳反覆次數5次，要做3組）。運動員很快就能掌握到自己能夠使用的最重啞鈴或壺鈴重量為何。有必要的話，可以穿加重背心增加額外的負重。後腳抬高蹲的負重必須比前述的分腿蹲減輕13公斤至18公斤。這表示進階的鍛鍊難度會造成負重減輕。

這裡也提供負重上的參考值，我們訓練中心有女運動員可以雙手各拿36公斤的壺鈴，反覆次數做到10次，而男運動員則能夠雙手各拿55公斤的啞鈴，做到反覆次數10次。

單腳蹲

進階2

單腳蹲（參照【圖6.16】）是單腳鍛鍊的王道。它或許是最有難度，但也可能是最有助益的鍛鍊。單腳蹲必須在另一腳沒有出力維持平衡或穩定之下，使用到單腳。做分腿蹲的變化式動作時後腳會有支撐架的作用，但單腳蹲並非如此，而是骨盆肌群必須擔任穩定肌群

的角色，另一隻著地或踩凳子的腳並不會給予任何幫助。不能低估這項要點的重要性，因為在所有衝刺的動作中都需要骨盆或髖部的穩定度。在衝刺時，支撐腳（stance leg）必須在沒有擺動腳（swing leg）的任何輔助下輸出力量。

有些運動員無法馬上就能執行這項鍛鍊，不必灰心。大多數運動員在起先幾次時都會覺得動作不穩定或笨拙，可能要上幾堂訓練課才會變輕鬆。單腳蹲最大的好處之一就是培養出平衡感。

【注意】單腳蹲不該和手槍式深蹲搞混。我們不做且不贊成手槍式深蹲的理由很多。雖然這兩項鍛

【圖6.16】（在跳箱上做）單腳蹲

鍊看起來很像，但它們是不可以彼此替換的。相較於手槍式深蹲，做單腳蹲時在髖屈肌的壓力會大幅降低，進而在下背施加的壓力也會比較少。相較於讓支撐腳站在地上，踩在跳箱上可以讓非支撐腳下放得更低。手槍式深蹲經常也會引發下背疼痛，因為它過度使用髖屈肌去維持非支撐腳的伸展，以及平行於地板的姿勢。此外，單腳蹲是在大腿與地面平行的姿勢下執行，不會嘗試讓姿勢低於平行位置。低於平行位置的深蹲經常會造成腰椎拱起，也可能導致在膝蓋關節線（joint line）上的內側半月板（medial meniscus）後角受到擠壓。切記在膝關節屈曲期間，關節上的半月板會向前移動，半月板的後方（也就是後角）在低於平行位置的深蹲時也會受到擠壓。

技巧重點

● 站在一個跳箱或凳子上，手拿著一對2.5公斤（約5磅）的啞鈴。這是增加負重讓舉重更容易的第二個實例。兩手各拿2.5公斤互成的平衡，讓執行負重單腳蹲比起無負重的單腳蹲更容易。嘗試將身體放低到大腿與地板平行的位置。雖然拿啞鈴可能看起來不像是個好主意，但它的平衡作用絕對會讓動作更容易學習。

● 在身體開始放低到蹲姿時，將啞鈴舉至與肩膀同高，有助於後蹲並將身體重心轉移到腳

後跟上。

● 注意力集中在將身體重量放在腳後跟,讓腳踝上的動作降至最少,並在放低到底部位置時防止膝蓋的移動超過大姆趾尖。腳後跟踩在一塊槓片或特製的三角形輔助工具上特別有幫助。

● 開始鍛鍊時的重要關鍵是採取膝蓋彎曲的方式,而不是在腳踝彎曲。這一點要謹慎留意。

大多數運動員剛開始執行這項鍛鍊應該雙手各拿2.5公斤的啞鈴,反覆次數為5次,組數為3組。進階鍛鍊則依據訓練週期的階段(例如:肌力階段或累積階段),採取增加反覆次數或啞鈴重量的方式。在搭配後腳抬高蹲的鍛鍊時,單腳的反覆次數不能少於5次。

局部單腳蹲

到階1

單腳蹲是可以在小於定義的活動範圍內執行的少數鍛鍊之一。雖然局部範圍的鍛鍊通常都要避免,但局部單腳蹲(partial single-leg squat)從髖部與骨盆穩定度的觀點來看是相當有價值的鍛鍊,很值得拿來教一些無法盡力做到蹲姿所要求深度(也就是達到大腿與地面平行)的健身學員或運動員。我稱它是「漸進式活動範圍訓練」(progressive range of motion training)。我們不採用漸進阻力,反而會在運動員或健身學員為了達到要求範圍鍛鍊時,一直維持不變的阻力。我們通常會疊Airex墊增加或減少深度。

單腳硬舉

到階2

在本書英文版的第一版時,我們稱這項鍛鍊為「滑冰者單腳蹲」(skater's single-leg squat)。使用這個術語的原因在於這項鍛鍊被形容為「曲棍球專屬版本」的單腳箱式蹲。但執行這裡的單腳硬舉(single-leg deadlift)時,身體軀幹不用打直,非支撐腳也不是在

身前，而是軀幹放低到碰觸大腿（參照【圖6.17】），而且非支撐腳的膝蓋要彎曲。這個前彎姿勢是模擬滑冰者的起步姿勢。然而，隨著我們在深蹲與硬舉轉換的思維過程，我們明白這項鍛鍊具有大幅度的髖關節動作，所以應該歸類為硬舉動作。事

【圖6.17】單腳硬舉

實上，從關節轉動角度的面向來觀察，它幾乎與六角槓硬舉一模一樣。

對於因為下背毛病而無法硬舉的人，單腳硬舉是絕佳的替代方法。這項鍛鍊雖然同時有髖關節與膝關節的動作，但它並不是後文要介紹的單腳直膝硬舉。這是增加負重後其實可能比較好練的第三種鍛鍊。做這項鍛鍊與單腳蹲一樣，雙手剛開始要各拿2.5公斤（5磅）的啞鈴。

【注意】徒手進階的鍛鍊要遵循反覆次數8-10-12次的做法，接著結合啞鈴與加重背心加入負重。

弓步

進階3

弓步（參照【圖6.18】）是另一項很棒的單腳鍛鍊。很多人會誤以為這項鍛鍊是替代深蹲的簡易方法。事實上，弓步會產生嚴重的痠痛，根本不能歸類為簡易的鍛鍊。弓步的關鍵好處與列入進階級鍛鍊的理由，是因為在身體往前移動時，下半身肌群必須發揮作用讓身體放慢速度。弓步之

【圖6.18】弓步

所以放在高階的進階鍛鍊，原因在於身體必須為減速的條件做適當準備。此外，弓步對於髖部是很棒的動態伸展動作，單單這個理由就能將它納入肌力訓練與熱身的例行動作中。腹股溝或髖屈肌有問題的運動員都會發覺弓步是相當有助益的鍛鍊。

技巧重點

- 背部應該收緊且稍微呈拱形，上半身必須保持挺直。
- 動作一開始的站立是雙腳併攏。
- 跨步距離應該只稍微短於運動員的身高。跨步必須夠長，才能稍微伸展到後腳的髖屈肌群。
- 動作從向前跨步開始，接著跨出的前腳「向後推」（push back）回到兩腳併攏的起始位置。

針對耐力訓練，每一腳執行的反覆次數可以達10次。弓步也可以結合其他鍛鍊納入腿部的循環訓練中。

滑板弓步

進階3A

滑板弓步融合了單腳肌力、動態柔軟度與中度的不穩定性，是極優的一項單腳鍛鍊，無論對訓練或復健都是很棒的動作。為了避免獨厚滑板，這項鍛鍊還可以在1.2公尺長的滑板材質板上，不必用滑板，或者也可以使用滑盤。後腳穿上滑板鞋，在向後弓步（參照【圖6.19】）時將腳往後滑。在前腳執行單腳蹲時，後腳做前後的滑動。將雙手置於頭後，前腳的膝

【圖6.19】滑板弓步

蓋要超過足中部。

這是非常有趣的鍛鍊，看起很像分腿蹲，但牽拉動作或許讓它和單腳直膝硬舉之類的鍛鍊一併歸屬在身體後方肌群的鍛鍊。如果你只能做一項下半身動作時，那麼這項看起來也像膝關節主導的髖關節主導鍛鍊就是很棒的選擇。滑板弓步的一個缺點就是搭配沉重負重時的體驗感覺不佳。將它拿來當成肌力鍛鍊時，訓練成效似乎會打折，因此最好在肌肥大期（hypertrophy）與解剖適應期（anatomical adaptation）兩個訓練初始階段執行。

做這項鍛鍊時要採取徒手的進階訓練，因為會添加額外的伸展與不穩定的元素。

側蹲

進階3B

徒手側蹲可以用來當成熱身與肌力鍛鍊。針對棒球或曲棍球等要在額狀面移動的運動員來說，它是極優的鍛鍊，可以提升內收肌群的動態柔軟度與增進肌力。雙腳分開站立的距離約1.2公尺寬，而且往一側蹲坐（參照【圖6.20】）。蹲坐時，身體重量要在腳後跟，並讓膝蓋在腳尖上方。做這項鍛鍊時，兩腳的距離愈寬愈好。如果雙腳分開的距離小於120公分，身高高於173公分的運動員做這項鍛鍊會有難度。

針對側蹲，請使用徒手的進階訓練方式。

【圖6.20】側蹲

側弓步

側弓步是在額狀面執行的減速鍛鍊。換句話說，身體是側對側移動。已經學會側蹲的運動員可以無縫進階到側弓步。側弓步與側蹲都可以用來當動態熱身或肌力鍛鍊。

不推薦的登階訓練

登階可以當成替代深蹲的鍛鍊方式，但對於膝蓋有問題的運動員來說，登階引發的不適會比前述的單腳鍛鍊更嚴重，因為它缺乏初期的離心收縮（eccentric contraction）。登階不是首選的單腳動作，因為運動員容易透過推蹬後腳來往上登階，這其實是作弊。

提升單腳穩定度的方法

有些運動員執行分腿蹲與後腳抬高蹲之類的鍛鍊，經常表現得還很不錯，但真正做單腳蹲時就很吃力。這些人往往與膝蓋有問題的運動員都是同一批人，他們都飽受髕骨軟骨軟化症（chondromalacia patellae，也就是膝蓋軟骨的軟化）、膝蓋肌腱炎或其他髕骨股骨症狀等傷害之苦。就我的經驗，這些運動員在深蹲時通常共有的困難是下肢的穩定度，因為他們的單側髖部無力。

臀中肌是經常受到忽略的髖部肌肉，其主要功能就是在跑步、跳躍與深蹲時的單腳動作中穩定下肢。但很多運動員的臀中肌不是過於無力去發揮它的作用，就是並未「啟動」。結果，膝蓋的支撐結構被迫提供穩定度，取代臀中肌的功能。這表示疼痛可能會發生在髂脛束、髕骨肌腱（patellar tendon）或膝蓋骨底。多年來，這些問題都歸咎在股四頭肌的肌力太差，而且醫師與治療師為了解決問題所開出的處方都是諸如腿部伸展等簡單的非功能

性鍛鍊。近年來治療師與運動教練才開始意識到側邊臀肌在這些膝蓋毛病上所扮演的角色。

而我們已經發現有兩種方法可以啓動這些肌群：迷你環狀彈力帶側踏步（mini-band side steps）與對側前伸（cross-body reaching）。

迷你環狀彈力帶走步

迷你環狀彈力帶走步（mini-band walks）是啓動側邊臀肌的簡單方法。運動員只要將彈力帶套在腳踝，然後側向移動即可。透過迷你環狀彈力帶行走的鍛鍊，兩側髖關節會同時外展，支撐腳是一個閉鎖鏈（因為腳著地），另一腳則是處於開放鏈外展。迷你環狀彈力帶的鍛鍊有以下兩大重點：

● 彈力帶維持緊繃：雙腳分開的距離必須大到足以讓彈力帶緊繃。
● 不要擺動：側邊臀肌弱的人經常會「側向側擺動」，而不是做側向的踏步。

要刺激髖旋轉肌群，請將彈力帶置於腳掌。彈力帶不套在腳踝，改換成在腳掌的做法會製造一股內旋力量，並對髖外轉肌（hip external rotators）產生更大的刺激。

對側前伸

對側前伸可以用在任何膝關節主導或髖關節主導的鍛鍊上，可以促進臀肌參與更多。手前伸到另一邊正在活動的腳，臀肌的出力就會增加。用複雜的解剖學來解說，就是骨盆對應固定不動的大腿骨旋轉，造成髖關節內旋。由於臀肌是外轉肌群，所以它們會伸展，並藉由使出更多力氣的方式做回應。這就會導致髖關節更穩定。有趣的是，很多人將髖關節穩定視為膝關節穩定，然後將不穩定形容成「膝蓋向內」（the knee caving in）。事實上，膝蓋外翻（knee valgus）是髖關節內收作用與內旋，與膝蓋的問題絲毫無關。

髖部延展與健全的腿後腱肌群

前文曾提到，延展髖部的肌群主要為臀大肌與腿後腱肌群；在很多訓練計畫中依舊會忽略這些肌群。很多訓練計畫過於強調深蹲與深蹲的變化式動作，就疏忽了髖伸肌。

設計訓練計畫時，要明白諸如深蹲與單腳蹲的變化式動作之類膝關節主導的鍛鍊，對臀肌與腿後腱肌群發揮的作用完全不同於髖關節主導的鍛鍊。在丹‧約翰與帕維爾‧錫特索林在《輕鬆增肌力》中描述髖關節主導的鍛鍊是「膝關節在最小的彎曲限度下，做大幅度的髖關節活動」。雖然機能解剖學的概念告訴我們，所有肌肉在每一項下半身的鍛鍊中都會被使用，髖關節與膝關節的彎曲角度可以決定要強調或專注的部位，但為了讓臀肌與腿後腱肌群更徹底參與，動作必須集中於髖關節，而不是擺在膝關節。

為了明白這項概念，請想像單腳蹲的動作：髖關節會呼應膝關節的運作，做大約90度角活動範圍的動作。通常，針對膝關節動作的每1度角就會有1度角的髖關節動作。鍛鍊的焦點平均分配於膝伸肌與髖伸肌，而且膝關節與髖關節都有大幅度的活動。在單腳直膝硬舉之類的鍛鍊中，髖關節做90度角活動範圍的動作時，膝關節維持在10度角至20度角的些微彎曲。這項鍛鍊的髖關節就有大幅度的活動。設計合宜的訓練計畫必須設想到膝關節主導與髖關節主導的鍛鍊二者的平衡。

單腳髖關節主導的進階鍛鍊

對於提升運動表現與預防腿後肌腱群受傷，沒有什麼比單邊的髖關節主導的鍛鍊更重要了。我可能甚至還會說，諸如單腳直膝硬舉與它的變化式動作等鍛鍊在下半身訓練計畫中的地位最舉足輕重。之所以如此強調的主要理由，或許是因為身體後方肌群在傳統的肌力訓練計畫中太常受到忽略。在體育運動中，很少聽到股四頭肌拉傷的問題，但腿後腱肌群拉傷倒是時有所聞。設計一份功能性肌力訓練計畫時，千萬別疏忽這個重要部位。

單腳直膝硬舉

基線

單腳直膝硬舉已經成了鍛鍊身體後側肌群的王道。它不只能練到整個身體後側肌群（臀肌、腿後腱肌群與內收長肌），還能增強平衡。這項鍛鍊很安全、有挑戰性，幫助極大；而且它也是我們前面提到的「膝關節在最小的彎曲限度下，做大幅度的髖關節活動」的標準範例。時下最能形容單腳直膝硬舉活動的流行術語就是「髖鉸鏈」的概念。髖鉸鏈就是在腰椎不彎曲之下從髖關節活動的能力。膝關節彎曲10度角至20度角，其餘全部的活動全來自髖關節。重要的是腰椎完全不能彎曲。這個活動常常會被稱為「高爾夫球員式抬舉」（golfer's lift），因為它的動作很像用來從草地上撿回球梯的動作。

如果下半身鍛鍊的計畫我只能設計兩項時，那十之八九就是分腿蹲與單腳直膝硬舉。如果我是設計訓練計畫的入門新手，我也同樣會以這兩項鍛鍊著手。在我們的訓練計畫中，對單腳直膝硬舉的厚愛勝過任何雙腳的身體後方肌群鍛鍊。單腳的身體後方肌群鍛鍊相較於雙腳的身體後方肌群鍛鍊，顯然更具功能性；況且單腳的身體後方肌群鍛鍊會挑戰平衡與本體感覺，最有幫助了。單腳直膝硬舉的次要好處之一，就是對踝關節是極大的本體感覺刺激。其他的優點還包括不需要高負重，而且背部受傷的機率也幾乎為零。

它和側蹲一樣，是可以同時來徒手熱身與負重肌力鍛鍊的動作。在不練肌力所以沒有搭配負重做分腿蹲與單腳直膝硬舉的鍛鍊日當中，可以把它們當成是針對活動度訓練與熱身的徒手鍛鍊。

重要的是要留意單腳直膝硬舉的目標，最終還是要當成一項肌力鍛鍊。我們訓練中心有運動員可以在做單腳直膝硬舉時拿100公斤（225磅）以上的負重。

技巧重點

● 拿一個壺鈴或啞鈴，（壺鈴是首選，因為容易握，而且會製造調和一致的向下力）手要與著地的腳是相反側。從髖關節處向前傾，同時非支撐腳朝後方上舉，與身體軀幹呈一直線。將動作想成是從頭到腳趾一個長段的運動（參照【圖6.21】）。挺胸，而且下背是平的。

- 嘗試將壺鈴或啞鈴放在支撐腳內側的地上。

- 心思放在利用後腿將身體盡量拉長。注意力集中於後腳的腳趾往脛部方向提起，而且腳後跟正踩向後方一道假想的牆。

- 鍛鍊的目標不是將壺鈴或啞鈴放到地板上。要專注在腿後腱肌群伸展的感覺，進而強化正確的技巧。

【圖6.21】單腳直膝硬舉

- 重要訣竅：萬一有膝蓋向內問題，將持重手伸向支撐腳的腳掌外緣。這個旋轉動作讓骨盆來抗衡大腿骨的內傾，並伸展臀肌。

依據訓練的程度與階段，每一腳的反覆次數為5至10次，組數為2組或3組。

手前伸的單腳直膝硬舉

倒階1

對於現今已普遍稱為「髖鉸鏈動作」很吃力的人，單腳直膝硬舉的手前伸版本（參照【圖6.22】）是絕佳的倒階鍛鍊法。很多入門新手要從髖關節處動作是困難重重，都會想要從腰椎處動作。也有許多人剛開始在平衡上很費力。

手前伸的版本一開始沒有負重，最好是對著一個三角錐執行，可以鼓勵與強化手向前伸的動作。這項手前伸版本的鍛鍊重點同樣是盡量將身體拉長，但這時給予的指示是：在非支撐腳往後伸的同時，手也要向前伸。這是一項幾近完美的鍛鍊，因為後腳的延展會啟動非支撐腳的臀肌與腿後腱肌群，手向前伸則會啟動腰椎與胸部伸肌（thoracic extensors）。運動員與健身學員可以進階到手上拿一個輕型有握把的藥球，不過剛開始的教學必須只採取徒手鍛鍊。針對較年幼（11歲或12歲）或熟齡（30歲以上）的健身學員，這項鍛鍊可

以當成基線級鍛鍊。

技巧重點

- 心思放在腳趾頭朝脛部提起，以及雙手盡可能往前伸長。

- 盡量拉長身體。「長」是重要提示，在旁邊提示「長」可以阻止腰彎曲，也會帶動執行髖鉸鏈的動作。

- 透過手持藥球就能做負重的鍛鍊。輕型有握把的藥球成效特別好。

【圖6.22】手前伸的單腳直膝硬舉

手交叉前伸的單腳直膝硬舉

倒階2

如果手前伸的倒階鍛鍊做起來不順，經常是因為運動員或健身學員無法正確利用臀肌來穩定髖關節。這會導致一些不穩定與技巧錯誤。為了對抗這一點，可以鼓勵運動員或健身學員同樣在固定不動的大腿骨上活動骨盆，描述的說法為：在單腳穩定下，手交叉前伸（參照【圖6.23】，千萬別嘗試解說「骨盆對應大腿骨而動作」；只要告訴運動員「手向對側前伸」即可）。手交叉前伸（cross-reach）會驅動骨盆，並於支撐腳上固定不動的大腿骨製造一個骨盆內旋動作，結果就會伸展到臀肌，增加肌

【圖6.23】手交叉前伸的單腳直膝硬舉

肉徵召（recruitment），並提升支撐腳的穩定度。

為了製造這樣的動作，讓運動員站在一個三角錐前，三角錐的位置偏離著地的腳約30公分，然後要求運動員手往前伸，通過身體直到對側的三角錐。這是一項很神奇的矯正鍛鍊，經常能對搖擺不穩定的運動員發揮作用，並產生立即的穩定度。若要增加負重，請使用有握把的藥球。

繩索負重的單腳直膝硬舉

進階1

如果有足夠使用的下拉訓練器（low pulley）的繩索，那麼下拉訓練器版本的單腳直膝硬舉（參照【圖6.24】）就可以用來當成基線鍛鍊。在一對一教學時，它或許是一開始指導與執行單腳直膝硬舉模式的最佳方法。然而，對於比較大的群組或團隊教學，這或許不是最好的訓練選擇。這項鍛鍊可以當成一項負重進階訓練，同時也是極好的教學工具，因為它似乎擁有「自我修正」動作的元素。

關鍵點在負重阻力（load resistance）的向量（vector）。入門新手都不是朝地面下拉負重，其實是被負重往前拉。這會改變身體後方肌群的負荷，並製造一股很大的牽拉，也就是髖伸展向量。

【圖6.24】繩索負重的單腳直膝硬舉

● 在具備一個握把的下拉訓練器前就位。

● 抓握把的手要與支撐腳是相反側。

● 反覆提示「拉長身體」，以及一個非常用力的髖伸展動作。

● 前腳的膝關節繼續維持在10度角至20度角的彎曲。

彈力帶負重的單腳直膝硬舉

進階2

這項鍛鍊與前一項鍛鍊相同，只除了負重是透過彈力帶取代下拉訓練器之外；這時有雙重的優點。

● 像美國著名健身器材公司Perform Better的超強彈力帶（Superbands）之類的運動彈力帶比下拉訓練器材便宜不少。

● 當髖關節活動變成延展時，阻力就會增加。

彈力帶鍛鍊的好處之一（與潛在的缺點）就是阻力會隨著彈力帶被拉長而逐漸增加，直到被延展到其最大延展範圍。就是這種增加負荷的方式對後側動力鏈來說是正向的，因為如同跑步開始時的推離階段，此時給予肌肉的負荷也是在肌肉延展的最大範圍時達到頂峰。

● 鍛鍊的執行沒有改變，重點仍然擺在拉長身體，以及從髖關節處啓動的鉸鏈動作。

● 差別在於在伸展姿勢下鍛鍊是最容易的，而且當彈力帶的長度增加時，負重也會增加，導致在髖伸展上的最大負重。

下半身肌力與爆發力

案例研究：哥斯德·切利魯斯（Gosder Cherilus）

在美式足球中，擔當截球位置的男性選手必須要有籃球員的身高、足球員的體型（通常會超過136公斤），以及出色的競技。美國佛羅里達州職業美式足球隊坦帕灣海盜（Tampa Bay Buccaneer）的進攻截鋒（offensive tackle，又稱絆鋒）哥斯德·切利魯斯身高約196公分，體重143公斤，完全符合上述條件。這類高個子的運動員做深蹲與硬舉之類的鍛鍊經常會碰到困難。身高更高的人往往在雙邊舉重的技巧上很吃力，並經常覺得背痛。然而，諸如單腳蹲、分腿蹲與單腳直膝硬舉等動作就可以讓這些大個子努力訓練，並保持健康。過去5年來，切利魯斯一直都使用這些功能性鍛鍊讓自己在美式足球聯盟職涯中保持健康。單邊鍛鍊適合任何運動員，但對於體型較壯碩的運動員特別有價值，因為隨著年紀增長，他們面對的是打球與受傷互相伴隨的職業生涯。

壯碩男性做單邊訓練最棒之處，就是他們的體重自然而然成了負重的一部分。切利魯斯搭配5公斤（10磅）重物做單腳蹲或分腿蹲，等於是加了148公斤的負重。結果，在自己破百的體重下做功能性訓練，他得到額外的好處。對體型較壯碩的運動員來說，也許可以在扛著槓鈴時展現極高的肌力，但像單腳蹲這類運動對他們來說仍然是非常大的挑戰。

橋式的進階：勾腿動作

髖關節主導的鍛鍊可進一步分成針對臀肌與腿後腱肌群的鍛鍊。橋式（bridges）與單腳橋式（single-leg bridges）鍛鍊的是核心肌群，也可以一開始拿來針對臀肌，再進階到針對腿後腱肌群的勾腿變化式動作。

比較麻煩的是，協助伸展髖關節的肌群仍然被誤當成膝伸肌在訓練，尤其是腿後腱肌群。在很多過時的肌力訓練計畫中，有些肌群的訓練方法依然根據老舊的肌群功能認知，而它們就是源自前文提到的起止點解剖學。

雖然有些解剖學教科書仍舊將腿後腱肌群描寫成膝屈肌，但腿後腱肌群其實是髖關節的主

力伸肌，以及膝關節的穩定肌群。腿後腱肌群唯有在非功能性的背景下才被當成膝屈肌。在跑步、跳躍與溜冰時，腿後腱肌群的功能不是彎曲膝關節，而是延展髖關節。

結果，倚靠健身器材的臥式或站立的勾腿鍛鍊根本是在浪費時間。這種形式的勾腿鍛鍊出的腿後腱肌群，無論在模式與姿態上都不會出現在運動或日常生活中。實際上，因為大家經常在這些非功能性的模式中訓練或修復腿後腱肌群，或許這就能解釋利用勾腿之類的鍛鍊做復健的運動員之所以腿後腱肌群拉傷頻頻會復發的原因。

但請注意，本章節稍後要介紹的抗力球勾腿與滑板勾腿是例外。因為這兩個特殊的鍛鍊在正確執行時是使用了閉鎖鏈動作（腳接觸一個支撐表面），而且會與臀肌協調合作。

要將臀肌與腿後腱肌群當成髖伸肌在訓練，不要視為膝屈肌，這對於排除運動常見的腿後腱肌群拉傷大有幫助。提醒運動員與教練要思考肌群真正的功能，別去想解剖學書籍上的陳述。忘掉「腿後腱肌群是膝屈肌」的觀點吧。將腿後腱肌群視為主力的髖伸肌，而且在跑步時將其看作是以離心方式降低膝伸展速度的肌群。此外，也別忘記要透過膝關節彎曲與伸展的方式活動腿後腱肌群與臀肌。對有些人來說，這或許是一個很大的思維轉變，但只要腿後腱肌群變得更健康就值回票價了。

橋式與橋式的進階訓練有不少名稱。橋式又稱為「提髖」（hip lifts）與「仰臥挺髖」（hip thrusts）。我個人不喜歡「仰臥挺髖」這個名稱，倒是偏愛「提髖」多些。對我來說，英文的「thrust」（猛推）表示用力的動作，沒表達出這項鍛鍊所必需的控制力。橋式是從核心訓練到下半身訓練的過渡點。從腰伸展區分出的髖伸展與臀肌功能的肌動學習是有難度的功課，當運動員或健身者進行這類的鍛鍊時，橋式的初始階段鍛鍊在訓練計畫中經常安排於「活動度與啓動」項目內。然而，相同的動作會進階成單橋（single bridges）或單腳提髖（single-leg hip lifts），以及肩（上背）靠長凳的橋式與提髖。最後，橋式的動作會形成滑板或健力球勾腿的起頭動作。

單腳橋式或庫克提髖動作

基線

知名物理治療師葛雷‧庫克大力推廣這項鍛鍊，它能教導運動員快速與輕易的從腰伸肌中區分出髖伸肌的功能。當腰椎的活動範圍遭到刻意限制時，大多數運動員都不會意識到自己擁有的髖關節活動範圍有多小。正確執行提髖或橋式的好處，就是你將一個核心肌群鍛鍊、動態伸展鍛鍊與臀肌肌力鍛鍊全融進一個簡單的動作中。

【圖6.25】單腳橋式或庫克提髖動作

執行庫克提髖（Cook hip lift）這項動作時，仰臥且腳掌平貼於地板（鉤狀臥姿）。接著在肋骨架下端放一顆網球，將一腳膝蓋用力拉向胸部，要足以讓網球維持在定位。從這個姿勢開始，透過踩在地板上的腳掌下推，並在另一腳讓網球緊貼肋骨時伸展髖關節（參照【圖6.25】）。這項鍛鍊的活動範圍只有在5公分至8公分。鬆掉膝蓋上夾球的力道即可大幅增加活動範圍，但就違背原先的用意了。鬆掉腳上的夾球，腰椎伸展就會取代髖伸展。

這項鍛鍊有三項明顯的益處：

1. 它利用臀肌擔任主要的髖伸肌，同時減低腿後腱肌群這塊髖伸肌的參與。

2. 它能教導運動員如何區分髖伸展與腰椎伸展。

3. 教練或訓練員可以評估到髖屈肌群的緊繃。此處緊繃可能會限制髖伸展，並引發下背痛。

運動員如果碰上腿後腱肌群抽筋，那就是臀肌的運動不當。美國國家運動醫學院（National Academy of Sports Medicine, NASM）的物理治療師麥克‧克拉克拿這種狀況

當成「協同肌主導」（synergistic dominance）效應的解說範例，這時腿後腱肌群被迫代償了無力的臀大肌的功能。

肩（上背）靠長凳的提髖

進階1

從庫克提髖要再進階，那麼肩（上背）靠長凳的提髖就是極好的進階鍛鍊。肩膀在一張標準的舉重床上墊高，增加鍛鍊的難度。

針對所有的提髖鍛鍊，請使用反覆次數8－10－12次的徒手鍛鍊進階方式。

抗力球勾腿

進階2

抗力球勾腿是一項進階鍛鍊，因為它需要使用臀肌與豎脊肌穩定住身體軀幹，而且腿後腱肌群要執行一個閉鎖鏈的勾腿。這項鍛鍊不僅培養身體軀幹的穩定度，同時也強化了腿後腱肌群。所有的勾腿動作中，我只推薦抗力球勾腿與滑板勾腿。

技巧重點

● 雙腳的腳後跟放在球上，身體是用髖部撐住離地。

● 用腳後跟將抗力球往身下勾，同時身體要保持筆直（參照【圖6.26】）。

【圖6.26】抗力球勾腿

滑板勾腿

進階3

滑板勾腿與抗力球版本的勾腿相同，只除了使用滑板、迷你滑板或滑盤。動作完全一樣；但滑板勾腿比抗力球勾腿更難，因為抗力球還會製造一個順勢向下的傾斜面。

本章內容介紹了合適的下半身肌力訓練計畫的基本概念。學習深蹲與做好單腳鍛鍊，是培養速度與爆發力的兩大關鍵。我想提醒大家的是：要遵循漸進模式與特定的準則，千萬別又回歸用健身器材訓練下半身的方式替自己找解圍的捷徑。運動員坐著或躺下時根本無法培養出平衡、柔軟度與肌力。在這條路上，困難的途徑往往才是最佳的道路。

【參考資料】

1. John, D., and P. Tsatsouline. 2011. *Easy Strength*. St. Paul, MN: Dragon Door.

2. Klein, K., and F. Allman. 1971. *The Knee in Sports*. Austin, TX: Jenkins.

3. Kuruganti, U., T. Murphy, and T. Pardy. 2011. Bilateral deficit phenomenon and the role of antagonist muscle activity during maximal isometric knee extensions in young, athletic men. *European Journal of Applied Physiology*. 111(7): 1533-1539: 10.1007/s00421-010-1752-8.

Core Training

—

核心訓練

本書的主要目標之一，就是提供各位在設計訓練計畫時可以立刻派上用場的構想。本章的內容可以用來增強所有運動員的健康與核心肌群功能，我想棒球、高爾夫球、網球、曲棍球與板球等擊球類運動的教練與運動員，對這部分也會特別感興趣。

本章介紹的核心訓練動作，其目標就是培養出在打擊或投擲物件時更穩定的身體結構。比如藥球鍛鍊，它可以提升所有用於打擊與投擲技巧的肌群的爆發力與協調力。如果你想將一顆棒球或高爾夫球打遠，或者讓冰球或網球打得更用力、更快，就要培養爆發力，而核心訓練是必要的環節。此外，核心訓練可能也是運動員生涯能長久與健康的關鍵，還能幫助每個飽受下背疼痛之苦的運動員。

只要是運動到腹部、髖部，甚至是肩胛胸廓穩定肌群（*scapulothoracic stabilizer*）的任何訓練都可以視為核心訓練。事實上，也有不少很棒的功能性核心鍛鍊是在本書其他章節討論到的由膝關節主導或髖關節主導的鍛鍊。

「核心」（*core*）這個字詞是廣義的，包含了在身體中段部位的所有肌群。身體的核心肌群包括：

- *腹直肌*（*rectus abdominis*，*腹部肌肉*）
- *腹橫肌*（*transversus abdominis*，*腹部肌肉*）
- *多裂肌*（*multifidus muscles*，*背部肌肉*）
- *腹內斜肌與腹外斜肌*（*internal and external obliques*，*腹部肌肉*）
- *腰方肌*（*下背肌肉*）
- *豎脊肌*（*背部肌肉*）
- *部分*（*跨過髖關節的*）*臀肌群、腿後腱肌群與髖旋轉肌群*

這些肌群是上半身肌力與下半身肌力之間的重要連結。然而，儘管核心肌群的地位舉足輕重，

但有些人經常在不明智、不具科學根據的方法下進行訓練，沒有顧慮到訓練使用的肌群真正會發揮的功能。再者，許多普遍使用與指定的核心鍛鍊可能對背痛是雪上加霜，並不會抑制或減輕疼痛。

在過去，核心訓練主要是針對腹直肌的屈曲伸展鍛鍊，例如：捲腹動作或仰臥起坐；而且從未重視運動時從下半身至上半身所必備的穩定與強力的連結。因為一直以來都採取這種做法，因此執行的核心訓練根本就很糟糕。這又帶我們回到李・科克雷爾在《創造魔法》一書中的提醒：「萬一我們向來採取的方式就是錯誤的呢？」

核心功能

想真正了解核心訓練，得先回顧第一章的機能解剖學內容。前面提過，腹肌的用途是穩定肌，不是活動肌，即使這些肌群是活動肌，各位也要自問：有多少運動或動作會包含身體軀幹的屈曲與伸展？真正了解運動的人，就會明白它的答案是：少之又少。運動講求的是核心穩定與髖旋轉，你覺得我們的核心肌群是身體軀幹的屈肌或旋轉肌嗎？

機能解剖學已經證明核心肌群主要的目標就是：阻止活動。事實上，美國著名的物理治療師雪莉・撒曼在她劃時代的著作《動作障礙症候群的診斷與治療》（*Diagnosis and Treatment of Movement Impairment Syndromes*）提到：「在大多數活動期間，腹肌的主要任務是提供身體等長的支撐（isometric support），以及『限制』身體軀幹旋轉的角度。」（2002, p.70）知名的下背部研究者詹姆士・波特菲德與卡爾・德羅薩的看法也大致相同，他們表示：「與其將腹肌當成身體軀幹的屈肌與旋轉肌（就算它們確實具備這樣的能力），或許將它們的功能視為身體軀幹的抗旋轉肌（antirotators）與抗側向屈肌（antilateral flexors）會比較好。」（1998, p.99）這兩個相對簡單的思維完全改變了我在核心訓練上的觀點，我開始去檢視核心肌群真正的本質到底是什麼，而不是盲目沿用我在1980年代的解剖學課裡反覆學到的核心肌群內容。如今，我不會將這些肌群視為軀幹的屈肌與側向屈肌，也不會指定捲腹動作與側彎（side bends）等鍛鍊，反而會將它們看成

是抗伸肌（antiextensors）與抗側向屈肌。更重要的是，我現在就能預見「抗旋轉」的概念會逐漸成形——核心訓練真正的目的是「阻止活動」，而非「製造活動」。

過去20年來，肌力體能的訓練已經從矢狀面導向變遷至加強單邊訓練，以及多平面的訓練。但在轉變過程中，有個訓練目標的方向誤導了大多數人（尤其對運動員更是如此），那就是：培養脊椎的旋轉活動度。特別是在運動比賽中需要做旋轉動作（例如：棒球、曲棍球與高爾夫球）的運動員，經常被盲目地要求要培養更大的脊椎旋轉活動範圍。

我和許多肌力體能教練一樣，都成為了這個錯誤目標的受害者。我相當討厭像旅鼠一樣的盲從者，偏偏我那時就是一個盲從者。我盲目遵照其他人的推薦，進行一些現在的我會認為是有問題或危險的鍛鍊。就算飽受背痛之苦，我也只是將不舒服歸咎於年齡，然後繼續執行旋轉式伸展動作（rotary stretches）與旋轉式動態熱身運動。

雪莉‧撒曼以及背痛研究專家史都華‧麥基爾與菲利普‧畢奇（Phillip Beach）上述的見解，讓我重新思考自己的姿勢，最後剔除掉一整組伸展動作與動態熱身運動，它們曾是我們訓練計畫中的主要項目。撒曼在著作中提到：「下背會發生問題，有極高比例是因為腹肌並未維持繃緊，讓骨盆與腰椎第5節至薦椎第1節的脊椎之間旋轉了。」（p.71）許多私人訓練師與教練試圖要創造腰椎的活動範圍，很可能是完全不可取的做法，而且實際上很可能會受傷。

我認為，比起創造旋轉的能力，可以阻抗或制止旋轉的能力或許還更重要。在容許健身學員或運動員創造旋轉能力之前，他們必須先有能力阻止旋轉。

撒曼還提到一項關鍵事實，我覺得這是運動表現界一直忽視的重點：「腰椎旋轉的大致範圍約略是13度角。從胸椎第10節至腰椎第5節的每一個脊節之間的旋轉是2度角。旋轉範圍最大的是在腰椎第5節至薦椎第1節之間，角度為5度……身體軀幹旋轉值最大的部位應該在胸椎，不是腰椎。」有人要執行旋轉鍛鍊時，教練應該指導他們：「留意在胸膛部位進行的動作。」（p.61-62）

撒曼最後更精闢地聲明：「腰椎旋轉的危險性大於獲得的效益，而且在身體軀幹維持不動或旋轉至一側的同時將骨盆和下肢旋轉至另一側，特別危險。」（p.72，參照【圖7.1】和【圖7.2】）

很有趣的是，撒曼的結論竟然與知名短跑教練貝瑞·羅斯（Barry Ross）的觀點一致。針對自己指導的短跑選手，羅斯主要力推的是等長的腹部訓練。撒曼贊同這種做法：「在大多數的活動期間，腹肌的主要角色就是提供等長的支撐，以及限制身體軀幹的旋轉角度，也就是前面討論到的在腰椎上限制旋轉角度。」（p.70）

這表示什麼？意思就是，我們必須排除試圖增加腰部活動範圍的伸展動作與運動，它們包括：坐姿的轉體伸展（參照【圖7.1】）與躺臥的轉體伸展。

我們也必須淘汰掉一些以增加身體軀幹活動度為主的動態鍛鍊，例如：動態的屈腿扭身（參照【圖7.2】）、動態的直膝扭身（參照【圖7.3】）與蠍式（參照【圖7.4】）。

【圖7.1】坐姿的轉體伸展

【圖7.2】動態的屈腿扭身

大多數人在腰椎上都不需要額外的軀幹活動範圍。我們真正需要的是有能力控制進行的範圍。自從刪掉上述舉例說明的幾個鍛鍊後，我們發現運動員們抱怨下背痛的聲音大幅減少了。如今，我們加強培養的是髖關節的內旋與外旋的活動範圍。

未來，我們會看到教練更著重核心穩定與髖關節活動度，而不是在同時試圖培養核心活動範圍與核心穩定的做法之下違背自己的目標。

【圖7.3】動態的直膝扭身

【圖7.4】蠍式

訓練計畫中的核心訓練

在訓練計畫中，何時要做核心訓練呢？這是經常引發爭論的主題。偏愛在訓練計畫後期安排核心訓練的人引證的論點是：把核心肌群訓練放在開頭，有可能造成訓練中所需要的重要穩定肌群會預先疲勞。也有些人偏好在鍛鍊前先做核心訓練，這種觀點則認為，將核心訓練安排在鍛鍊的開頭會將核心確立為運動訓練的關鍵，是優先要做到的重要動作。過去幾年，這是我們偏好的做法。但是，如今我們讓核心鍛鍊貫穿整個鍛鍊，幾乎當成一項動態休息（active rest）的要素。

在訓練計畫中，核心訓練應該要列為優先事項，並巧妙安排至合適的鍛鍊處。另外，你也要認清核心訓練並不像最大肌力訓練，許多核心鍛鍊在本質上是等長的訓練（靜態的訓練），而且可能要更著重在啓動肌肉或增生肌肉，而不是讓肌肉疲勞。我喜歡將啓動或增生肌肉的鍛鍊想像成使用電燈的開關，你只是將應該已經在活動的肌肉的力量調大或調小而已。

核心訓練或許不著重像臥推或彎舉（curls）等訓練所練的「鏡子」肌肉（譯注：對著鏡子訓練時見到的肌肉，包括胸肌、前三角肌），但它是減少受傷、提升運動表現的關鍵之一。切記：強健的核心與降低體脂肪沒有任何關係。腹圍是飲食的結果，並不是因為做核心訓練。運動員或許為了協助自己射擊更有力、投擲更遠，或者維持更長久的健康而訓練核心肌群，但為了讓自己培養出的肌肉明顯可見，他們必須留意自己的飲食。

核心鍛鍊的種類

核心鍛鍊有以下三種基本種類：

1. 抗伸展（antiextension）是身體前側核心肌群的主要功能，應該放在所有訓練計畫中的前兩、三個階段。數十年來，大家培養前側核心部位都是透過彎曲身體的方式（例如：在捲腹或仰臥起坐中將肩膀朝髖部方向帶，或者在抬膝〔knee-up〕或反向捲腹

[reverse crunch] 中將髖部帶向肩膀方向）。現在，我們已經認清這些肌群是穩定肌群，它們的目標是在穩定的肋骨架之下維持穩定的骨盆，必須當成穩定肌群訓練，不能視為身體軀幹的屈肌。

2. 抗側向屈曲（antilateral flexion）是培養腰方肌與腹斜肌擔任骨盆的穩定肌群，而不是當身體軀幹的側屈肌。這與抗伸展的概念雷同，核心等長訓練的變化型態也可以使用在側向穩定肌群的訓練上。

3. 抗旋轉（antirotation）可說是核心訓練的關鍵。抗旋轉肌的培養方式是透過進階版的抗伸展鍛鍊，以及使用對角動作模式（diagonal patterns）與旋轉力量。訓練計畫不包含非旋轉的鍛鍊，例如：扭身、俄羅斯扭轉（Russian twists）或轉體仰臥起坐（twisting sit-ups）。

呼吸與核心訓練

本書英文版的第一版曾談及核心訓練的指導原則，那時，我偏重下面兩個源頭的資訊：最先貢獻不少穩定肌群概念給我們的脊椎疼痛領域專家保羅‧霍奇斯（Paul Hodges）與一群澳洲的物理治療師；以及提倡縮腹（drawing in）概念的美國國家運動醫學院物理治療師麥克‧克拉克。自從那時開始，核心訓練、核心穩定、繃緊（bracing）與縮腹的概念到底「哪一方觀點正確」的爭論一直延續至今。與其糾結在爭論中，我採取的做法反而是「任何能發揮作用的，訓練就對了！」，至於學術界的專家們不斷爭相證明自己的獨門理論才是正確的，就隨他們去吧！

後來，2014年時，我很幸運碰到運動治療的助教麥克‧穆林（Michael Mullin），他當時在美國內布拉斯加州林肯市的「姿勢恢復協會」（Postural Restoration Institute）受訓。穆林的教學提出一個很簡單的說法解釋了調息、呼吸的過程，以及呼吸調息如何關係到核心訓練與核心穩定的概念。這徹底翻轉了我們指導核心鍛鍊的方式。這個概念對核心訓練最關鍵的影響就是：認清呼吸的過程不是被動的，而是主動的。

理解核心訓練的第一件事就是：橫膈膜其實是肌肉。而且這塊肌肉就如同它的拮抗肌深層腹肌一樣，也是我們在核心訓練時希望能啟動的肌肉。吸氣時，圓拱形的橫膈膜會向心地

收縮與拉平，畫面非常類似一群參加營隊的小朋友將降落傘下拉。吐氣時，尤其是在最大呼氣的末尾，深層腹肌會向心收縮，有力地推著橫膈膜回到圓拱形。藉由適當的呼吸調息，橫膈膜和深層腹肌的離心收縮與向心收縮（concentric contraction）會交互作用。

穆林又以一篇標題為〈吹氣球的價值〉（The Value of Blowing Up a Balloon，Boyle, Olinick and Lewis 2010）的文章補充這個概念。這篇文章描述在氣球不離開嘴巴的情況下吹氣球的動作，也就是用鼻子吸氣與嘴巴拚命吐氣的過程。每次吐氣，深層腹肌就會被迫愈來愈用力去對抗氣球的彈性能量（elastic energy）。在氣球即將爆破的時候，腹肌與吐氣之間的連結一直是扎實鞏固的。我們以前所說的「縮腹」，實際上可以視為在適當的最大呼氣時的最大向心收縮階段。

因此，如今呼吸調息是構成我們核心訓練的主要部分。的確，每項核心鍛鍊本來就是以呼吸調息為中心。我們淘汰掉計時的做法，採用數息的方式，試圖讓運動員與健身學員的吸氣與吐氣都可以拉長，以達到適當的肌肉協同作用。

每週計畫中的進階核心訓練

進階的核心訓練很簡單。針對使用負重的鍛鍊，剛開始執行3組反覆次數為8次至12次的訓練。穩定性鍛鍊通常是以3組25秒的訓練開頭，接者以5組各5秒的支撐穩定動作結尾。美國知名的物理治療師艾爾·維斯尼克（Al Visnick）說過：「想要訓練穩定肌群，你必須讓穩定肌群有時間穩定」，這段話讓我明白了下面這件事：1秒鐘的支撐時間，對穩定肌群發揮的效用不如5秒鐘的收縮。

你可以使用時間取代反覆次數的方式決定做1組動作的長度。反覆次數5次，大概要花30秒至60秒。這只是大致的參考準則，你可以根據運動員的年紀與經歷調整。

針對任何徒手的鍛鍊，3週期間的進階方式如下：

第1週：3組×8次

第2週：3組×10次

第3週：3組×12次

3週後，應該會進階到稍微困難的版本（通常訓練編號為：進階1），反覆次數會降低，然後重新依循同樣的進階方式。

【注意】核心訓練與訓練計畫的其他環節相同，一定要有專人指導與訓練。只是把核心訓練安排在肌力訓練計畫的開頭而不是留到最後，這樣做還不夠。與其他的訓練相比，教練對核心訓練給予的指導分量應該要是相等的，甚至還可以更多！好好指導核心訓練計畫，提升運動員在肌力鍛鍊、跳躍與衝刺時身體軀幹保持姿勢的能力，有助於減少受傷、提升肌力、增進速度。此外，在打擊的運動中，一份設計完善周到的身體軀幹訓練計畫也能明顯提升運動表現。這些益處可不能等閒視之。

抗伸展的進階訓練

培養身體前側部位阻止腰椎伸展（以及伴隨而來的前骨盆傾斜）的能力，大概是核心訓練最重要的一環，而且絕對應該安排在核心訓練計畫的開頭。前骨盆傾斜與下交叉症候群（lower crossed syndrome）會讓身體前側的核心肌群無法控制脊椎的伸展與骨盆的前旋。在過去，教練經常建議做結合伸展與肌力的綜合訓練，卻辨識不出哪個步驟是在訓練身體前腹肌去阻止腰椎伸展與伴隨而來的前傾。現在有很多資訊已經明白地告訴我們，訓練這些肌群才能阻止脊椎伸展，並穩定骨盆。我喜歡在第1階段就把棒式與滾動抗力球（stability ball rollout）兩個動作教給所有類型的運動員，這兩個動作適用於全部的人。下面的鍛鍊會以1A與1B編號。

棒式

基線1A

所有運動員都該學會如何讓完美的棒式（參照【圖7.5】）撐到30秒（但補充一下，我不是那種狂練撐30秒以上棒式的人。久撐的棒式沒必要，也很無聊）。

1. 先從手肘與前臂支撐開始。開頭是支撐15秒，將注意力放在一次15秒的長吐氣。這確實會啟動深層的腹肌（吐氣10秒萬一有困難，也不用驚訝）。

2. 切記：完美的棒式看起來要像人站立的樣子。它不是俯臥的等長收縮捲腹動作。骨盆應該在中立或標準位置。換句話說，千萬不要透過腹直肌的大收縮讓動作變成大幅的骨盆後傾。

3. 收緊身體所有部位。用前臂推地撐起身體，收緊臀肌，而且股四頭肌與深層腹肌也要繃緊。

【圖7.5】棒式

身體墊高的棒式

倒階1

運動員或健身學員的棒式支撐動作不太理想時，只要善用物理學知識當利器，透過讓運動員身體傾斜的方式減少他們的相對負重即可。開始時嘗試以手肘與前臂撐在標準的重訓椅上鍛鍊。

滾動抗力球

滾動抗力球（參照【圖7.6】）其實就是一個短槓桿（short lever）的棒式（跪姿），透過滾出抗力球的方式拉長與縮短力臂（lever arm）。想像抗力球猶如一個大的健腹輪（ab wheel）。愈無力的運動員，起初使用的抗力球應該愈大。抗力球的尺寸單位是公分；針對初學者，直徑65公分與75公分的抗力球很適合。結合滾動抗力球與棒式開始執行抗伸展的進階訓練，對「所有人」都是必要的。即使運動員已擁有強健的腹肌（或者自以為有），前3週時也應該每週做2次的滾動抗力球。一開始就使用健身輪會增加腹肌拉傷或背部受傷的機率。

【圖7.6】滾動抗力球

1. 開始姿勢採取高跪姿，臀肌與腹肌收縮。雙手放在抗力球上。

2. 向前滾動抗力球的同時吐氣，抗力球也從手掌下滾至手肘下。維持高跪姿勢，而且從頭頂到膝蓋都要繃緊。

3. 注意力放在收緊臀肌，讓髖部維持伸展，並透過吐氣繃緊核心部位與維持脊椎穩定。重點在於：核心部位（從髖部到頭部的脊椎）的活動不能變成伸展。

鋸子式

鋸子式（body saw，參照【圖7.7】）與滾動抗力球很類似，它是會拉長與縮短力臂的棒

式動作。做鋸子式時，運動員的開始姿勢為棒式姿勢，雙腳擺在滑板墊上或者兩個滑盤上。不做推地板撐起的動作，改成類似來回拉鋸子的動作，這是透過雙肩向前與向後而形成的動作。當雙肩的動作變成彎曲時，力臂會拉長，身體前側核心部位的壓力也會增加。

1. 將鋸子式想成是加上擺動的棒式動作。身體從頭到腳後跟應該保持收緊、不彎曲。

2. 必要的身體向後滑範圍只要到前側核心感受到壓力的增加即可。如果壓力增加的感覺是在背部，就代表活動範圍過大了。

3. 增加擺動的重點是提高核心穩定度的挑戰性。講求的不是運動員身體向後滑的距離為何，而是依照運動員的需求來增加核心挑戰性的難度。

鋸子式的動作長度計算方法要從「時間」轉換成「反覆次數」。請遵循反覆次數 8 – 10 – 12 次的徒手鍛鍊進階方式。

【圖7.7】鋸子式

使用Ab Dolly腹肌盤

進階3

我知道，介紹這項裝備帶有廣告意味。Ab Dolly腹肌盤的價格稍貴，不過從抗力球過渡到健腹輪的訓練時，它會讓轉換過程容易不少。Ab Dolly腹肌盤是物理治療師開發出的工具，它能讓使用者手肘先擺在上面，做到短槓桿版的滾動健腹輪動作（參照【圖7.8】）。

【圖7.8】使用Ab Dolly腹肌盤

滾動健腹輪

進階4

做這項鍛鍊時可以用Ab Dolly腹肌盤取代健腹輪。只要用雙手抓握Ab Dolly的側邊，拉長力臂即可。我比較偏愛使用健腹輪，因為當訓練到達更高階時，比較能抓到更準確的對角線位置，不過還在第3階的訓練就無所謂。滾動健腹輪（參照【圖7.9】）是高階的核心鍛鍊。入門就使用健腹輪時會導致腹肌拉傷，因此務必要遵照進階訓練的順序。

【圖7.9】滾動健腹輪（a）

【圖7.9】滾動健腹輪（b）

滾動滑盤或滑板

進階5

滑盤或滑板會增加摩擦力元素。不使用健腹輪，改用身體重量增加阻力會讓鍛鍊更費勁，尤其是向心收縮、動作回返。運動員必須靠自身力量拉回身體。

抗旋轉鍛鍊

抗旋轉是核心訓練的新趨勢。提到抗旋轉時，就要將它想成有一股應力試圖造成身體軀幹旋轉，運動員的任務就是要防止這種旋轉發生。正如我們先前提到的，這是核心部位中的旋轉肌群真正擔任的工作。

抗旋轉鍛鍊有兩大類。第一類是棒式的進階訓練，這些訓練的動作從我們所說的「四點姿勢」（four-point position，也就是雙手手肘或手掌，加上雙腳）轉換成「三點姿勢」（three-point position，通常是一邊手肘或手掌，加上雙腳）。它們是三點姿勢版本的棒式。第二類抗旋轉鍛鍊可說是「對角線模式」（diagonal patterns），在訓練過程中帶入各種角度的應力，核心肌群必須行使抗旋轉能力對抗這些力量。這類抗旋轉鍛鍊包括：劈砍（chops）、舉起、推出與推拉。早期鍛鍊旋轉肌時還會做木式劈砍（wood choppers）之類有缺點的動作，但這些核心旋轉肌訓練有許多著力點是完全錯誤的，而且只是以對角線動作執行髖關節屈曲模式。

抗旋轉的棒式進階訓練

只要移動一側的手臂或腳，棒式的動作就會從抗伸展鍛鍊變成抗旋轉鍛鍊。基於這個理由，我們把棒式進階訓練歸類在抗旋轉的鍛鍊項目中。

【注意】我們所有的棒式抗旋轉進階訓練全是伸長或移動手臂的動作。我不太偏好在棒式進階訓練時抬高腳，因為我認為下肢承受龐大的壓力之下執行這些訓練，很難達到安全上的要求。

手前伸的棒式

進階1

從抗伸展的棒式轉換到抗旋轉的棒式，最簡單的進階訓練就是手前伸的棒式（plank reach，參照【圖7.10】）。做手前伸的棒式時，僅僅要求運動員手朝自己前方的物體伸展即可。我們通常會在大約30公分遠的地方放一個三角錐。運動員此時仍然採取前臂與手肘支撐的姿勢。手前伸的棒式最重要的就是維持核心穩定。運動員在手往前伸時，必須繼續維持完美的棒式姿勢。當運動員從四點支撐轉換到三點支撐動作時，姿勢的一切模樣應該看起來依然是棒式的姿勢。三點支撐的姿勢會產生穿越核心部位的對角線應力，必須對抗這股力量，制止旋轉。

【圖7.10】手前伸的棒式

指針棒式

進階2

指針棒式（clock plank）與手前伸的棒式雷同，但運動員要用手掌取代手肘支撐身體（參照【圖7.11】）。運動員的手不單單是往前伸展，右手的動作要朝12點鐘方向伸展，接著換左手朝12點鐘方向伸展。然後右手朝1點鐘方向移動，左手則是朝11點鐘方向移動的姿勢。動作繼續以環繞著一個虛擬時鐘面的方式進行，各邊的手要各做7個點鐘方向的伸手動作。指針棒式可以用多種方式執行，像是採用「12點鐘至6點鐘方向」為1組，或者執行「12點鐘至6點鐘再至12點鐘方向」增加難度。要再次強調的重點是：對角線旋轉力量存在時，核心與肩胛部位要穩定。

【圖7.11】指針棒式

棒式划船

進階3

在棒式划船（plank row，參照【圖7.12】）時，運動員仍然是手肘伸直的姿勢，但雙手會有一組啞鈴。動作則從手前伸變成划船。棒式划船有很多別名與變化式動作，但應該全部視為抗旋轉的核心鍛鍊，不要當成肌力鍛鍊或特技動作。我會建議使用不會滾動的六角啞鈴，千萬別使用壺鈴。它對手腕造成的受傷風險遠超過它帶來的任何潛在好處。

【圖7.12】棒式划船

抗側向屈曲

我們希望看到身體前側的核心部位承擔抗伸展的任務，同樣的，也想看到身體側面肌群發揮穩定的作用。以前，側彎之類的運動一直被用來訓練核心部位的側向屈曲能力。然而，現在我們抱持的看法是：所有核心肌群執行的制止動作都多過製造動作。身體側面的屈肌（主要是腹斜肌與腰方肌）應該要發揮作用，避免核心部位鬆垮成側向屈曲。

側棒

基線

側棒是側向版本的棒式，也是結合抗側向屈曲概念的最佳起頭鍛鍊。所有運動員與健身學員都應該學習如何讓完美的側棒動作支撐到30秒。

1. 開始時採一側手肘支撐，肩胛骨下壓後縮。起頭先支撐15秒，心思放在一個長達15秒的大吐氣。這確實會讓你的深層腹肌動起來（萬一吐氣難以達到10秒，別大驚小怪）。

2. 完美的側棒姿勢看起來要像準備射擊的大砲一樣。要考慮長度與挺直。我喜歡另一側手臂朝上伸直。

3. 收緊身體所有部位。臀肌收緊，股四頭肌與深層腹肌也要繃緊。

短力臂的側棒

倒階1

短力臂的側棒（short-lever side plank）是側棒的倒階動作，唯一要做的就是膝蓋彎曲，縮短力臂。

側棒式划船

進階1

側棒鍛鍊要進階的簡單方法就是利用彈力帶或滑輪訓練機增加划船動作。基本上，划船的動作會在原先的額狀面穩定度上增添一股橫狀面的壓力。將這個划船動作想成是相當輕量級的運動，融入鍛鍊中主要是增加做棒式時所需的集中緊實要求。不採用「時間」計算，而是遵循反覆次數8-10-12次的進階方式執行划船動作。

行李箱式農夫走路

進階2

行李箱式農夫走路（suitcase carry）基本上就是一側的手拿著一個啞鈴或壺鈴走路。行李箱式農夫走路的重點在於：它實際上是負重動態版的側棒動作。我想起在研究背部疼痛的首席專家史都華‧麥基爾的課堂上聽課時，猛然對一個以前沒有真正了解的鍛鍊乍現頓悟的時刻，後來它也是我理解並給予高度評價的鍛鍊。記得以前看到很多負重農夫走路動作用在大力士比賽中的時候，我還會覺得他們是傻子，如今我覺得自己才是傻子。這項動作的進階鍛鍊可以調整行進的距離、負重，或者融合兩種條件的調整。

農夫走路

農夫走路（farmer's walk）是行李箱式農夫走路的進階訓練，但實際上它是從核心鍛鍊轉換成髖關節的鍛鍊。在每一手增加平衡的負重會讓鍛鍊可能在抗側向屈曲的部分變少了，髖部穩定肌群的挑戰增加了。麥基爾也在課堂上提到就他的紀錄，對髖關節負重最大的運動可以在大力士負重行走比賽見到，例如：使用肩扛框架的農夫走路（Yoke Walk）。無論如何，所有的負重農夫走路都歸類在核心訓練項目。

劈砍與舉起的模式與進階訓練

物理治療師葛雷・庫克在1990年代晚期首次帶入劈砍與舉起的模式；這兩種模式的立論基礎就是那特與佛斯（Knott and Voss）博士的本體感覺神經肌肉誘發術（PNF, proprioceptive neuromuscular facilitation）中的對角線概念。庫克的「身體軀幹的功能性訓練」（Functional Training for the Torso, 1997）一文中，引用了復健界的對角線概念，並創造了一項全新的訓練動作類別。

庫克主張的對角線模式是從高往低（劈砍）與從低往高（舉起），培養核心穩定度對抗動態力量。在劈砍與舉起的變化動作中，手臂透過相對穩定的軀幹傳遞在對角平面移動的力量。這裡介紹的鍛鍊已經稍加改變庫克的原始概念了。鍛鍊中的任何旋轉應該都是源自於肩膀的轉動。

所有劈砍與舉起的鍛鍊，要做反覆次數10次、3組，並在第二週時增加負重；或者採用一個固定的負重執行反覆次數8-10-12的進階訓練。

直線單跪姿劈砍

進階1A

進階1A的開頭鍛鍊採取腳掌呈一直線的單跪姿，意思就是前腳腳掌、後腳膝蓋與後腳腳掌全部要呈一直線。狹窄的基底支撐面積會迫使運動員學習到正確的動力鏈傳遞，而且鍛鍊時刻意需要使用輕量的負重。我們會使用小型的橡膠平衡木來製造呈一直線的姿勢，不過用一塊5×10公分木板的效果也不錯。平衡木或木板的位置應該距離滑輪訓練機約0.6公尺至0.9公尺，才能製造適合的斜對角角度。

在麥克波羅伊肌力體能訓練中心，針對劈砍與舉起的鍛鍊我們會使用三頭肌下壓繩索，大

【圖7.13】直線單跪姿劈砍

拇指朝上握緊繩索。我們會指導的劈砍動作是往胸部拉，接著再往下壓。這個動作的畫面呈現會像是「下拉」結合一個斜跨過身體的三頭肌下壓動作（參照【圖7.13】）。指導時要將它當成截然不同的兩部分動作：拉與推。此外，在對角線動作模式下，眼睛跟著雙手動作也很重要。在胸椎旋轉的整個過程中，雙眼注視著雙手動作，可以更有效控制動作的進行。

單跪姿的劈砍動作有兩個重點。首先，將負重從高到低斜向移動時需要核心穩定度與平衡。第二，在下拉後，身體則需要產生抗旋轉的力量，抵抗配重片（weight stack）所給予的離心反向拉力。運動員在控制貫穿額狀面的移動力量的同時，在平衡木上也必須擁有矢狀面的穩定度。此外，運動員必須同時在額狀面與橫狀面上穩定。這裡的重點動作就是啓動腳跪下那一側（外側腳）的臀肌穩定住髖部與核心部位。抗旋轉的概念是根據發揮穩定作用對抗旋轉力量，而不是製造旋轉。雪莉・撒曼（2002）提到：「在大多數的日常活動中，腹肌是提供等長的支撐，並限制身體軀幹的旋轉角度……下背毛病會產生，大多數

的原因是由於腹肌並未繃緊控制骨盆，以及腰椎第5節至薦椎第1節的脊椎。」（p.70）抗旋轉會帶來撒曼所說的繃緊控制力。

EXOS中心的創辦人馬克‧沃斯特根或許就是將庫克的復健思維帶進運動表現界的功臣，他也讓「旋轉訓練」成為訓練詞彙中的一部分。

1. 內側腳的膝蓋直起，外側腳的膝蓋下跪。

2. 前腳腳掌、後腳髖部與後腳腳掌呈一直線。

3. 動作為朝胸部下拉，接著再下壓。

直線單跪姿拉

進階1B

請將舉起想成是劈砍的相反動作。舉起模式的對角線是由低到高，而且進階的方式與劈砍動作幾乎相同。進階1B的動作和劈砍一樣採用呈一直線的姿勢，只除了在舉起的模式下，外側腳的膝蓋是直起，內側腳的膝蓋跪下（參照【圖7.14】）。此時的動作是朝胸部拉，接下來的動作是朝對角線方向推。這時一樣是使用在劈砍動作中的三頭肌拉桿軟繩。

【圖7.14】直線單跪姿拉

1. 內側腳的膝蓋跪下，外側腳的膝蓋直起。

2. 腳掌、髖部與膝蓋呈一直線。

3. 動作為朝胸部拉，接著是朝對角線方向的推出。

弓步姿勢的劈砍

進階2A

進階2的訓練是一項既簡單又困難的改變。後腳的膝蓋現在要提高離地或離開平衡木，而且運動員必須在維持一個靜態的弓步姿勢下執行劈砍的動作（參照【圖7.15】）。同樣的，負重要輕量，而且是一個受控制的「拉－推」動作。弓步姿勢的劈砍（lunge-position chop）依然完全是核心穩定的鍛鍊。

【圖7.15】弓步姿勢的劈砍

這些進階訓練是依據葛雷·庫克的概念，他認為動作要從跪姿到分腿姿勢（弓步）、站姿，最後轉換成單腿；此外，訓練也以庫克的觀察為基礎，他發現要簡化一項鍛鍊的最佳方法，就是限制參與動作的關節數量。在跪下時，能更為專注在髖關節與核心的動作控制上，因為已經將膝蓋從動作控制的名單中移除了。弓步姿勢的劈砍由於身體接觸地面的穩定點數量從三點（腳掌、膝蓋、腳掌）減少至兩點（雙腳掌），所以對穩定度的挑戰也會比單跪姿勢的劈砍更高。不用膝蓋當穩定支撐點，會對核心部位帶來額外的穩定度挑戰。

1. 後腳膝蓋離地約2.5公分～5公分。

2. 內側腳的膝蓋直起，外側腳膝蓋跪下，並採取分腿蹲支撐姿勢。

3. 上半身的動作沒有改變，重點仍然著重在「拉－推」或「拉－壓」的動作控制上。

弓步姿勢的舉起

進階2B

除了後腳膝蓋要提高離地或平衡木之外，弓步姿勢的舉起（lunge-position lift）其實和「呈直線單跪姿的穩定舉起」雷同。要注意的面向也一樣。

1. 內側腳膝蓋跪下，外側腳膝蓋直起，並採取分腿蹲支撐姿勢。

2. 上半身動作則是專注在朝胸部拉，緊接著再往斜對角推出。

站姿的劈砍

進階3A

站姿的劈砍（standing chop，參照【圖7.16】）是截然不同的一項鍛鍊。推拉動作變成一個平穩、流暢、有爆發力的運動。它的腳掌姿勢與前兩個版本的鍛鍊不同，必須從分腿姿勢變成兩腳掌平行。在進階3的訓練中，對角線的模式不再是穩定度的鍛鍊，變成動態旋轉力的鍛鍊。我喜歡讓運動員去想像手抓了一個東西，然後用力往地板丟擲的動作，此時採取的仍是用在呈直線與弓步版本的「拉－推」模式。事實上，我們是從抗旋轉動作變成有爆發力的旋轉。

【圖7.16】站姿的劈砍

站姿推拉

進階3B

EXOS訓練中心負責人馬克・沃斯特根以前曾將「站姿推拉」（standing lift，參照【圖7.17】）稱為對角線的推壓。這是一個非常具有爆發力的、穿越身體中線的動作，從深蹲姿勢開始，接著拉起繩索穿越身體中線，最後站起，手臂延伸到對角線的一側。我們不會指導旋轉動作，反倒只會指導從蹲姿到站姿的動作。因為結合了雙腳腳掌的位置平行與負重姿勢，自然而然就會出現旋轉動作。

【圖7.17】站姿推拉

站姿的橫向劈砍

進階3C

橫向的劈砍（transverse chop，參照圖【7.18】）對於打擊類運動的選手是相當棒的鍛鍊，它也是我們最近這幾年才加入鍛鍊選單中的項目。這項鍛鍊依然採用「拉－推」的模式執行，而且雙腳腳掌的位置與前兩項鍛鍊一樣都是呈平行。握住三頭肌拉桿軟繩，雙手拇指要指向滑輪訓練機。這一點極為重要，它會讓鍛鍊平穩流暢，也能解除手腕的壓力。

【圖7.18】站姿的橫向劈砍

登階推拉

進階4

登階推拉（step-up lift，參照【圖7.19】）算是最具功能性的對角線模式的動作，因為它融合了單側的下半身鍛鍊與多平面的上半身動作。做上階的舉起時，內側腳的腳掌是踩在30公分高的跳箱上，不做蹲姿到站姿的動作模式，改採取上階到站姿的動作模式。上半身動作仍然維持一樣，但下半身的動作則在伸展姿勢中加入了單側邊抬起的進階元素。這項鍛鍊會在臀肌、骨盆穩定肌群與上半身肌群之間建立很棒的對角線連結關係。

【圖7.19】登階推拉

為腿後腱肌群搭起健康的橋梁

橋式的鍛鍊會納入核心部位的章節，但或許也是「啓動」或「活動度」部分的主要項目。橋式鍛鍊與四足跪姿鍛鍊（quadruped exercises）可視為核心鍛鍊、動作控制鍛鍊（motor control exercises）或啓動鍛鍊。無論如何，它們必須在一開始就納入熱身動作的一部分，最後變形為「滑板後勾腿」之類的鍛鍊。

庫克提髖

基線

這項基線鍛鍊的重點擺在臀肌與核心肌群上。庫克提髖（參照【圖7.20】）練的是臀肌與腿後腱肌群的肌力，但更重要的是，它會讓運動員明白髖關節活動度與腰椎活動度兩者之間關鍵的差異點為何，這一點也是所有橋式與四點著地鍛鍊的重要目標。許多

【圖7.20】庫克提髖

針對腿後腱肌群與臀肌的鍛鍊，很容易誤用腰椎活動範圍較大的動作，而不是採用髖關節活動範圍較大的動作；這會教運動員去弓背，而不是去伸展髖關節。

執行庫克提髖時，仰臥且腳掌平貼於地板。在這個起始姿勢下，用兩手將一腳膝蓋緊拉至胸部，目的是要限制在腰椎的活動。為了確保膝蓋可以緊靠著胸部，在肋骨架下端放一顆網球，並上拉大腿讓球維持定位。這顆球在鍛鍊當中絕對不能掉下來。另一邊腳的膝蓋要彎曲90度角，而且在地板上的腳掌是背屈的（dorsiflexed）。透過朝地板下推腳後跟的方式伸展髖關節。推腳跟會刺激使用到身體後方肌群，並防止運動員利用股四頭肌去推。腳趾維持上提。最後一項重點，就是教練要在旁提示：向心收縮時吐一大口氣。在5秒的等長支撐動作中，將注意力放在用鼻子吸氣，再以嘴巴用力吐氣。

如果一開始的活動範圍受限於小角度時，別訝異。這項鍛鍊有兩項目的：

1. 讓運動員明白髖關節活動範圍與腰椎活動範圍之間的差異。

2. 由於鍛鍊的交互性質（reciprocal nature），它會讓腰肌練得格外有柔軟度。在一側的腰肌沒有放鬆下，另一側的臀肌與腿後腱肌群根本不可能收縮。

身體每一側執行反覆次數5次的5秒支撐動作，進階訓練則是每週增加反覆次數1次。

放手的庫克提髖

進階1

進階1的放手的庫克提髖（hands-free cook hip lift）訓練是使用髖關節彎曲那一側的髖屈肌去夾住球，這增添了鍛鍊的複雜度，因為運動員此時必須收縮一側的屈肌，以及另一側的伸肌。

身體同樣每一邊執行反覆次數5次的5秒支撐動作。

雙腳橋式

基線2

雙腳橋式（double-leg bridge）是運動員必須轉化從庫克提髖學到的髖關節活動範圍觀念的另一個基線鍛鍊。開始姿勢同樣是鉤狀臥姿，雙腳的腳後跟朝下踩地、腳趾提起（也就是腳掌為背屈的），髖部抬高讓膝蓋、髖部到肩膀呈一直線（參照【圖7.21】）。

【圖7.21】雙腳橋式

做出這個姿勢並維持住，依靠的是臀肌與腿後腱肌群，不要伸展到腰椎。髖部只要稍微垮下來就會大幅降低這項鍛鍊的效果。在髖部抬至最高點時，用力地吐氣，並且將肚子用力往內縮。髖部抬至最高點的姿勢要維持5秒的呼氣時間。

嘗試做這項鍛鍊之前，要先透過庫克提髖之類的鍛鍊學會區別髖關節活動與腰椎活動的差異，這一點很重要。大多數不懂當中差異的運動員會弓背試圖想要伸展髖部。

執行1組反覆次數為5次的5秒支撐動作，進階訓練則是每週增加反覆次數1次。

雙腳交替上抬的橋式

進階1

進階訓練的下一個階段是在等長的橋式中加入一個輪流進行的小動作。只是輪流抬起一腳,接著另一腳再離地的動作。當一腳抬起時,另一腳的髖部千萬不能垮下來。這項進階訓練是針對髖旋轉肌群與多裂肌,因為動作從四點支撐(雙肩與雙腳)變成三點支撐(雙肩與一腳)時會對脊柱

【圖7.22】雙腳交替上抬的橋式

施加旋轉壓力。透過腳後跟下推,並啓動與支撐腳同側的臀肌(參照【圖7.22】)。

抬腳的部分,每一側依照8-10-12反覆次數做進階訓練。

四足跪姿的進階訓練

四足跪姿的鍛鍊經常被視為復健運動,而且肌力體能教練與訓練師多半也忽視這方面的鍛鍊,很可能是因為過去有個理論認為:有強健的腹肌等於有健康的背部。四足跪姿的鍛鍊和仰臥的進階訓練一樣,乍看之下可能沒什麼意義與目的性,但這只是因為它們經常執行有誤,導致很多時候這些鍛鍊的結果反倒與本意背道而馳。

四足跪姿鍛鍊應該是要指導運動員在維持身體軀幹穩定時,該如何動用到臀肌與腿後腱肌群。可是,運動員反而經常學到的是如何透過腰椎伸展(或過度伸展)模擬髖伸展。四足跪姿進階訓練的目標是指導運動員用深層腹肌與多裂肌穩定核心部位,同時也使用髖伸肌去伸展髖部。許多下背的疼痛都與髖部機能不足息息相關,這是因為透過腰部伸展或旋轉時,髖部就必須代償。

肘撐的四足跪姿髖伸展

在四足跪姿進階訓練的開始階段中，會讓運動員以手肘與膝蓋取代手與膝蓋（參照【圖7.23】）。這自然會產生比較大的髖部彎曲角度，在髖部與身體軀幹之間的部位，角度會從90度角降為45度角。結果就會比較無力去伸展腰椎。運動員實際上是被迫使用髖伸肌去獲得更佳的角度。

【圖7.23】肘撐的四足跪姿髖伸展

在這項鍛鍊中，髖部伸展時，關節保持屈曲。彎曲膝蓋的姿勢會對腿後腱肌群製造不足的「肌肉長度與張力關係」（length-tension relationship），同樣也會迫使臀肌變成主要的髖伸肌。有效的是，姿勢正確時會降低腰椎伸展與擔任髖伸肌工作的能力，並減少腿後腱肌群為了無力或未啟動的臀肌要行使代償作用的能力。

在向心收縮時搭配一個大吐氣，執行反覆次數5次×5秒。再進階訓練時調整至6×5秒與7×5秒。

四足跪姿髖伸展

這項鍛鍊從肘撐進階到手肘打直的手撐。可採取屈膝或是伸髖、伸膝的姿勢來執行動作。做腳打直版本的鍛鍊時，關鍵重點是腳趾維持背屈、腳掌上提的高度不能高於臀部。髖伸展應該是想像後面有一道牆，腿盡力往後朝牆上蹬的動作。這個版本的鍛鍊最常在執行時

採取腰部活動過多的方式。想想核心穩定度吧！一旦腳後跟與臀部同高時，背部就不能伸展。

在向心收縮時搭配一個大吐氣，執行反覆次數5次×5秒。再進階訓練時調整至6×5秒與7×5秒。

四足跪姿交替對側手腳抬起（鳥狗式）

進階2

這項鍛鍊在四足跪伸展中增加了手腳輪替的動作。這是高階的鍛鍊，入門新手通常都不太能上手。切記：這些鍛鍊一旦執行有誤，很可能就會造成受傷，因為執行不當會助長我們一直要排除掉的「以腰部伸展當做髖伸展」的模式。

在向心收縮時搭配一個大吐氣，執行反覆次數5次×5秒。再進階訓練時調整至6×5秒與7×5秒。

【圖7.24】四足跪姿交替對側手腳抬起（鳥狗式）

起身與仰臥起坐

雖然我們強調做核心鍛鍊主要是為了穩定度，但從比較傳統的訓練類別中我們大致也考慮融入兩項鍛鍊：土耳其起身（Turkish get-up，我們的用語就叫「起身」）與直膝仰臥起坐（straight-leg sit-up）。兩項鍛鍊都包含一些身體軀幹彎曲的元素，但反覆次數少會讓它們

帶來益處，相對也比較安全。我們會奉勸各位不要做捲腹動作與傳統的彎腿仰臥起坐，但仍然會採納起身與直膝仰臥起坐。

直膝仰臥起坐

直膝仰臥起坐（參照【圖7.25】）的做法正如它的名稱所言，它是難度很高的核心鍛鍊，執行的反覆次數最好少一些。我們每組執行的次數從來不會超過10次。直膝仰臥起坐包含少量的身體軀幹彎曲動作，以及大量的髖屈曲動作。健身界有些無稽之談會奉勸不要做直膝仰臥起坐，但事實上並沒有充分理由可以說明要迴避這項鍛鍊的原因。關鍵重點在於起身與下躺的動作要放慢。如果運動員需要借助上下擺動的衝力來完成，那就表示他還沒準備好接受這項鍛鍊。

接下來的進階訓練很簡單。開始時，將雙臂放在身側，控制力臂的長度，並想像起身時縮緊全身肌肉，下躺時放慢速度離心。不該有晃動或借助衝力來完成動作。訓練再進階時，將雙手移到胸前交叉，最後則是雙手伸直朝上舉起並撐住槓片。動作的反覆次數為10次，組數為2組或3組。

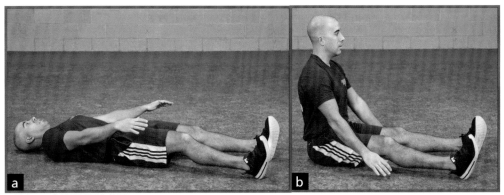

【圖7.25】直膝仰臥起坐

起身

5年前，我會告訴你這項鍛鍊很蠢，但天啊！世事多變化。有句俗話說：「學生準備好了，老師就會出現。」我認為對我而言就是如此，我的老師就是學員和葛雷‧庫克。

我聽葛雷‧庫克讚揚起身動作已經好幾年了，也很好奇為何他會開始變成壺鈴的狂熱粉絲。讓我瞬間領悟的人倒不是庫克，而是一名60歲的學員。這名學員要從地板起身很費勁；看他起身的過程常常是很痛苦與不協調的模樣。我經常很想幫他起身，但都會忍下來，因為這是他必須學習的。有天，我們一起做伸展動作，從看他和我的動作中，我的腦袋一直在轉。這名學員在四足跪地的起身很吃力，有時候要從深蹲起身也有困難。相對的，我的起身動作看起來就像是一躍而起。我嘗試向學員解釋自己怎麼辦到的，我說：「手肘撐起的同時，身體往撐起邊起身，然後手肘打直，接著站起到單跪姿勢。」這時我突然意識到：「我正在教他如何『起身』耶。」一瞬間，「土耳其起身」這個在YouTube肌力技能展示影片上我覺得可笑的動作成了基礎的動作模式訓練。起身，簡單來說不就是如何從地板起來嗎？唉，我真討厭這種讓我突然覺得自己很蠢的醒悟時刻。如今，這裡每個人都要練起身，就像要做深蹲一樣。

我們以循序漸進的方式做起身鍛鍊，因為這需要花點時間學習。雖然力求純正的人會覺得反感，但起身鍛鍊基本上也是負重版的直膝仰臥起坐變化動作，也包含了一些時下流行的翻滾元素。

起身的準備

關於做起身鍛鍊的方式，可以找到不少文字與影片資料。簡言之，運動員仰躺，伸長手臂的手拿壺鈴，與這隻手同側的腳彎曲、腳掌平踩地板。另一腳打直，而且呈20度角至30度角外展。

四分之一起身

基線

四分之一起身（參照【圖7.26a】）只要翻身到手肘支撐位置，另一手是拿壺鈴。當壺鈴推向天花板時，手肘也要努力往地板壓低。可以想想轉身式的仰臥起坐（rotational sit-up）。在階段1中，身體每一側只要反覆做3次至4次即可。

半起身

進階1

做半起身時（參照【圖7.26b】），運動員已經從手肘支撐變成手掌支撐，接著是橋式動作。實際上，在手不拿壺鈴的那一側是一個直膝的橋式動作，手拿壺鈴的那一側則是彎腿的橋式或提髖動作。

【圖7.26】（a）四分之一起身；（b）半起身；（c）完全起身

完全起身

進階2

從橋式姿勢開始，運動員轉成半跪，然後站立（參照【圖7.26c】）。恢復原位的過程就只是步驟倒過來做而已。針對起身動作，《從頭學習壺鈴 DVD》（*DVD Kettlebells From the Ground Up*, Cook and Jones 2010）是相當棒的教學資源。

藥球的訓練

要培養全身的爆發力、旋轉爆發力、身體前側核心部位的爆發力，最簡單與安全的工具大概就是藥球了。事實上，藥球已經成為我們所有功能訓練計畫中的主要項目。藥球訓練的重點，就是在髖內旋與髖外旋時培養爆發力，並能夠將該股爆發力從地面遍及至核心部位。很多教練想利用著重在腰旋轉的運動去培養核心爆發力是錯誤的，這種暗藏危險的方式可能導致背部受傷。旋轉爆發力要仰仗的是髖關節，不是核心部位。如前文所述，腰部旋轉有潛在的危險，而且根本不具功能性。相對的，髖旋轉不僅具功能性，也很安全。

很多運動員誤以為「旋轉爆發力」指的就是「腰旋轉」，你也會看到有很多以前被當成腰旋轉但其實是髖旋轉的動作，像高爾夫球揮桿、棒球揮棒等等。我想提醒各位，任何與打擊或投擲技能相關的運動，都是靠髖關節活動與很穩定的腰椎來達成。

這裡的藥球鍛鍊，都可以視為有多重目標與多功能的訓練項目。比方說，過頂擲球可用來訓練身體前側部位的爆發力，但對於想訓練肩後肌肉組織的減速能力的投擲類運動選手來說，這項鍛鍊也至關重要。轉身擲球（rotational throws）可以培養打擊時所需要的髖部爆發力。胸前擲球則可以訓練以推為主的肌肉爆發力。

要培養髖部與核心部位的爆發力，藥球是安全且能適用於不同環境且有效的工具。重視藥球訓練的程度最好如同奧林匹克舉重，以及一些被視為針對核心部位與髖部的增強式訓

練。本章先前所介紹的核心鍛鍊大多處理的是核心穩定與肌力。藥球訓練是將其他核心鍛鍊所練出的肌力與穩定度轉換成有用的爆發力。最重要的是，正確的藥球進階訓練可以在兼顧安全與效益之下培養出爆發力。

這裡有很多概念同樣要歸功於EXOS訓練中心的馬克・沃斯特根。1990年代時，他對我在藥球訓練入門的思維上起了莫大的影響。碰到馬克與觀摩他的運動員訓練之前，我從來都沒想過一家訓練中心必須有一面用來丟擲藥球的實心混凝土牆。將近20年後的今天，我反而很難想像一家訓練中心內竟然沒有規畫一面藥球牆。

擲藥球對所有學員都很重要，不過對成年學員可能更加重要。成年人爆發力流失的比例，大概是他們肌力流失比例的1.5倍。換句話說，肌力流失10%的人，就是流失15%的爆發力。

一套優質的擲球訓練必須模擬出一系列符合標準的拋射或揮擊動作，而且應該是流暢中帶爆發力的向心收縮。站立擲球時，運動員站立的位置與牆面的距離應該接近一個人的身高長度，而且投擲時要好像想把牆和球全毀了一樣用力。運動員可以根據自己的力量輸出，拉近或拉遠與牆面的距離。

選擇適當的藥球也很重要。大多數練肌力的運動員會認為所有裝備都是愈重愈好。但這一點套到藥球上未必如此。

只要運動員丟擲藥球很吃力時，這顆球就是太重，或者可能太大。【表7.1】的藥球重量參考準則是根據我們訓練上千名運動員的經驗而來。針對初學者，愈輕的球，訓練效果愈好。對於比較嬌小的運動員，藥球直徑愈小愈好。如果對藥球重量有任何疑慮，就將重量減1公斤（2磅）。所有的藥球一開始能買到的都只用公斤計重；然而隨著藥球在美國迅速受到青睞，就演變成現在出品的藥球有公斤計重，也有以磅計重。

針對棒球選手的過頂擲球，我們會維持在2公斤（4磅）的藥球。

藥球訓練的關鍵點在於：速度。焦點要擺在動作的速度，而不是藥球的重量。永遠要記得一項簡單的原則：如果看起來太重，它可能就是太重。

運動員體重	藥球重量（旋轉擲球）	藥球重量（過頂擲球）
45〜61公斤	2公斤（4磅）	1公斤（2磅）
61〜79公斤	3公斤（6磅）	2公斤（4磅）
79〜90公斤	4公斤（8磅）	3公斤（6磅）
90〜113公斤	5公斤（10磅）	4公斤（8磅）

【表7.1】選擇藥球的參考準則

藥球訓練的優點

● 藥球可以讓使用者在一般運動的姿勢或模式下訓練。這些模式很類似於高爾夫球揮桿、網球揮拍、棒球揮棒，以及其他許多打擊的技巧。

● 藥球可以透過對核心的訓練，發展出銜接傳統肌力與耐力訓練所需要的爆發力。將藥球訓練想成是針對核心穩定肌群與髖旋轉肌群的增強式訓練。藥球會讓肌群收縮的速度與臨場運動時一樣。

● 藥球能讓運動員明白「力量的總和」（summation of force），也就是從地板經由腿、核心部位，最後到經由手臂出去的力量會堆疊相加。這個傳遞過程是核心功能的精髓。運動員會學到利用核心部位當成重要的連接環節，將力量從地板傳遞至球。

● 有一面實心混凝土牆，一個人就可以做藥球訓練了。

● 用藥球做鍛鍊也會有全身訓練的效果。

藥球訓練的缺點

● 它會讓人沒感覺到自己有做訓練。運動員經常會以身體發熱來判斷核心訓練是否有效，但藥球訓練要到隔天才會讓人感受到效果。

● 需要有空間訓練。藥球訓練會占用到很大的空間，而且必須有能夠用來擲球的實牆。

● 你必須有各種尺寸的藥球。

使用無彈力藥球

我喜愛無彈力藥球，但也不能說我一直以來都很喜歡它。各位知道我指的是什麼吧？——就是它們看起來就像祖父輩在健身房使用的那種老式皮革球。現在無彈力藥球的表層都是用乙烯基或是仿皮革材質的克維拉（Kevlar），但它們的模樣沒變。它們相對較軟，而且彈力也不太好。

大概10年前，我為了上半身的增強式訓練買進了一些沉重、無彈力、乙烯基表層的藥球。起初，我們用它們來做藥球臥推（medicine ball bench presses）。我們會讓一名運動員仰臥、手臂打直，一名訓練搭檔朝他丟下一顆8公斤至9公斤（18磅至20磅）的藥球，另一名搭檔則將藥球擲回。我真的很喜歡這項針對上半身爆發力的鍛鍊，因為它不像伏地挺身的增強式訓練那樣會對肩膀造成壓力。我們使用無彈力藥球的理由，是因為它們比較柔軟，而且落下時也較容易拿。

幾年前，我同事為了年紀較小的訓練學員採購了一些更輕的無彈力藥球。這些藥球就擺到儲藏室了，而我也懷疑究竟會不會用到它們。有天，我把它們全拿出來，心想：「花那麼多錢買這些球，我得設法為它們想出好的用途。」我把玩著球，以側轉擲球（side-twist throw）的方式將一顆球朝牆壁拋出。一般來說，這種投擲是我們標準的旋轉核心部位與增強式訓練，不過這類的投擲向來會採用更傳統的橡膠製藥球執行，才能達到增強式訓練的效果。

我閃過的第一個念頭就是：「這些球的氣味真難聞，又不會彈回來。」於是我的反應就是為了讓球彈回來，所以我使勁全力的把球往牆壁拋。球是彈回來了，但彈力很弱。突然，靈光一閃，這些無彈力藥球原本被我認為的不利點，瞬間成了莫大的助益。仔細想想，剛開始我們使用旋轉式的擲藥球，是為了核心部位的爆發力鍛鍊，你也可以說是針對核心部位的增強式訓練。實際上，球彈回來會讓我們抓到一個節奏速度，並獲得增強式訓練的效果。球朝牆壁拋出會迫使我們不僅使用核心部位讓球加速，也要製造減速與轉換效果。多年來，我覺得當時這個概念實在是很棒。

當我投擲輕量的無彈力藥球時，我突然自問：「做旋轉式爆發力鍛鍊的意圖為何？」我立

刻回答了這個問題，目的是為了在棒球、曲棍球與高爾夫球等運動中可以更用力揮擊或打擊。接著我又自問：「藥球從牆壁彈回來的離心元素很重要嗎？」答案似乎是否定的。打擊的技術應該是每一次揮棒都像是操作1下最大反覆次數一樣，是相當強而有力，但無法反覆多次。

突然之間，這些輕量藥球不再是錯誤，反而是很棒的新工具。如今我們的投擲鍛鍊其實使用這些無彈力藥球的機會多過橡膠藥球。事實上，我覺得做藥球砸球與側投時，使用這些無彈力藥球的成效遠勝過有彈力的橡膠藥球。但這項法則的例外是過頂擲球，這項訓練中還是使用輕量的橡膠藥球就好，與牆壁的距離，我們也會拉得較遠，並在藥球每次彈回後就抓住它。

如果你有一面用來投擲藥球的牆，也喜歡在核心部位的爆發力訓練計畫中採用藥球投擲，那就買幾個無彈力藥球吧！針對大多數運動員，我喜歡用4公斤（8磅）的藥球。因應較嬌小的運動員，這種藥球現在也有製造兩種直徑尺寸的球。對於小孩，3公斤（6磅）的迷你球效果很棒。

此外，愈軟的球是手指的救星。我們有人因為擲藥球訓練扭傷過幾根手指，甚至還有一、兩根手指骨折。當然，無彈力藥球的價格也較高，但好工具就是不便宜。試試看，我想你會愛上它們的。

旋轉擲球

想培養核心與髖部肌群的爆發力，旋轉擲球是最佳方法。這些鍛鍊特別適合曲棍球、高爾夫、網球、棒球與其他任何需要旋轉爆發力動作的運動。擲藥球會讓運動員學到更善用髖內旋與外旋對地面產生更大的作用力與反作用力，藉由這種方式練出髖部的爆發力。訓練針對的不是身體軀幹旋轉，而是有力的髖旋轉。而且目的是透過較穩定不動的核心部位學習傳遞地面力量。

旋轉擲球與我們其他的核心鍛鍊很像，先從高跪姿或單跪姿投擲，再進階到站立投擲，最後是跨步投擲（stepping throws）。對擲藥球來說，弓步姿勢是有難度的，因此我們經常

會跳過弓步姿勢，從跪姿變化動作直接進階至站立的變化動作。

側投的進階訓練

側擲球

【圖7.27】側擲球

側擲球模擬了許多運動技巧。這些訓練培養旋轉身體軀幹的爆發力，這對網球、曲棍球、袋棍球和棒球等運動是不可或缺的。做側投時，重點應該放在從髖部拋擲。

符合標準的側擲球，模樣看起來應該像是一記漂亮的揮擊。努力練習所想要提升的運動技能相似的拋擲形式。舉例來說，對曲棍球選手來說，側擲球應該有猛射（slap shot）的模樣；對網球手來說，側擲球看起來要像一記漂亮的揮拍。教練在指導時，要引用運動員或學員熟悉的運動。

執行右側擲球10次（參照【圖7.27】），接著是左側擲球10次。每一側擲球10次要做3組，為時3週。千萬不要試圖增加訓練分量；把心思放在每一次更用力更完美的投擲即可。這是所有旋轉式藥球訓練都適用的進階訓練。

也許有人想問：「如果藥球是針對爆發力，為何反覆次數要做到10次？」我可得來好好回覆這個問題。有些著迷於科學的人看到做擲藥球訓練，再看到每組反覆次數為10次，就會認為這不是爆發力鍛鍊。我的回答是：「站在科學立場，你是對的，但就實際經驗來說並非如此。」我們以前嘗試遵循科學做每組反覆次數5次或6次的動作，但老實說，這次數就是不夠，藥球重量（負重）其實輕到可以在不失去爆發力或速度之下完成反覆次數10次的動作。

單跪姿的側轉擲球

進階1

與其他的核心進階訓練一樣，針對大多數初學者我們在側轉擲球的訓練剛開始會採用單跪姿版本的動作（參照【圖7.28】）。我們訓練中心大部分的運動員訓練計畫裡的一階都是採用這項訓練。前文曾提到，物理治療師葛雷‧庫克在教學目標上倡導排除關節限制。單跪姿有效地不用到膝關節與踝關節部位，就能讓運動

【圖7.28】單跪姿的側轉擲球

員體會到在投擲時的髖旋轉。讓內側腳（最接近牆壁的腳）膝蓋直起，這會迫使運動員或學員去使用髖部，以及腳跪在地上那一側（後側腳）的臀肌。

我們會教直臂、長力臂的擲球，採用的方法是內側手在球下，外側手在球後。動作時務必以長力臂旋轉，不是用推的。協助運動員去聯想一記揮擊的樣子，讓他們學習去使用長力臂，要密切注意又故態復萌做「推出」動作的運動員。此外，也讓學員知道在非慣用手那一側的動作執行起來會感覺很笨拙。

1. 開始時的單跪要採取近刺姿勢（short lunge position），與牆壁的距離為60公分至90公分。雙肩要與牆壁相互垂直。

2. 離牆面最近的手（前方的手）要在球下，另一側手（後方的手）要在球後方。

3. 注意力集中在要從後側腳膝蓋擲球，而且擲球時髖部要帶有爆發力。

站立的側轉擲球

進階2

【圖7.29】站立的側轉擲球

如前文所述,因為一個很單純的合理原由,我們跳過弓步姿勢的擲藥球。原因在於:我們的運動員和學員要維持弓步姿勢,又要專心投擲,實在有困難,所以現在我們直接採取站立姿勢。在特定情況下,我們會讓較年幼或年長的運動員或學員一開始就馬上採取站立姿勢(參照【圖7.29】)。針對高中與大學的運動員,我們會堅持從單跪姿、站立到跨步的進階訓練方式;但對於小學至中學的運動員與成年人,我們剛開始就是採取站立姿勢,而且只會要求:「擲球時盡量用力」。這個強調大肌肉運動模式的重點,經常能克服一些技術上的障礙。況且,年紀較大的學員要透過髖部與核心部位的方式活動可能也會相當費勁、不靈活,以至於無法像運動選手那樣從單跪姿勢中受益,所以他們大概一開始就要採取站立姿勢。切記:進階訓練是可靈活改變的建議,不是嚴格死板的規則。

跨步的側轉擲球

進階3

下一階段的進階訓練是在投擲中加入移動動作。在進階3中,前腳要朝牆壁跨步,藉此增加後腳產生的力量。重要的是,要將重量從後腳轉移至前腳。其他的側投動作要點全部維持不變。

兩步的側轉擲球

進階4

在進階4的訓練中，運動員要朝牆壁跨兩步。顯然學員或運動員此時與牆壁的距離就必須拉長。兩步的擲球比較猛烈且帶衝勁，也實際模擬了運動時的擊出動作。兩腳跨步擲球也會在前腳和髖部施加較多的壓力。

側投的變化動作

以下是幾項側投的變化動作，運動員可以納入自己的進階訓練中。

面朝前轉體擲球

進階4

面朝前轉體擲球（front-twist throw，參照【圖7.30】）是另一個針對核心部位常採用的絕佳旋轉鍛鍊。面朝前轉體擲球剛開始一次就執行一側。同樣的，教練要指導運動員或學員擲球要從髖部和腳掌，接著再透過身體軀幹。擲球的重點在力從地起，力量經過軀幹後，最後將球從手中送出。身體與牆壁平行，臉面向牆壁。這項基礎的防守站姿，膝蓋要彎曲，髖部壓低並向後，它

【圖7.30】面朝前轉體擲球

是一般運動的基本姿勢，對任何運動員來說，也是簡單的起步點。這項鍛鍊極適合網球選手，因為他們經常要從垂直位置拍球；對冰上曲棍球選手也極好，他們常常也是從類似的姿勢中做打擊動作。不過，千萬別把這些擲球鍛鍊局限在這些運動員才要做，它對所有學員都有助益。

交替面朝前轉體擲球

進階5

做交替面朝前轉體擲球（alternating front-twist throw）時，做法不是一側投10次再換另一側投10次，而是以兩側輪流的方式投擲20次。從一側至另一側的動作應該要流暢與有力。這項鍛鍊需要稍多的協調性和運動技術。

單腳的面朝前轉體擲球

【圖7.31】單腳的面朝前轉體擲球

進階6

這項高階的鍛鍊增加了難度，也對腳踝、膝蓋和髖部增添很大的本體感覺刺激。它需要更高程度的平衡與協調，大幅動用到支撐腿的髖旋轉肌群（參照【圖7.31】）。它要從單腳姿勢執行前述的前轉體擲球。如果要從左側擲球，右腳就是支撐腳。一開始擲球時左腳先離地，身體朝前傾，藥球拿在髖部後方。每次擲

球時，髖部旋轉，手臂往前，腿後移。最後就會變成平穩流暢、協調的動作了。

過頂擲球

過頂擲球針對的是身體前側核心肌群，也會訓練到旋轉肌群與肩膀後側。我們不必做單跪姿、高跪姿或弓步姿勢的版本。為什麼呢？答案同樣是根據經驗和實務而來：這些版本不容易教或執行。針對大多數的過頂擲球訓練，我們也不採用無彈力的藥球，而是選擇橡膠材質的藥球。我不建議做單臂的擲球，因為用單臂接住球對肩膀的壓力太大了。執行過頂擲球鍛鍊時，反覆次數為10次、組數為3組。

站立的過頂擲球

進階1

站立的過頂擲球（參照【圖7.32】）是所有過頂擲球變化動作的起步。這項訓練與足球的擲界外球（throw-in）很像，但兩腳掌的距離要與肩同寬，不能交錯。用到身體軀幹擲球會多過依賴手臂。離牆壁的距離要夠遠，這樣才能讓球彈回來。

【圖7.32】站立的過頂擲球

雙腳交錯站立的過頂擲球

進階2

站立的過頂擲球下一階段的訓練要轉變成雙腳交錯站立的姿勢。這會讓鍛鍊更具運動專項性，並讓腳的參與更多、提升速度，也增加核心斜向的負荷。運動員尚未熟練以身體軀幹擲球的技巧之前，千萬不要進階到雙腳交錯站立的過頂擲球。

先以右腳在前，動作反覆次數為10次、3組，接著換左腳在前，動作也是反覆次數為10次、3組。

跨步的站立過頂擲球

進階3

這項鍛鍊與交錯站立的過頂擲球一樣，只是此時不採取靜態交錯的站姿，而是跨步擲球。此外，速度也增加了，同樣會在肩膀後側施加壓力。跨步加上擲球，這時就更像任何過頂投擲或打擊的運動了。

胸前擲球

胸前擲球不算是真正的核心鍛鍊，但我們仍將它們納入藥球訓練中。它們能培養推方向的肌肉爆發力。重點在於：藥球胸前推對有身體接觸、並且需要推開對手的的運動項目來說，可以轉換從臥推訓練中所得到的肌力到胸前推的爆發力。在我們的訓練中心，胸前擲球基本上是上半身增強式訓練中的一項。

【注意】我們不會拿藥球做增強式的伏地挺身訓練，因為這種鍛鍊顯然對肩膀和手腕都是費力困難的。

高跪姿的胸前擲球

進階1

胸前擲球進階1的訓練從高跪姿開始（參照【圖7.33】）。這項訓練更強調在高跪姿中上半身的爆發力發展。但我們傾向動作開始時讓運動員髖部向後坐，接著利用髖部的爆發力將球擲出，藉此教導運動員爆發力傳導的動力鏈，

【圖7.33】高跪姿的胸前擲球

才能讓他們明白髖部至手部的連結關係。動作反覆次數為10次、組數為3組。

站立的胸前擲球

進階2

胸前擲球進階2的姿勢轉換成平行站姿。在這項鍛鍊中，我們會鼓勵運動員使用髖部與爆發力。運動員一開始採取運動員姿勢（athletic stance），兩腳掌的距離稍微比肩寬，而且髖部與膝蓋略微彎曲。動作反覆次數為10次、組數為3組。

跨步的胸前擲球

進階3

胸前擲球進階3的姿勢是右腳在後的交錯站姿。運動員左腳朝牆壁起跨。每一側動作的反覆次數為5次。

單手的轉身胸前擲球

進階4

胸前擲球進階4結合了旋轉擲球與胸前擲球。用單手執行胸前擲球，而且同樣採取前述的交錯站姿。重點在於在單側上半身擲球當中加入身體軀幹旋轉的動作。

每一側動作的反覆次數為10次、組數為3組。

足球特定姿勢訓練

進階5

針對美式足球選手，根據他們的位置我們做的擲球會採取三點預備姿勢，以及重心放低的兩腳開立姿勢。防守前鋒剛開始會採取三點預備姿勢，結合髖部與手部、在左右站姿中朝牆壁移動擲球。

進攻前鋒除了執行前述的訓練之外，要再加上模擬傳球防守的倒叉步（drop-step）版本的鍛鍊。

【注意】通常我們會將爆發力鍛鍊放在一起做，轉換投擲的組數，再搭配幾組的下半身增強式訓練。這能預留一段訓練前的「爆發力期」（power period），可以應付下半身爆發力、上半身爆

發力與核心爆發力。蹦跳與擲球搭配，給予的休息餘裕大於單獨執行這些鍛鍊的方式。

核心訓練大概是功能性訓練領域中改變最大的一塊。一份設計周全的核心訓練計畫對健康與各方面的運動表現都有正面效應。設計核心訓練計畫時要包含抗旋轉鍛鍊、抗側向屈曲鍛鍊、對角線模式，以及擲藥球。為了訓練到所有關鍵部位，核心訓練計畫務必全面與完善。

重拾健康與速度的案例

克瑞格．布雷斯洛（Craig Breslow）是美國波士頓紅襪隊的投手，同時也是耶魯大學的高材生，在棒球圈是眾所皆知的最聰明的選手之一。2015年美國職棒大聯盟球季前，他在麥克波羅伊肌力體能訓練中心做賽前準備訓練。布雷斯洛的目標是在辛苦應付肩膀問題1年之後，希望能夠重振雄風。布雷斯洛的訓練主要部分包括藥球訓練，這是為了培養全身的爆發力，它對於成功投球相當重要。每次球季他都會做藥球的訓練，做完所有進階訓練來獲得力從地起所產生的爆發力。結果，當年他健康出場的春季賽成果是0.00的投手自責分率（ERA），球速也增加了。

【參考資料】

1. Boyle, K.L, J. Olinick, and C. Lewis. 2010. The value of blowing up a balloon. *North American Journal of Sports Physical Therapy*. 5(3): 179-188.

2. Cook, G. 1997. Functional Training for the Torso. *Strength and Conditioning*. 19(2): 14-19.

3. Cook, G., and B. Jones. *Kettlebells From the Ground Up* (DVD), Functional Movement Systems.

4. Porterfield, J., and C. DeRosa. 1998. *Mechanical Low Back Pain*. Philadelphia: Saunders.

5. Sahrmann, S. 2002. *Diagnosis and Treatment of Movement Impairment Syndromes*. St. Louis: Mosby.

Upper Body Training

—

上半身訓練

市面上已經有很多書籍與文章告訴你該如何鍛鍊上半身肌力了，遺憾的是，儘管所有建議都反對追求「鏡子肌肉」，但很多運動員仍然過度著重這些對外觀有加分作用的胸部和手臂肌肉。在這章中，我會強調推拉動作之間必須取得平衡，並著重講解防止肩膀受傷的反手引體向上、划船，以及它們的變化式。

上半身的功能性鍛鍊主要有兩種：推與拉。雖然單一關節動作對於矯正或穩定性鍛鍊是必要的，但這些單關節動作並非真正具有功能性，而且它只著重在獨立肌群的訓練上。我想告訴各位的是，上半身功能性訓練重點應該在於：推與拉動作之間的平衡。

預防受傷的拉力訓練

　大多數的肌力訓練計畫很少重視引體向上與划船之類的拉力動作。儘管50年來，有很多文章提出正手引體向上與反手引體向上是練上半身肌力的關鍵，但大多數的運動員都因為一個單純的理由而拒絕：正手與反手引體向上實在太困難了！有些運動員反而為了上背部的肌肉去做背闊肌滑輪下拉（lat pull-downs），因為他們誤以為這項鍛鍊才是必要的；此外，也有很多人完全忽視划船動作。這種不均衡的訓練安排會導致負責推的肌群過度發達、姿勢問題，以及肩膀受傷。

完善的上半身訓練計畫的根本目標，是以平衡均等的方式加強所有主要的上半身動作模式。但可惜的是，真正重視背肌的運動員少之又少。在健美雜誌的薰陶與教育下，大家寧可花更多時間訓練他們情有獨鍾的胸大肌，這正好反映出許多運動員（或是教練）對於健身知識的缺乏。

設計周全的上半身訓練計畫應該包括等比例組數的水平拉（horizontal pulling，如：划

船）、垂直拉（vertical pulling，如：引體向上）、過頭肩推（overhead pressing），以及仰臥推（supine pressing）。簡而言之，在安排一組推的鍛鍊的同時，也應該有一組拉的鍛鍊。但絕大多數的肌力訓練計畫都不是如此，很多教練慣用的訓練計畫通常會出現很多推的訓練，拉的鍛鍊反而不足。

過度加強推壓的動作，會讓胸肌過度發達，而肩胛的縮肌不發達，進一步導致姿勢出問題。更重要的是，拉與推的動作比例不均衡的訓練計畫容易造成運動員肩膀使用過度受傷，尤其會有肩旋轉肌群的毛病。

偏愛做臥推的運動員中，肩旋轉肌群受傷的發生率極高。依我來看，受傷與臥推訓練之間的關聯微乎其微，原因更可能是出在缺乏等量的拉力鍛鍊。

要評估拉與推肌力的比例，最好的方法就是比較運動員「引體向上的最大次數」與「最大的臥推重量」。體重必須納入考量，但無論運動員的體型為何，只要他或她有能力臥推超出自身體重的負重，就應該能夠在身體額外負重下做引體向上。事實上，我們是以「體重加上引體向上最大負重」的方式，評估 1 RM 的引體向上負重。引體向上的合計數值應該等於或大於臥推的數值。舉例來說，91 公斤的運動員做引體動作時可以在 20 公斤負重下反覆次數達 5 次，對照【表8.1】，他的 1RM 就是 127 公斤。針對引體向上利用【表8.1】時，先判別使用的總負重（上述例子的總負重為 111 公斤），接著在 5RM 一欄中找出數值 111，然後順移到左方 1RM 的表格欄查看 1RM 處的數值（即 127）。如果運動員的臥推負重大幅超出 127 公斤，他就要考量到推與拉動作不均衡會導致的受傷風險。

花一點時間快速計算自己做推與拉動作的比例吧！找到你的引體向上加上體重的 RM 值，接著只要順移到最左邊的表格欄，就能找到 1 RM 的數值。接下來，臥推也比照同樣的方式。切記：引體向上的重量是自身體重外加負重腰帶上的重量，臥推則只有槓鈴的重量。

針對運動員妥善設計出的肌力訓練計畫，至少應該包含每週 3 組的引體向上變化動作，以及每週至少做 3 組的兩種划船動作。請參考【表8.2】。

設計訓練計畫的一項重要原則就是：針對相同類型的動作，要採用多種變化式動作。任何一種特定類型的垂直拉與水平拉的動作，應該每 3 週更換一次，或者每 3 週就改變反覆的次數。有時候，動作與反覆次數都應該全部要更換。

決定引體向上與臥推的一次反覆最大重量（1 RM）

100.00%	95.00%	92.50%	90.00%	87.50%	85.00%	82.50%	80.00%	77.50%	75.00%	72.50%	70.00%
1RM	2RM	3RM	4RM	5RM	6RM	7RM	8RM	9RM	10RM	11RM	12RM
54	52	50	49	48	46	45	44	42	41	39	38
57	54	53	51	49	48	47	45	44	43	41	40
59	56	54	53	52	50	49	47	46	44	43	41
61	58	57	55	54	52	50	49	48	46	44	43
64	60	59	57	56	54	53	51	49	48	46	44
66	63	61	59	58	56	54	53	51	49	48	46
68	65	63	61	59	58	56	54	53	51	49	48
70	67	65	64	62	60	58	56	54	53	51	49
73	69	67	65	64	62	60	58	56	54	53	51
75	71	69	68	65	64	62	60	58	56	54	53
77	73	71	69	68	66	64	62	60	58	56	54
79	75	73	72	69	68	65	64	62	59	58	56
82	78	76	73	72	69	68	65	64	61	59	57
84	80	78	76	73	71	69	67	65	63	61	59
86	82	80	78	75	73	71	69	67	65	63	60
88	84	82	80	78	75	73	71	68	66	64	62
91	86	84	82	79	77	75	73	70	68	66	64
93	88	86	84	81	79	77	74	72	70	68	65
95	91	88	86	83	81	78	76	74	72	69	67
98	93	90	88	85	83	80	78	76	73	71	68
100	95	93	90	88	85	83	80	78	75	73	70
102	97	94	92	89	87	86	82	79	77	74	72
104	99	97	94	91	89	86	83	81	78	76	73

【表8.1】（單位：公斤）

100.00%	95.00%	92.50%	90.00%	87.50%	85.00%	82.50%	80.00%	77.50%	75.00%	72.50%	70.00%
1RM	2RM	3RM	4RM	5RM	6RM	7RM	8RM	9RM	10RM	11RM	12RM
107	101	98	96	93	91	88	85	83	80	77	75
109	103	101	98	95	93	90	87	84	82	79	76
111	106	103	100	97	94	92	89	86	83	81	78
113	108	105	102	99	97	93	91	88	85	82	79
116	110	107	104	101	98	95	93	90	87	84	81
118	112	109	106	103	100	98	94	92	88	86	83
120	114	111	108	105	102	99	96	93	90	87	84
122	117	113	110	107	104	101	98	95	92	89	86
125	118	115	112	109	106	103	100	97	93	90	88
127	121	117	114	111	108	105	102	98	95	92	89
129	123	120	117	113	110	107	103	100	97	94	91
132	125	122	118	115	112	108	105	102	99	95	92
134	127	124	121	117	114	110	107	104	100	97	94
136	129	126	122	119	116	112	109	106	102	99	95
138	132	128	125	121	117	114	111	107	104	100	97
141	134	130	127	123	120	116	112	109	106	102	98
143	136	132	129	125	122	118	114	111	107	103	100
145	138	134	131	127	123	120	116	112	109	105	102
147	140	137	133	129	125	122	118	114	111	107	103
150	142	138	135	131	127	123	120	116	112	108	105
152	144	141	137	133	129	125	122	118	114	110	107
154	147	143	139	135	131	127	123	120	116	112	108
156	149	145	141	137	133	129	125	121	117	113	110

精英選手組的引體向上（從手肘完全屈曲到完全伸直）

男子精英選手（北美國家冰球聯盟）	負重45磅（槓片）×10下
美國國家美式足球聯盟的前鋒（145公斤）	自體體重×超過7下
美國國家美式足球聯盟技術型位置的球員	負重45磅（槓片）×10下
男大學生（甲組選手）	負重45磅（槓片）×5-10下
女子精英選手（奧運金牌得主，69公斤）	負重25磅（槓片）×10下
女大學生（甲組選手）	自體體重×10下

【表8.2】

這些數值並非一般的標準，而是頂尖選手的例子。在此處提出來只是要說明一份訓練計畫是可以做到適當設計與適當加強的。

肌力的標準

我相當喜歡「標準」這項概念。

而丹・約翰教練的肌力標準很簡單：

臥推＝前蹲舉＝上膊（clean）的最大重量

但因為我們不再做前蹲舉了，所以做了以下的修改：

臥推＝後腳抬高蹲＝上膊＝引體向上的最大重量

可能有很多讀者會反駁這個標準。不過假設你要訓練運動員，標準真的就是如此。事實上，如果運動員臥推最大重量可以到136公斤（約300磅），他做後腳抬高蹲兩手各持的啞鈴重量就可以到54.5公斤（約120磅），反覆次數為8次；上膊的負重為119公斤（約265磅），反覆次數為5次（根據【表8.1】，全部對照最大重量136公斤）。如果運動員達不到，只有一個理由：他的努力還不夠。

針對高中的美式足球隊，丹・約翰教練的標準如下：

上膊：93公斤（205磅）

臥推：93公斤（205磅）

蹲舉：116公斤（255磅）

挺舉（clean + jerk）：75公斤（165磅）

這些標準值其實沒有太驚人，但它們代表一個好的運動員在重訓室要花一點時間做正確的事。

以下是考慮標準的另一種方式：

臥推5 RM＝懸臂式上膊（hang clean）5 RM＝後腳抬高蹲5RM＝反手引體向上5RM

反手引體向上5 RM的數值是依照【表8.1】而來，但仍然必須與臥推5 RM的數值相等。

如果運動員可以達到這項標準，我就知道他們在所有訓練區塊的鍛鍊都盡力了。如果在懸臂式上膊與後腿抬高蹲超出臥推的5RM最大重量，那更好。我向來都會告訴運動員：「如果要放棄一個訓練動作，那就選擇臥推啊！因為它是最不重要的。」

這些標準同樣適用於女性。臥推負重能夠達到61公斤（135磅）的女性，通常都能遠超出引體向上的標準，懸臂式上膊的負重應該也有辦法達到61公斤，通常分腿蹲（後腳抬高蹲）兩手啞鈴的負重也能在25公斤（55磅）之下，反覆次數達7次（25公斤×2=50公斤，在【表8.1】中，7 RM為50公斤時，1 RM為61公斤）。

垂直拉的動作

變化動作是肌力持續增加的關鍵。記得每3週變換鍛鍊的類型或負重的形式，這一點十分重要。

反手引體向上

進階1A

反手引體向上是徒手垂直拉的動作中最簡單的，因為是反手抓（掌心朝向身體），而且會得到二頭肌相應的輔助。抓握的距離寬度為30公分～36公分。所有垂直拉的動作，基本技巧都是手肘完全伸直，並且讓肩胛稍微提高。我認為運動員不該投機取巧，例如擺盪式引體向上就是投機取巧的動作，千萬別聽信別人而採取這種方式。擺盪式引體向上唯一的好處就是拿來自我膨脹。

前8週的訓練，不必太在意動作的多樣與變化性。初學者需要的變化動作會少於進階的學員。

在肌力訓練計畫中，反手引體向上與它的變化動作最好輪流搭配其他相應的主要鍛鍊（懸臂式上膊、分腿蹲、臥推）。反手引體向上的反覆

【圖8.1】輔助式的反手引體向上

次數為8～10次時，組數為3組；反覆次數5次時，組數為5組；反覆次數為3次時，組數為3～5組。

雖然可以使用運動器械輔助反手與正手的引體向上，但你可以在省下不少預算的同時組合出更簡易陽春的裝置。只要在引體向上的單槓上用一條耐受力強的彈力帶套圈（比方說，用Perform Better公司出品的彈力帶，不僅穩固，還有分重型阻力、中型阻力與輕型阻力的彈力帶）。

運動員將一腳膝蓋放在彈力帶上，降下身體至開始的姿勢。彈力帶的彈性能有助於上拉動作。運動員可以從重型阻力的彈力帶到輕型阻力的彈力帶，逐次降低阻力做漸進訓練，接著就是在完全沒有彈力帶輔助之下做徒手引體向上。體型較龐大或較無力的運動員，也可

以一腳踩在彈力帶上站立，彈力帶的彈性對他們大有助益。也可以將一條彈力帶套在槓鈴架兩側上的掛勾上，運動員可以站在這條彈力帶上。我比較喜歡「跪」在彈力帶上（參照【圖8.1】），但這樣的設置碰到運動員人數大於一人時就不太可行了。

8週反手引體向上進階訓練

這項訓練計畫是特地為了每週做2次鍛鍊而設計的。一旦運動員可以在沒有輔助下做到1次反手引體向上，就可以採用【表8.3】的8週訓練計畫。在8週的進階訓練之後，運動員的反手引體向上從1次進步到5次都不足為奇。

反手引體向上可以做到10次以上的運動員，應該可以戴負重腰帶增加額外的重量。我們已經捨棄做反覆次數更多的反手引體向上測驗，也不開發逼著運動員要練強壯的方法。如果運動員的反手或正手引體向上可以做到10次，下一次的測驗就要戴11公斤（25磅）的負重腰帶。

使用負重腰帶讓運動員輪流做垂直拉的動作與其他主要的提舉動作時可以增加挑戰性。當訓練計畫要求的反覆次數為3次時，就增加負重，而且進行每組3次的組數。我們訓練中心的男運動員在負重41公斤（90磅）以上時，可以做到3組；女運動員則是在負重11公斤～20公斤（25磅～45磅）之下做到3組，這都是正常的數據。

在重型阻力的阻力帶輔助之下，反手引體向上可以做到5次的健康運動員，絕對不要去做下拉訓練。只有體重過重且肌力極差的運動員，才應該做下拉訓練。年幼的小孩或年紀較大的成人同樣也可以受益於下拉訓練。然而，對於有能力做到反手引體向上或輔助式反手引體向上的健壯運動員來說，就沒有理由做下拉訓練了。下拉訓練只是不想做反手引體向上的人用來偷懶的做法。

8週無輔助式的反手引體向上訓練計畫

第 1 週	4×1（這是指4組，每組1次的單一反覆次數，在最後一次反覆動作的結尾加上3秒～5秒的離心收縮訓練）
第 2 週	1×2, 3×1
第 3 週	2×2, 2×1
第 4 週	3×2, 1×1
第 5 週	4×2
第 6 週	1×3, 3×2
第 7 週	2×3, 2×2
第 8 週	3×3, 1×2

【表8.3】

平行引體向上

進階1B

【圖8.2】平行引體向上

平行引體向上（parallel-grip pull-up）這項很棒的上半身拉力鍛鍊和反手引體向上很類似，不過因為兩手掌心是相對的，所以它針對的是前臂和手肘的屈肌（肱肌[brachialis]與肱橈肌[brachioradialis，譯注：位於手臂前端的外側皮下的肌肉]）。可以在裝有V型拉力桿或平行握把的引體向上單槓上做這項鍛鍊（參照【圖8.2】）。練法和反手引體向上相同，只是手的姿勢不一樣。平行引體向上的難度和反手引體向上差不多，因為前臂屈肌的出力會增加。肩膀或手腕有問題的運動員，可能會覺得平行引體向上形式的訓練比反手或正手的引體向上更輕鬆。

正手引體向上

進階2

相較於反手或平行引體向上，正手引體向上的難度更高。做這項鍛鍊時，雙手是正握的（也就是掌心朝前）。由於少了上臂肌肉的輔助，對背部肌肉的壓力相對較大，大幅增加了難度。在上半身訓練計畫裡，反手與平行引體向上最少應該做到3週之後，才能執行正手引體向上訓練。此外，正手引體向上可不會讓肩膀太輕鬆，因為肩膀要做外展與外旋的姿勢。所以，肩膀有問題的運動員要避免做這種形式的訓練。

胸式引體向上

進階3

胸式引體向上（sternum chin-up）是一項有難度的變化式動作，是更高階運動選手的鍛鍊項目。做胸式引體向上時，不是拉高到下巴過單槓就好，還要拉高到胸骨達單槓（參照【圖8.3】）。此動作要求肩胛骨必須後縮至較大的角度，關節的活動範圍會比一般的引體向上多8～10公分。

【圖8.3】胸式引體向上

下拉的變化式動作

倒階1

我從來沒想過要在本書中納入背闊肌（lat）滑輪下拉的訓練。我向來都主張以反手與正手的引體向上作為首選。但時代永遠在改變。如果你現在問我：「針對上半身的拉力訓練要做何種訓練？」，我的答覆可能就是用TRX或吊環做徒手划船訓練（下一節水平拉的動作訓練中會介紹），緊接著就做下文會介紹的任何一項下拉的變化式動作，尤其是肩膀有任何問題的人都該這麼做。

你可以將懸吊式的划船運動想成是吃重的水平拉力鍛鍊，背闊肌滑輪下拉則想成是較輕鬆的垂直拉力鍛鍊。事實上，自此之後，對於背闊肌下拉訓練我都只稱呼為「下拉」鍛鍊，因為下拉運動鍛鍊到的不只是背闊肌。它們會練到背闊肌、下斜方肌、中斜方肌、菱形肌、鋸肌（serratus）等等肌群。順道一提，千萬別把它們稱為「側向」（lateral）的下拉訓練。英文縮寫「lat」指的是「背闊肌」（latissimus dorsi），不是「側向」（lateral）。

至於我的觀念為什麼會改變呢？因為有些人（主要是較年幼與女性的運動員）根本沒辦法做到反手與正手引體向上之類的垂直拉力動作。我雖然殷切期盼他們成為精英運動員，但有時候要將格格不入的方法硬套在他們身上，我的罪惡感會很深。此外，年紀較大或者肩膀有毛病的學員，要做正手引體向上之類的徒手垂直拉力訓練也很費勁，但如果換成做吃重的水平式拉力運動往往就沒什麼問題。實際上，諸如TRX或吊環划船運動等懸吊式的鍛鍊遠比正手引體向上更有可調整性。我知道可以採用彈力帶、等長收縮的肌肉鍛鍊、離心訓練，但不是所有人都適用這些練法。所以針對某些人，我們或許必須承認下拉運動是可以接受的替代做法。

在我們的訓練中心裡，常見的現象是有人做反手與正手引體向上之類的垂直拉力鍛鍊時，過度使用上斜方肌與二頭肌。但做懸吊式划船訓練時，有這種狀況的人就沒這麼多了。TRX與吊環的划船運動是可調整性的鍛鍊動作，可以輕鬆調整成進階或倒階訓練，這一點對於正手或反手引體向上來說則是很難達到的。

讓我重新喜歡下拉運動的另一個理由，就是複合式運動訓練機（functional trainer，一種

有兩個扶手臂的運動器械）的發明。

各位想一下：為什麼大家做所有的下拉動作時，都習慣以雙手放在一個固定的握槓上？這是因為：其他人都這麼做，況且我們也沒有其他選擇。多年來，大家選擇使用的下拉握槓、V型拉力桿或任何一種握把，都會決定肩膀在下拉鍛鍊中所發揮的功能。然後，FreeMotion與Keiser等廠商開發了所謂的「複合式運動訓練機」，這種設備擁有兩個獨立的扶手臂與兩個獨立的握把。在這個過程中，一組不傷肩膀的全新鍛鍊應運而生。現在，我們可以選擇最佳的手握位置，而不是讓手握位置左右我們的選擇。而且，兩個扶手臂可以同時使用，又能個別分開使用。在拉力運動模式中，複合式運動訓練機讓肩膀拉的動作更具有多元性。

這為什麼很重要呢？唉！你可以想想有多少運動員肩膀有問題？很多，是吧？那你知道造成肩膀有問題的主要元凶之一，是不斷摩擦肩峰骨弓（acromial arch）下的旋轉肌腱嗎？摩擦會導致旋轉肌腱磨損，這種現象很像在石頭上來回拉一條繩子一樣。如果你以一個固定的握槓做拉的動作，就會一次又一次摩擦肩峰骨弓下同一個部位的肌腱。

現在，複合式運動訓練機的握把可以解決這個問題。不過有趣的是，大部分的人仍會試著去模擬握直槓時的姿勢，這真的很可笑。使用這種訓練機，我們的指導說明很清楚易懂：以拇指朝下開始（肩膀處內旋），以拇指朝上結束（肩膀處外旋）。要從拇指朝下的姿勢變成拇指朝上的姿勢，我會在下拉運動中加入什麼動作呢？答案是：外旋！我要讓肩膀的活動在不傷害關節的前提下，以螺旋形與對角的動作模式進行，還會加入一點旋轉肌的扭轉動作。在這本書中，下拉鍛鍊已經從跑龍套的小角色變成主角了。

另一項重要的教學重點是我朋友麥可・達庫特（Michol Dalcourt）提供的。教練常告訴學員：「把胸部推向訓練機」。各位猜猜這個用意何在？因為它可以讓教練根本不必在旁邊提醒學員：「縮肩胛骨」，他們就會按照教練期待的去縮肩胛骨。達庫特在幾年前的一場研討會上提出一個很棒的重點：你的胸部向前推時，就不可能同時又聳肩。胸部前推，肩膀是後縮。聳肩是提肩。想在下拉動作時排除聳肩動作嗎？那就要提醒學員「胸部推向握槓」，不是「握槓推向胸部」。但事實上，沒有肌肉會讓胸部前移，只有肌肉會讓肩膀後移。然而採取兩種提示說法（肩膀後縮與胸部前推）所得到的效果是截然不同的。各位不

妳試試看，胸部前推的說法每次都很有效。

X型下拉

會使用「X型下拉」（X pull-down）這個用詞，是因為手臂一開始是交叉的（參照【圖8.4】）。藉由複合式運動訓練機的獨立握把，現在你就可以內收與下壓肩胛骨、擴肩，也可以結合一些外旋動作。這會在原本的矢狀面的鍛鍊中添加額狀面與橫狀面的元素。

【注意】如果沒有複合式運動訓練機，但又想要有相同的好效果，只要用一般的滑輪下拉機一次用一手做下拉即可。此外，如果你已經能駕馭用下拉運動器械的徒手訓練時，或許就是該做反手引體向上的時候了。

此動作的重點如前文所提到：以拇指朝下開始，以拇指朝上結束。

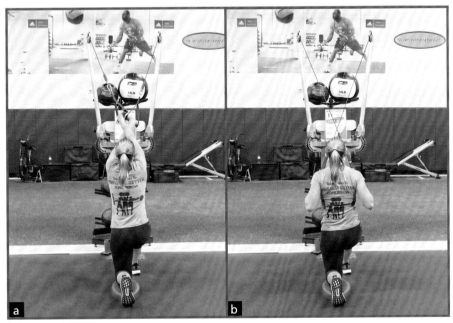

【圖8.4】X型下拉

輪替式的X型下拉

進階1

想再加入讓肩胛骨穩定的元素嗎？在X型下拉時，只做單手下拉，也就是將一邊的手臂維持下拉在胸前的等長收縮姿勢，激活更多的斜方肌與菱形肌參與維持動作（就想成是從下一章會介紹的「YTW字母」系列的動作到W字母的動作），而另外一邊的動作手，則是持續進行著收縮、下壓、擴展、水平內收與外旋的下拉動作。要說輪替式的X型下拉（alternating X pull-downs）訓練相當有價值之處，就是它結合了肩胛骨穩定鍛鍊與垂直的拉力鍛鍊。

想要多點變化嗎？試著在雙手沒有交叉抓握之下做輪流動作。以上三種變化訓練是我們所有選手與學員都適用的、不傷害肩膀的鍛鍊選擇。

不過，難道這表示我們不再做任何正手或反手的引體向上鍛鍊嗎？當然不是。這只代表：我們會為運動員搭配合適的鍛鍊。如果年幼的運動員有辦法做到正手與反手的引體向上，你可以要求他們做這些鍛鍊。如果較年長的學員有頸椎的問題，或者較年幼的學員有肌力上的問題，就可以考慮融合懸吊划船與下拉的鍛鍊。

水平拉的動作

水平拉的動作，或者說划船的動作至關重要，必須納入上半身訓練計畫中，而且要列為首要鍛鍊的動作。划船動作之所以要列入優先的鍛鍊，是因為它們才真正是臥推的拮抗動作。雖然反手引體向上與它的變化式動作很重要，但划船動作針對的肌肉與動作模式，正好都與臥推所訓練（往往是過度訓練）的肌肉和動作模式完全相反。儘管如此重要，但肌力的訓練計畫中經常會遺漏划船動作，或者因為狹隘目的才去做這項訓練。

划船動作在功能性訓練中歷經很大的轉變。最新的體育訓練與物理治療研究已經指出，身

體後側部位的筋膜鏈的連結是對角線形式的。力量的傳遞會從地面經由腿、髖部，接著橫越薦髂關節到對側的背闊肌（背部的淺層肌）與肩部複合關節。這種交叉式連結系統的關鍵部位，就是負責穩定骨盆與髖旋轉肌群的臀中肌與腰方肌，而髖旋轉肌群還負責穩定髖部。

髖旋轉肌群特別重要，因為無論是高爾夫球的揮桿或者一記全壘打，所有源自地面的力量都必須通過強健、柔軟與穩定的髖部轉移，才能正常地傳遞到上半身。但直到現在，這個重要的肌群其實仍然受到忽略。髖旋轉肌是下半身的旋轉肌群，但所得到的重視與注意都不如大家對肩部旋轉肌群的關注。在設計訓練計畫時，必須特別留意髖旋轉肌群。透過一般的滑輪下拉機做划船動作，有助於強化這個以往訓練不足的身體部位。

啞鈴划船

進階1

啞鈴划船是最簡單的划船動作，而且可以幫助入門初學者學習正確的背部姿勢，以及切換到很多抬舉動作的技巧。雖然是相對簡單的動作，但啞鈴划船可能是最難教的鍛鍊之一。

一開始採取寬步深蹲形式的站姿，雙膝要在兩腳掌的上方。身體前傾，並將一手放在健身椅上，才能穩定身體軀幹與減輕下背的壓力。背部要稍微反拱，腹部收緊。要將啞鈴帶回到髖部時，一開始要先將注意力集中在活動肩胛骨，接著是手肘（參照【圖8.5】）。這個動作對入門初學者相當好，但是對髖旋轉肌群沒什麼作用，原因在於採取的是雙腳站姿。依照訓練階段，動作的反覆次數為5～10次，組數為3組。

【圖8.5】啞鈴划船

貓牛式

倒階1

為了有助於啞鈴划船的教學，我們開發了一些倒階訓練。啞鈴划船的主要失敗之一就是無法保持背部的微反拱。貓牛式（cat-cow，參照【圖8.6】）是一項瑜伽的運動，目的是要教運動員做脊椎的彎曲與延展動作。我們利用它當成一項知覺練習，讓運動員知道在划船動作中要保持背部微反拱。運動員一開始四肢著地，然後輪流做出像貓生氣時的弓背，以及背部的反拱姿勢。指導學員在髖部不活動之下做脊椎動作，來加強啞鈴划船的起始姿勢。動作的反覆次數做到2次或3次、組數為1組或2組，通常就足以建立必要的感知了。

【圖8.6】貓牛式

跨凳的划船

倒階2

啞鈴划船會有的另一個失誤就是在深蹲姿勢下無法保持雙膝打開。讓運動員跨站在一張訓練椅上可以強化雙膝外開的姿勢。假如運動員要以右手做划船動作，那麼站立位置要與訓練椅平行，左手放在訓練椅上，接著左腳跨到訓練椅的對側，膝蓋的內側稍微碰觸訓練椅（參照【圖8.7】）。在這個姿勢之下，左膝不會塌陷，就能維持較理想的身體姿勢。結合幾次貓牛式的反覆動作與一個跨站姿勢，往往就是排除啞鈴划船技巧失誤的必要方法。

【圖8.7】跨凳的划船

懸吊訓練器的反向划船

進階2

【圖8.8】懸吊訓練器的反向划船

懸吊訓練器的反向划船（suspension trainer inverted row）可以算是不需要定期做的一項最佳鍛鍊。反向划船（或稱仰臥懸垂臂屈伸）是出奇簡單卻又有挑戰性的動作，能讓運動員學會身體軀幹的穩定，並培養肩胛縮肌與三角肌後束（rear deltoid）的肌力。雖然反向划船動作看起來很簡單，但它經常是連最強壯的運動員都會覺得挫敗的鍛鍊。擁有強健上肢推肌肉的運動員，常常會不開心地驚覺到自己執行反向划船的能力竟然這麼弱。

TRX或吊環等懸吊訓練器的問世，讓任何附有深蹲架或壁掛架的設備都可以輕易做反向划船。能夠拉長或縮短的拉帶可以讓任何肌力水準的運動員輕鬆調整鍛鍊的等級。在本書英文版的第一版，反向划船是一項不起眼的鍛鍊，因為要配合器材設備所以不一定是絕佳的訓練計畫。而懸吊拉帶讓這一切改觀。我們不再建議握槓版本的鍛鍊，改為採用TRX或吊環版本的鍛鍊。除了任何肌力程度的人都能輕鬆適應吊環或TRX之外，利用懸吊訓練器採取以拇指朝下的姿勢開始、拇指朝上的姿勢結束的方式，也能讓肩膀的活動從內旋轉變成外旋。這對肩膀的健康有莫大的幫助。

執行反向划船時，設在懸吊訓練器的握把高度大概與腰部同高。重要的是算出身體的角度，這是很棒的挑戰。由於懸吊訓練器可以調整，所以身體可能處在任何的角度。最高難度的姿勢就是身體與地板平行，這時訓練椅的位置大約放置在距離四分之三身長之處，將兩腳掌放在上面。雙手抓握把，雙腳在訓練椅上，身體軀幹就會完全筆直。腳趾頭朝上

指，雙腳併攏。以這個姿勢，將胸部拉向握把即可（參照【圖8.8】）。在頭先幾次的反覆動作之後，大部分運動員都無法讓胸部碰觸到握把，這是因為肩胛縮肌與三角肌後束的肌力太弱。這項鍛鍊著重的不僅僅是上背，還有整個身體軀幹。為了增加身體軀幹肌肉的超負荷，高階的運動員執行這項鍛鍊時可以額外穿負重背心。

動作反覆次數為8次至10次，組數為3組，並嘗試每週減少與地面的角度（身體愈來愈平行於地面），直到雙腳擺在訓練椅上為止。

單手單腳划船（靜態的髖部）

基線

單手單腳划船（single-arm, single-leg row）是划船進階訓練的第一項鍛鍊，目的是要讓髖旋轉肌群成為穩定肌群。它必須有可調整的滑輪下拉機，將高度約略調在與腰部同高的位置。做這項鍛鍊時，一腳站立，然後以對側的手執行划船動作（參照【圖8.9】）。

單腳站立會將划船動作提高為複雜的鍛鍊，能培養本體感覺、肌力，以及踝關節、膝關節與髖關節的穩定性。單手單腳划船動作的本意應該就是著重在穩定性。在划船時，動作手的位置會保持在胸部正下方，大約是肋骨的位置，並盡量穩定踝關節、膝關節與髖關節。做滑輪下拉機的所有划船動作時，可以採用拇指朝下開始、拇指朝上結束的方式添加肩旋轉肌群的訓練。當肩膀的姿勢改變時，旋轉肌群就會參與划船的動作了。依據訓練的階段，執行的反覆次數為5次至10次，組數為3組。

【圖8.9】單手單腳划船

單手單腳划船（動態的髖部）

進階1

單手單腳划船的靜態與動態版本之間唯一的不同，就是做動態版本時，運動員可以轉動身軀讓手進一步向滑輪機延伸。伸手包括轉動身軀與髖內旋，在划船動作完成時，會對側面（外側）的髖旋轉肌群上產生負重。這項動作會從腳踝到肩膀持續不斷推舉身體。在一定程度上，透過增加髖部活動的方式，能容許運動員「借力」。依據訓練的階段，執行的反覆次數為5次至10次，組數為3組。

單手雙腳轉身划船

進階2

單手雙腳轉身划船（single-arm, double-leg rotational row）是參考自運動表現提升專家馬克 · 沃斯特根的EXOS團隊。它是相當動態的運動，在全身划船訓練中融入了腿伸展、髖內旋與旋轉身軀。

這項功能性與綜合的鍛鍊，最貼切的說法是「半深蹲、半划船」。我相信單手雙腳轉身划船這項相對新的鍛鍊在不久的將來會成為所有功能性訓練計畫中的主要訓練項目。這項鍛鍊最棒的部分，就是它模擬了方向改變的技巧。

指導這項鍛鍊時，我經常會告訴運動員去想像橫向側滑步的「啓停」（stop-and-start）技巧。假想有個姿勢是雙肩與滑輪機或下拉訓練器的拉力線對齊。手伸向對側身體抓住握把，在站起身時將握把拉到髖部（參照【圖8.10】）。

【圖8.10】單手雙腳轉身划船

深蹲的肌肉是用來配合划船的肌肉,同時又伸展腿、旋轉身軀與伸展肩膀。在這項鍛鍊中並不會特意強調下肢推的肌肉。試著想像剎住與改變方向所需要的力量,就會對這項鍛鍊有全新的看法。依據訓練的階段,執行的反覆次數為5次至10次,組數為3組。

上半身推的訓練

這一節的焦點會著重在功能性上半身肌力,而不是在臥推。但讓我先說明一下:我們訓練的運動員,一樣要執行臥推、啞鈴臥推,以及其他許多仰臥推的變化式動作。我不是反對臥推,但我的理念是平衡的訓練,不要過度強調相對不重要的推舉訓練。在功能性訓練中,對於結合仰臥推與過頭肩推的綜合訓練,不建議練超過30分鐘,每週做2次即可。不管在什麼時候,額外做推的動作都會減損其他肌群的訓練,打亂訓練計畫的平衡。

【表8.4】是一套通用的參考原則,有助於訓練計畫的設計與肌力評估。提供這個參考原則是幫助教練、訓練師與運動員在不同的仰臥推鍛鍊中達到更佳的平衡。如果你想提高臥推的次數,你可以增加其他相關的提舉訓練。很多時候,運動員太專注在一項提舉訓練,結果反而會妨礙自己的進步。你應該努力的是練出平衡的上推肌力;想達到平衡就要以多個角度(傾斜、過頭)搭配穩定性(透過使用啞鈴的方式)培養肌力。不該獨厚一個角度或一個動作。所有上半身的啞鈴訓練都適用這些參考原則。入門初學者必須慢慢增加負重,才能培養出提舉更重的重量所必須的平衡與穩定性。

上半身推舉的合理肌力關係

臥推(範例) 最重為136公斤 (300磅)	上斜臥推109公斤 (240磅,最重為臥 推重量的80%)	啞鈴臥推44公斤×5 (啞鈴重量=臥推最大 重量÷2×64%)	上斜啞鈴臥推35公斤×5 (啞鈴重量為啞鈴臥推 最大重量的80%)

【表8.4】

本表顯示的重量值，是運動員遵照合理的訓練計畫培養出平衡的上半身推舉肌力之後，應
該要可以提舉的重量。

伏地挺身

基線

在上半身訓練計畫中，眾人最低估的鍛鍊之一就是伏地挺身，這項推的動作不需要器材就
能做，而且有很多變化式動作。伏地挺身對於體型較壯碩、必須改善肌力體重比的運動員
來說是很棒的運動。單憑這項理由，伏地挺身就可以是足球訓練計畫裡的最佳鍛鍊了。伏
地挺身另一個很讚的優點，就是它結合了上半身訓練與核心肌力發展。許多體型較壯碩或
整個核心肌群沒力的運動員，做伏地挺身時很難維持正確的身體姿勢。除此之外，伏地挺
身鍛鍊到的肩胛骨部位是臥推訓練沒辦法練到的部位。

腳墊高的伏地挺身

進階1

腳墊高的伏地挺身（參照
【圖8.11】）是增加困難度
最簡易的方式。覺得伏地
挺身容易的運動員，可以
將腳墊高30公分～60公
分，就能夠在沒有外加阻
力之下增添難度。以這項
鍛鍊為基礎，運動員可以

【圖8.11】腳墊高的伏地挺身

進階到在半圓平衡球上的伏地挺身，或者穿負重背心，或在背上放槓片。

半圓平衡球伏地挺身

進階3

執行半圓平衡球伏地挺身（BOSU ball push-up，參照【圖8.12】）時，可以採取腳墊高版本的訓練，或者穿負重背心。它能開發上半身與身體軀幹的本體感覺，而且雙手置放的方法更像是一般運動員的自然姿勢。

【圖8.12】半圓平衡球伏地挺身

依據訓練的階段，執行的反覆次數為5次至10次，組數為3組。反覆次數更多的伏地挺身就安排在耐力階段執行。

針對伏地挺身的正確進階訓練方式，請參照【圖8.13】

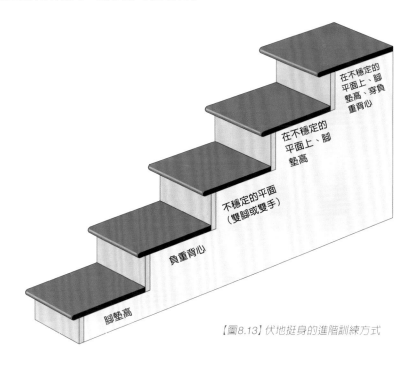

腳墊高

負重背心

不穩定的平面
（雙腳或雙手）

在不穩定的平面上、腳墊高

在不穩定的平面上、腳墊高、穿負重背心

【圖8.13】伏地挺身的進階訓練方式

滑輪推

倒階1

單手的站姿滑輪推（single-arm standing cable press）可以在任何可調整的拉力訓練機執行，它或許是推的動作中最具功能性的方法。在第四章介紹訓練工具時提到的AT Sports Flex彈力帶非常適合拿來做這項站姿鍛鍊的雙手版本。這項鍛鍊也可以採取單邊的方式執行。站姿滑輪推的額外好處，就是核心部位是在站姿中負重。

過頭肩推

過頭肩推是本書英文版的第一版中沒有介紹的另一個領域。大致上，這裡的思維理路和前面拉力與核心訓練章節裡提到的相同。我們不會使用直槓，會選擇單邊版本的訓練，訓練一開始也會採取提升穩定度的姿勢。

正如在垂直拉與平行拉的章節中提到的，直槓會限制舉重者的槓鈴路徑（bar path）與肩膀的活動。相對的，啞鈴就像較新近的複合式訓練器上的獨立握把或懸吊訓練器的握把一樣，可以給肩膀更多的自由度。以啞鈴做過頭肩推遠優於使用直槓。過頭肩推的訓練一開始採取單跪姿，才能穩定腰椎，並強迫舉重者使用肩膀。

過頭肩推最常見的錯誤是做出後傾或腰椎拱起，這其實會讓過頭肩推變成斜板臥推（即傾斜的推舉動作）。後傾會讓上半身的胸肌開始啟動，就像在做斜板臥推動作一樣。然而，代價就是對腰椎的壓力過大。

單跪姿的輪替壺鈴肩推

基線

一開始想做過頭肩推的訓練，我的選擇是採用單跪姿與壺鈴。壺鈴的抵銷性質在肩膀上會製造片刻的自然外旋（natural external rotation），這似乎會徵召到肩胛下肌（subscapularis，肩膀的主要穩定肌）。經常抱怨做過頭肩推很不舒服的運動員或學員，會發現做輪替壺鈴肩推版本的訓練就完全不覺得痛苦了。

【8.14】單跪姿的輪替壺鈴肩推

一開始手握兩個壺鈴的高度與肩同高，兩手拇指要碰觸前三角肌。手肘與身軀呈45度角左右。上推一個壺鈴，強迫肩膀處於內旋狀態（拇指朝臉部，參照【圖8.14】）。放下壺鈴時做相反動作，換另一手執行。動作的反覆次數為5次至10次，組數為3組。

壺鈴底朝上式肩推

倒階1

如果做單跪姿的輪替肩推版本的訓練仍然覺得痛苦或不舒服，試試壺鈴底朝上式版本的訓練。抓住壺鈴的把手讓它的底朝上，然後依照前述的鍛鍊方式做肩推。壺鈴底朝上的姿勢甚至更能徵召肩膀的穩定肌群，而且可能還會出乎意料地完成零痛苦的過頭肩推。

高分腿的壺鈴肩推

進階1

做腳墊高的分腿時，舉重者的動作從單跪姿轉變成
站姿，而且有一腳要放在一張呈30度角至45度角
傾斜的訓練椅上（參照【圖8.15】）。關鍵重點是
要靠緊前腳，才能真正穩住腰椎。這個幾乎是單跪
姿的站姿版本訓練，會一再強迫舉重者確實使用肩
膀，防止做出假的斜板臥推動作。

【圖8.15】高分腿的壺鈴肩推

站姿的輪替啞鈴肩推

進階2

一旦運動員學會用肩膀上推，而且不拱背，或者髖部不
會往前移而做出斜板臥推動作，他的動作就可以轉換成
更標準的推舉姿勢（見【圖8.16】）。然而，仍然是進行啞
鈴左右交替肩推。

【圖8.16】站姿的輪替啞鈴肩推

肩胛帶與肩關節的訓練

有些原先看起來不具功能性的鍛鍊很可能其實很有用，而且能夠提升特定關節的功能。肩胛帶與肩關節或許就是能夠從單一關節鍛鍊（isolation exercise）中受益的部位，這不僅可以改善兩個關節的功能，同時又能提升整個肩部關節的功能。

肩部訓練的錯誤之處就是一直以來都用「非此即彼」的邏輯去處理問題。有些教練處理問題所依據的前提是：你在相信或不相信功能性訓練之間只能擇一。這些教練針對肩部肌肉的訓練，是將它視為多關節的訓練，傾向避開任何單一關節鍛鍊或旋轉肌群的鍛鍊。但雖然有些專家的觀點是：任何單一關節的鍛鍊都是不具功能性的，而且浪費時間，我倒是認為，有些針對髖關節與肩關節的單一關節鍛鍊是有助益的。

最棒的方法就是結合針對肌力的過頭肩推，以及針對預防受傷所做的提升肩部穩定度的鍛鍊。這些預防肩部受傷的鍛鍊，鎖定的目標應該是肩胛帶和肩關節的活動度與穩定度。

肩胛帶的功能與肩旋轉肌群的肌力是減少受傷的關鍵。在沒有加強肩胛穩定肌群之下強化肩旋轉肌群，其實只做了一半的工作。即使肩旋轉肌群再強健，也需要有一個用來活動與運轉的穩固基礎，這個穩固基礎就要由肩胛帶提供。

站姿的肩膀循環訓練

站姿的肩膀循環訓練（standing shoulder circuit）使用的是AT Sports Flex彈力帶；無論在姿勢與易用性上，它都會將肩胛胸廓的訓練帶入嶄新境界。字母Y、T與W形容的是執行肩胛後縮或肩胛動作的姿勢。字母字形代表的是手臂對應到身體的位置。

● Y＝雙臂向左右延伸並高於肩膀，呈45度角，拇指朝上指有助於外旋。

● T＝上臂與身體軀幹呈90度角，拇指朝上指。這個姿勢的重點是肩胛後縮，而且肩膀保持90度角。許多運動員的肩胛縮肌肌力不足，會將兩臂稍微下拉至兩側，目的是要用背闊肌的動作取代肩胛縮肌的動作。這會製造一個內收動作，而不是後縮動作，應

該要小心防止。角度千萬不能小於90度角；小於90度角就表示背闊肌取代肩胛縮肌的
動作了。

● W＝上臂與身體軀幹呈45度角，這會強化肩胛後縮動作。

這個思維邏輯很簡單，對很多物理治療師與運動教練來說或許並不陌生，但重要的是運動
員對於要執行這項動作是怎麼想的。運動員要活動雙臂，必須透過活動肩胛帶的方式；不
能用雙臂的動作來讓肩胛帶活動。因此，最初的焦點要擺在肩胛帶的動作，而不是肩關節
的動作。這種方式就會讓鍛鍊從肩膀運動轉變成穩定肩胛的運動。

Sports Flex彈力帶高低動作 (Y-W字母組合動作)

做高低動作時，運動員要將一邊手臂變成W字母姿勢的角度，另一邊的手臂則是Y姿勢
的角度（參照【圖8.17】）。我會告訴運動員去想像做美國佛羅里達大學（University of
Florida）體育校隊的招牌加油動作——
短吻鱷張合嘴巴動作（Gator Chomp）。

剛開始的訓練，每一側的動作反覆次數
為8次，在中間不停頓之下換另一側執
行動作。

【圖8.17】*Sports Flex彈力帶高低動作（Y-W字母
組合動作）*

Sports Flex彈力帶T字母動作

做完Y-W字母組合動作之後,接下來要做8次的T字母動作,這時肩胛骨要內收,手臂與身體軀幹呈90度角(參照【圖8.18】)。做這項動作時,心裡要想著:「給我一個『T』吧!」

反覆次數每週增加2次,直到每個姿勢做到每組12次(反覆次數總共為36次)。這個訓練階段的目標主要在於保養。

【圖8.18】Sports Flex彈力帶T字母動作

站姿的外旋

本書英文版的第一版並未納入任何肩旋轉肌群的鍛鍊,這或許是一個錯誤。對於旋轉肌群是否有必要單獨鍛鍊,雖然仍然存有一些爭論,但我們採取的是「安全勝過遺憾」的做法。儘管很多所謂的專家主張旋轉肌的獨立鍛鍊沒必要,但幾乎所有美國職棒大聯盟的球隊依然繼續做這項鍛鍊。這可是很重要有力的觀察性證據。

【圖8.19】站姿的外旋

執行肩旋轉肌鍛鍊最理想的就是在關節的緊密位置（closed pack position），關節面在此處會達到最理想的貼合（換句話說，就是球狀關節頭緊密嵌入另一個關節窩的「杵臼關節」處），此時關節正處在鍛鍊的最佳位置。針對旋轉肌群，最貼切的說法就是「90度-45度位置」（90-45 position）。多年來，做肩旋轉肌群的鍛鍊都是採取站姿或側躺，手放身側，手肘彎曲呈90度角。這是相當不具功能性的姿勢，因為肌肉從來不會以這種方式運作。與其將雙手置於身側，與身體夾角度為0，不如將手臂上提90度角，動作時讓手肘是向外移45度角（參照【圖8.19】）

針對肩旋轉肌群，我偏好做15次至20次的高反覆次數訓練，因為這些肌群其實是穩定肌群。

上半身訓練的總結

上半身或許是最難訓練的部位，有些人因為會為了外表而訓練，而不是為了功能。運動員可能會不願意做伏地挺身來取代臥推訓練，或者沒有意願去練他們看不到的背肌。

嘗試做反手與正手引體向上的變化式動作，在訓練上相當有價值。運動員要做反向划船或伏地挺身時，也可能發覺自己缺乏身體軀幹的穩定度與肌力，因而開始重視針對上半身的功能性訓練。但也不需要拚命想移除那些大家都尊崇嚮往的訓練，例如：臥推，其實只要將其他更具功能性的鍛鍊整合至訓練計畫中即可。上半身部位的逐漸改變，會讓你克服對某些功能性訓練動作的反感。

Plyometric Training

—

增強式訓練

對運動員來說，爆發力訓練或許是訓練中最重要的一環。基本上，增加的肌力應該要能夠產生爆發力與速度。如果只有肌力增加，但爆發力沒有跟著提升，這樣練出來的肌力用途非常有限，尤其對沒有衝撞的運動項目更是如此。事實上，很多運動員花了大把時間在肌力訓練上，但花在爆發力訓練的時間少之又少。

面對爆發力訓練時，我們的第一個問題不在於「應該訓練爆發力嗎？」，而是「該如何針對爆發力進行訓練？」在最理想的情況下，一個健康的運動員可以採取多種方式做爆發力訓練，增強式訓練、投擲藥球（第七章）與奧林匹克舉重（第十章）等，全是用來培養輸出爆發力的有效方法。要打造一個爆發力十足的運動員，以上每一種方法都不可或缺，必須被安排在一份設計完善的訓練計畫中。

培養爆發力的三種方法

1. 使用輕量級道具培養爆發力的訓練

這項訓練的方法基本上就是投擲藥球。採用輕量級道具訓練（通常是5公斤以下）是要以多種動作模式培養出爆發力。重點在於：要依據運動員或學員的肌力或需求，選擇施加的負重。

培養輕量級爆發力的訓練一般區分成：過頂擲球、胸前傳球、砸球與旋轉的動作模式。針對過頂擲球訓練的負重，我們很少會超過3公斤（6磅）。但在做胸前傳球訓練時，我們會使用4公斤～5公斤（8磅～10磅）的無彈力藥球。至於旋轉爆發力，通常也一樣會用到4公斤～5公斤（8磅～10磅）的藥球。無彈力藥球是很理想的器材，因為它們會強迫擲球者將焦點擺在投擲的向心部分。

做這項訓練時,是以高速去丟擲輕量的運動器材。重物會從兩手投擲而出。利用藥球,可以更容易達到力量速度曲線(force velocity curve)的最高速度,因為負重很輕,容易加速。在麥克波羅伊肌力體能訓練中心裡,雖然很少使用藥球之類輕量的運動器材做下半身訓練,但藥球還是可以運用在這部分的訓練上。

【圖9.1】*Total Gym Jump Trainer下肢緩衝擊訓練器* ▶

2. 徒手培養爆發力的訓練

本章其餘內容介紹的主題就是徒手培養爆發力的訓練,基本上它也就是下半身的增強式訓

練。徒手的爆發力訓練適用的範圍很廣,從成熟、彈性高的專業選手,到剛開始學跳躍的年輕運動員都可以做。比起藥球訓練,教練與訓練師對增強式訓練應該加倍地謹慎小心。做藥球訓練時,負重是可以選擇與控制的。但做增強式訓練時,身體的重量是一定要考量與納入的定數,這很困難卻也未必不可能達成。

可惜的是,體重這種不變力或恆力(constant force)會因為地心引力而大幅放大。徒手的爆發力訓練可以培養髖部與腿部輸出爆發力,但這時適當的進階與倒階訓練就至關重要。值得注意的是,在給運動員的訓練計畫中的熱身動作,或許對一般成年學員來說會是徒手爆發力訓練。在規畫指定的徒手爆發力增強式訓練的內容時務必要格外謹慎小心。

針對一般成年的學員,或者像足球的線衛、籃球的中鋒與前鋒等體型較壯碩的運動員,shuttle與Total Gym Jump Trainer下肢緩衝擊訓練器(參照【圖9.1】)等運動器械就相當適合他們用來培養爆發力。這兩種運動器械能夠讓運動員以漸進的方式給予負荷,讓身體適應自體重量所給予下肢的衝擊力。也可以使用皮拉提斯核心床(pilates reformer)或全能健身房訓練機(total gym)達到這些目標。再三要強調的重點是速度,以及順應地心引力的離心訓練。

3. 以重量級道具培養爆發力的訓練

做這項訓練時,運動員或學員要使用壺鈴或奧林匹克舉重槓鈴之類重量更重的外加負重。在我們訓練中心裡的絕大多數學員都是採取這種訓練。但也有例外,比如一些較年長或有慢性背痛的運動員。通常,較年長、非參加競賽型的學員就不必做奧林匹克舉重的訓練。我認為,從風險報酬或風險效益的評估來看,奧林匹克舉重對成年人不是好選擇。在我們的訓練中心裡,健康的成年學員會以「壺鈴擺盪」做為外加負重的爆發力培養訓練。利用壺鈴,學習曲線會大幅縮短,也能降低負擔。

重要的是,培養爆發力對選手與非選手都一樣重要。運動選手顯然需要爆發力訓練才能提升運動表現,但成年人也需要爆發力訓練,才能彌補因老化而流失的快縮肌能力。成年人更需要爆發力訓練也是有原因的,有科學研究顯示,成年人流失爆發力的速度比流失肌力還快。

然而，我也要提醒各位，訓練的過程必須按照合理邏輯進行。關鍵在於我們經常提到的：「工欲善其事，必先利其器」。身為教練，我們經常會按照自己的期待採取「圓鑿方枘」的方式，強迫運動員提舉、使用一項工具或一項鍛鍊。但你必須知道，適合一個20歲運動員的方法，可能對一個年幼或過重的運動員有潛在的危害。

增強式訓練的關鍵要素

教練的個人好惡與專業領域或多或少都會影響其訓練方式，例如對奧林匹克舉重教學不熟悉的教練，就應該避免使用這項技術。然而，跳躍與投擲藥球的訓練是每個運動員都必須做的。而且這兩種簡單的鍛鍊，任何教練與運動員都有能力駕馭。

在我們的訓練中心，健康的運動員每天都要接受這三種訓練方法，結合奧林匹克舉重、投擲藥球與增強式訓練，是培養爆發力最棒的方式，只要遵照特定的指導原則，就能安全地完成訓練。本章要探討的是增強式訓練的關鍵，也就是如何使用徒手訓練的方式培養爆發力。

首先要說明的重點，是我們將「增強式訓練」這個詞彙用來稱呼一套學習跳躍與落地的方法上。雖然就嚴格的定義來說，增強式訓練應該是一套反應鍛鍊的方法，不會只有跳躍系列的訓練。而本章的訓練計畫其實是跳躍訓練的進階方法，但為了簡化並讓更多人理解，我們使用目前的一般用語「增強式訓練」來統稱跳躍進階訓練的所有階段。

真正合乎標準的增強式訓練會要求運動員減少接觸地板的時間。運動員要學習將緩衝（amortization）的階段縮到最短，接著快速地回應地面反作用力後跳起。儘管增強式訓練背後的理論很完美，但面對人體的實際狀態與差異，我們下的工夫實在付之闕如。我的忠告是：要先會爬行，才能走路；要跑步之前，也必須先會走路。

同樣的道理也適用在增強式訓練上。在我們試圖將接觸地板的時間縮到最短之前，必須先學會起跳，並以正確的方式落地。對體型壯碩、年幼與沒力氣的運動員來說，地心引力是

大敵；指導運動員跳躍或試圖要培養爆發力時，都必須重視地心引力。

增強式訓練也有爭議之處。有些專家警告腿部肌力不足的運動員最好不要採用增強式訓練。其實，有些增強式訓練的相關報導還提出，運動員在開始做增強式訓練之前，背蹲舉必須有辦法舉起相當於自己體重兩倍的重物。但實際上，這是很荒謬的一項建議，依照這個標準，將近90%的運動員都沒資格做增強式訓練。「負重等於體重兩倍」的指導原則是幾十年前提出來的，用來當成可以開始做高階增強式訓練的先決條件，但到了今日，把這項概念套用到所有增強式訓練上已經不正確了。

還有其他書籍的作者建議在開始做增強式計畫的訓練之前，要有8週的肌力訓練階段。雖然這項建議稍微比較合理了，但仍然不切實際，因為大多數的運動員在非賽季的訓練只有10週～12週。安排8週的肌力訓練期，最多也只留了4週的時間給增強式訓練，如此一來，要實行週期化訓練計畫的時段就太短了。

一份有效的增強式訓練計畫，關鍵要素是所有鍛鍊都要以循序漸進的方式指導，這種漸進方式是依據能力，而不是按照預定的時間進度表。如果運動員無法突破階段1的跳躍動作，就應該額外增加2週或3週的時間停留在階段1的訓練。千萬不要試圖強迫進階。

與運動員進階式訓練相關的書面資料相當多。然而，說到能夠適用各式各樣運動員的一套訓練方法，卻是少有文章或書籍可以考量到這方面的需求而詳細介紹這類的進階訓練計畫。雖然唐納‧楚（Donald Chu或簡稱Don Chu）、吉姆‧雷德克里夫（Jim Radcliffe）與維恩‧甘貝塔等人先前探討增強式訓練的著作相當出色，但內容仍然不足，無法將當前的功能性訓練與機能解剖學的知識，銜接到設計與實行一套增強式鍛鍊法的過程上。想開始了解增強式訓練，你必須先了解基本的專用術語、鍛鍊類型與鍛鍊的變數。

專用術語

增強式訓練的用語必須通用，如此一來，任何教練或運動員都可以解讀其他教練或運動員的訓練計畫，即便在缺少照片或影片輔佐說明之，也能明白不同名詞是指什麼運動。最先提醒我現行的訓練術語不一致的人，是美國國家運動醫學會（National Academy of

Sports Medicine）的麥克・克拉克。克拉克在2000年的一場演講中指出，現今很多教練解說增強式訓練所使用的名稱，其實並未正確、貼切地敘述出一項動作。克拉克接著詳述了運動的類型與特定的動作：

● 跳躍（jump）：雙腳起跳離地，接著雙腳落地。

● 單腳跳（hop）：單腳起跳離地，接著同一腳落地。

● 換腳跳（bound）：單腳起跳離地，接著另一腳落地。

● 蹦跳（skip）：雙腳與地面同時接觸，接著單腳起跳離地。

雖然這些敘述可能看起來很簡單，也是常識，但我直到當時才意識到自己在漫不經心下做出了錯誤的鍛鍊分類。一直以來，我們都將雙腳跨欄跳口頭稱為「hurdle hops」（在英文中為單腳跨欄跳）。我相信專用術語的混淆依然普遍存在於許多肌力體能教練與徑賽教練之間。

克拉克提到：「兔子不是單腳跳（hop），牠們是雙腳跳（jump）」。各位覺得這是語義的問題，或者只是用詞的「些微出入」呢？我以前也認為這只是「些微出入」，直到接到一位在加州的教練打來的電話，我才意識到這種「些微出入」可能要付出的巨大代價。這位教練帶著疑惑問我：「天啊，你教的運動員都這麼優秀啊？我都沒辦法讓小組裡的學員做到76公分高的跨欄跳（hurdle hop），你的運動員竟然辦得到！」我立刻明白我的「些微出入」已經讓這位教練試圖想採用「單腳」的方式執行我們向來都用「雙腳」做的鍛鍊。這位教練依照訓練計畫所述，讓運動員做「單腳跨欄跳」，但其實我的訓練計畫是「雙腳跨欄跳」。這個例子足以說明，漫不經心的專用術語敘述或錯誤解讀敘述的內容，有可能讓運動員暴露在嚴重傷害的風險中。

鍛鍊分類

確定專用術語無誤後，接下來要仔細檢視跳躍、單腳跳與換腳跳的類型。坊間最普遍的預防前十字韌帶（anterior cruciate ligament, ACL）受傷的訓練計畫中，我認為主要的缺陷就是沒有兼顧到這三種類型的跳躍。聖塔莫尼卡運動醫學基金會（Santa Monica

Sports Medicine Foundation）開發的預防傷害與強化表現（Prevent Injury and Enhance Performance, PEP）訓練計畫，以及 Sportsmetrics 公司開發的運動標準（Sportsmetrics）訓練計畫，是最受歡迎的兩套方法，但它們幾乎都只將焦點擺在跳躍，並未著重在換腳跳或單腳跳。實際上，運動員發生前十字韌帶斷裂通常都是因為做「單腳跳躍」（single-leg hop，但我認為用「single-leg hop」的說法很多餘，因為「hop」這個用詞就能代表「單腳跳」了）或是「換腳跳」的動作，雙腳跳躍並不會造成前十字韌帶斷裂。當執行雙腳跳躍的訓練目的只是為了預防發生在單腳跳或換腳跳時可能會出現的受傷，這種做法簡直是浪費時間。

一份完善的增強式訓練計畫必須從每一個類型的專用術語出發，兼顧到各項鍛鍊的平衡。這一點非常類似我們在肌力訓練中講究推與拉的動作平衡，運動員也必須執行兼顧到跳躍、單腳跳與換腳跳三者平衡的訓練。此外，單腳跳還必須做向前跳的訓練，以及側對側的訓練。必須留意的是：向內側的單腳跳與向外側的單腳跳，兩者施加壓力的肌肉與預防傷害的潛在效用是截然不同的。向身體中線跳的內側腳單腳跳（medial hops）比較困難，而且必須對髖部穩定肌群施加更多壓力。

跳躍的數量

要衡量每堂課的跳躍次數或跳躍數量，最常見的就是計算雙腳的著地次數。但許多增強式訓練計畫主要的缺點就是：要求多次的單腳著地次數。我們採取的方法是刻意減少腳著地的次數，然後遞增跳躍或單腳跳的強度，而不是增加跳躍數量。

我們會嘗試讓腳著地的次數每天維持在 25 次左右，每週的次數大概在 100 次。如果運動員不控制每天與每週的腳著地次數，一定會步上膝蓋勞損而受傷的命運。

強度

增強式訓練的強度很難估算，而且確實也要了解受控制的跳躍訓練計畫與真正合乎標準的增強式訓練計畫之間的不同。就像前文曾提到，我們認定為增強式訓練的許多鍛鍊，在本

質卜其實只是跳躍鍛鍊。

控制增強式鍛鍊的強度依據的是：該讓地心引力如何對人體發生作用。想增加強度的方法，要麼就是增加地心引力給予身體的作用力，要麼就是試圖改變緩衝階段所吸收的衝擊壓力。要達到目標，可以透過跳躍過一個物體，而不是跳上一個物體；或者是透過彈跳與反覆換腳跳帶入彈性元素。

雙腳或單腳跳上一個跳箱的強度最低，因為兩個動作中包含了一次用力的向心收縮，但因為沒讓身體「實際」下降落地，讓離心壓力降到最低了：運動員使身體加速上到一個高處，但從高處卻是走下來的，這有效排除了地心引力的加速與潛在施壓的作用。

唐納‧楚早期的著作對於跳躍強度的分類，是根據跳躍是在原地執行或是包含水平距離（horizontal distance）來評斷。雖然這種以原地、短距與長距來量化的系統在1980年代是最先進的，但隨著大家日益察覺到人體運動時的物理作用，我們進入了另一套系統中，我也認為這個系統更貼切闡明了跳躍、單腳跳與換腳跳的效果與壓力。我比較喜歡將跳躍的分類劃分成減少地心引力（雙腳跳上一個跳箱）或增加地心引力（雙腳跨欄跳），接下來是半彈跳（semi-elastic jumps），最後才是全彈跳增強式訓練。

早期的增強式訓練說明並未告知特定的跳躍其實在本質上並不是增強式訓練。真正合乎標準的增強式訓練包括盡力將著地的時間縮到最短，以及試圖增加對地面的反應。在我們的訓練系統裡，會將這些真正合乎標準的增強式訓練安排在第4階段執行。一般來說，即使到了訓練的後期階段，運動員每週跳躍的腳著地次數也不能超過100次。鍛鍊內容的變化在於跳躍的強度，而不是跳躍的數量。

頻率

探討增強式訓練的頻率時，首先要提出的問題之一會牽涉到美國肌力與體能訓練協會（National Strength and Conditioning Association, NSCA）一開始對這個主題的立場。美國肌力與體能訓練協會認為，增強式訓練每週應該只能執行2次。後來這項立場說明已修正為不該連續幾天在相同關節上做訓練。（請注意：美國肌力與體能訓練協會除了指出深

蹲跳躍〔depth jumps〕對體型較壯碩的運動員來說強度太高之外，並未對於強度或數量的問題表示意見。）

我的看法是，增強式訓練每週可以達 4 次，但必須分成直線日與多方向日。直線日的增強式訓練包括矢狀面的跳躍與單腳跳；至於多方向日的增強式訓練則涵蓋額狀面與橫狀面的動作。

年齡與水準

美國肌力與體能訓練協會的聲明中，還有一個有趣的重點，也就是提到應該針對增強式訓練培養適當的肌力基礎。可惜的是，對於何謂「適當的肌力基礎」，並沒有提出相關的定義。

依我的看法，如果採取符合常理的方式，肌力訓練與增強式訓練其實是可以同時執行的。實際上，年輕的運動員在沒有肌力訓練的基礎或是尚未達到足夠的肌力訓練比例時，就開始做劇烈的增強式訓練計畫了。像體操與花式溜冰的選手也是從年紀非常小的時候開始做劇烈的增強式訓練活動。而增強式訓練的關鍵在於：設法控制地心引力對人體產生的作用。

落地時請安靜！

動作合乎標準的增強式訓練是不會發出聲音的。無法安靜落下代表運動員離心肌力不足，以及鍛鍊不當。這時必須做的事可能就是降低障礙物的高度。唯有跳上去後腳掌可以安靜落下的跳箱，運動員才能夠拿來訓練，而且落下的姿勢或蹲的高度，應該也要與原先起跳離地時一樣。同樣的，運動員用來跨越跳的障礙物，一定必須是可以讓自己正確落地的障礙物。

增強式的進階訓練

讓運動員的身體準備好做增強式訓練的有效程序，是先教跳躍與落地的技巧，之後再導入許多教練與運動員列為增強式鍛鍊的項目。這類型訓練計畫所擬定的肌力動作，要優先考量到預防受傷，其次才是培養爆發力。

在這份增強式進階訓練計畫中，從階段1至階段3的鍛鍊都還不算是很多教練認知上真正合乎標準的增強式訓練。我想說明的是，這一系列的訓練規畫，目的是為了讓運動員知道跳躍的技巧、培養以絕佳的穩定性落地的能力，以及帶入跳躍的彈性元素。整套進階訓練一直要到階段4才會進入真正合乎標準的增強式訓練。

每一個階段的增強式訓練都要有直線日或多方向日。很多增強式訓練計畫都犯了一個無心的錯誤，那就是深受田徑運動的影響。因為田徑項目純粹都是矢狀面的運動，所以很多訓練計畫傾向只做向上或向前的雙腳或單腳跳躍，忽略了對大多數團隊運動相當重要的額狀面運動。

要達到真正的功能性訓練，運動員能夠跳躍、單腳跳或換腳跳的方向不僅是前方，還要包括左側與右側。田徑運動與其本身的矢狀面本質，反而嚴重影響了速度與增強式訓練的領域。

針對增強式訓練的裝備有一個重要的建議：如果你打算針對階段1的增強式訓練購買跳箱，那就提高預算買泡棉跳箱。新型的泡棉跳箱不僅能緩和落下的動作，也能預防跳箱失敗時所導致的受傷。

階段1：穩定落地的跳躍、單腳跳與換腳跳

在逐步進階的增強式訓練計畫中，第一階段要加強的重點是學習跳躍，更重要的是學會落地。教練應該要指導運動員利用雙臂與髖部聚集一鼓作氣的力量，以及緩和的落下。運動

員落下的動作愈緩和愈好。運動員必須學習用肌肉吸收力量，而不是用關節。

階段1的目標是培養離心肌力。要將離心肌力想成是移動車輛中的剎車。階段1的鍛鍊是最重要的，可惜的是，它在增強式訓練中是最受眾人忽略與低估的階段。跳過或企圖縮短階段1的鍛鍊，是引發受傷的主要罪魁禍首。各位要是知道有些精英選手的落地動作其實有多糟，一定會很訝異。

無論選手的運動表現達到何種水準，都應該從階段1起步。運動員不管是職業級選手或是中學生，階段1的鍛鍊最少都要維持3週，教練與運動員應該依照個人程度，在這個階段需要花多久時間，就訓練多久。階段1的目標是培養落地所需要的穩定性與離心肌力。另外，也可以把階段1視為肌腱的訓練。以下的鍛鍊建議每週要做1次或2次。

雙腳跳箱

雙腳跳箱（box jump）這項線性鍛鍊是所有跳躍訓練中最基礎的動作。選擇的跳箱高度要與運動員的能力相符。很多運動員想要自我吹捧，就會使用過高的跳箱。如果運動員本身跳躍能力就不佳，那麼為他們選擇跳箱時，教練就儘管放心選擇低一點的跳箱吧。針對入門初學者，要根據他們的技術水準，跳箱的高度範圍從10公分到60公分。雙腳跳躍的動作執行5次，組數為3組～5組，總數最多到25次跳躍；或者按照增強式訓練的術語來說，就是25次的著地。

要判斷跳箱的高度是否恰當的標準很簡單。

1. 運動員落下的聲音是安靜的嗎？如果不是，代表跳箱的高度太高了。

2. 運動員落下的姿勢與原先起跳離地姿勢相同嗎？如果膝蓋的彎曲在落下時比起跳時彎曲得更深，代表跳箱的高度太高了。

落地與起跳離地的比對法，是美國奧勒岡州的肌力教練、增強式訓練專家吉姆・雷德克里夫於他的演講和著作中提出的好建議。這個簡單、務實嚴謹的概念能幫助教練判定運動員

執行的雙腳跳箱鍛鍊是否正確。切記：落下時的蹲姿絕對不要深於半蹲的姿勢（參照【圖9.2】）。

【圖9.2】雙腳跳箱

愚蠢跳箱

如果你有90公分或105公分高的跳箱，麻煩把它們收到一旁。事實上，除非你正在訓練的一些運動員相當頂尖，否則也請把75公分高的跳箱收起來吧。

我把這種大跳箱封為「愚蠢跳箱」，因為它們是年輕人拿來炫耀的東西。我也開始把這樣的年輕人稱為「賣皮相的人」。老實告訴各位，我和我訓練的運動員與其他人一樣也曾經有犯蠢的時候，我們都做過這種愚蠢的鍛鍊。在指導過幾個「賣皮相的人」之後，我體認到重要的是身體的動作品質，而不是跳箱的高度。於是，我的訓練中心再也不放90公分高的跳箱，但有很多45公分與60公分高的跳箱，以及少數幾個75公分高的跳箱。

單腳跳箱

即使有理論提到：單腳跳箱（single-leg box hops）的壓力比單腳跳過障礙物還小，但針對一些運動員，我們還是會使用單腳跳過障礙物（階段2鍛鍊的理論）取代單腳跳箱或單腳橫向跳箱。很多時候，較年幼或沒力氣的運動員看到要單腳跳上一個矮跳箱就會望而生畏，換成是單腳跳過15公分高的迷你欄架，甚至是地上的一條線，他們反而沒那麼害怕。針對前十字韌帶重建過的運動員，我們只採用場地線做單腳跳的進階訓練。通常，單腳要跳上一個即使已經是高度最低的跳箱時，心情還是會有點緊張焦慮，就會導致落下失誤與受傷。這時候，要擔心的大概就只是「有信心單腳跳」這件事，至於地心引力，反而不是我們太掛慮的問題。

這項鍛鍊使用的技巧與前述的雙腳跳箱一樣，但剛開始使用的障礙物高度要相當於10公分高的跳箱。每一腳跳5次，做3組，也就是每一腳跳躍的總計次數為15次（參照【圖9.3】）。

【圖9.3】單腳跳箱

內側腳橫向跳躍跳箱

內側腳橫向跳躍跳箱（single-leg lateral box hop）這項橫向鍛鍊也是每週做一天。執行這項鍛鍊時，要從10公分高的跳箱邊側單腳跳到跳箱上（參照【圖9.4】）。重點在於以一腳穩定、安靜地落下。每一腳做3次的內側腳跳躍（朝身體的中心線）與3次的外側腳跳躍（遠離身體的中心線）。在每一種跳躍方式中，穩定的力量是截然不同的。每一腳的跳躍做6次（3次內側腳跳躍與3次外側腳跳躍），組數為3組。為了讓較年幼或體型較壯碩的運動員建立更多信心，這些動作也可以使用低障礙物做跨跳，例如：15公分高的迷你欄架或甚至是一條線。

【圖9.4】內側腳橫向跳躍跳箱

來回側向跳與定住

在本書英文版的第一版中，我們把這項鍛鍊稱為「海登式」（Heiden），它是以速度滑冰的傳奇人物埃里克・海登（Eric Heiden）來命名，用來代表「來回側向跳」。來回側向跳與定住（lateral bound and stick）是基礎的橫向鍛鍊，有很多其他的稱法，比如：滑

【圖9.5】來回側向跳與定住

冰跳躍。運動員的移動從右至左或從左至右,在往另一側跳之前要先著地定住撐1秒。使用「定住」(stick)這個用詞強調的是,我們要求運動員必須定在著地處並撐住。有能力穩定著地並定住,是階段1所有鍛鍊要求的標準。運動員經常會問:「我要試著跳高,還是跳遠呢?」我的回答是:「兩者皆要。」執行合乎標準的來回側向跳,要兼顧高度與距離(參照【圖9.5】)。

每一腳的來回跳要做5次,組數為3組,腳的著地次數共30次。

階段2:跨越障礙物的跳躍、單腳跳與換腳跳

在我們的增強式訓練計畫中的階段2,地心引力扮演鍛鍊中更重要的角色。雙腳或單腳跳躍不再使用階段1的跳箱,或者跳過較低的障礙物了,這時通常會採用特製的迷你欄架。此階段的跳躍、單腳跳與換腳跳涵蓋了垂直與水平的元素。跨跳過一個障礙物的動作會大幅增加肌肉與肌腱的離心負荷(eccentric load)。

溫和落下的目標依然不變,但外加的地心引力的力量,大幅增加了對離心肌力的需求。訓練要進階的方式不是帶入更多跳躍的形式,而是必須透過增加著地的離心負荷來達成進階。

所使用的障礙物一般來說就是高度約15公分至75公分的欄架,這取決於跳躍的形式與運動員的技巧水準。芝加哥公牛隊的傳奇肌力體能教練艾爾·弗梅爾(Al Vermeil)總是喜歡這樣說:「運動員體型愈大,障礙要愈小。」這似乎有違常理,但弗梅爾的說法是明智

的。身高198公分的籃球員與足球員要用單腳跳過幾個15公分高的迷你欄架是超級吃力的。

雙腳跨欄跳躍與定住

雙腳跨欄跳躍與定住（hurdle jump and stick）是跳過連續幾個欄架的鍛鍊。依照運動員的技術水準，欄架的高度範圍可以從30公分到75公分。像Perform Better公司出品的塑膠一體塑形而成的欄架高度有30公分、45公分與60公分。一般來說，欄架高度相當於用來適當執行雙腳跳箱鍛鍊的跳箱高度。跨欄跳躍的重點同樣也是：要以安靜、穩定的著地結束動作（參照【圖9.6】）。

從雙腳跳箱進階到雙腳跨欄跳躍的程序是自然、合邏輯的。最大的差異在於，雙腳跨欄跳躍時，由於往下過程中的地心引力作用，所以身體會體驗到加速度。這時向心的動作幾乎完全和雙腳跳箱一樣，可是基於障礙物的高度、身體質心的相對應動作，離心負荷會急劇增加。

執行這項鍛鍊時，雙腳要跳躍過5個欄架，組數為3組，跳躍次數總計為15次。

【圖9.6】雙腳跨欄跳躍與定住

單腳跨欄跳躍與定住

做單腳跨欄跳躍與定住（single-leg hurdle hop and stick）時，運動員起跳與落地都用同一腳（參照【圖9.7】）。萬一運動員落地的穩定度有問題，或者對跳躍落地動作信心不足，這項訓練可以採取跨越幾條場地線的方式執行；然而，從階段1晉級到階段2的鍛鍊，目標就是要增添欄架，或是增加欄架的高度。

執行這項鍛鍊時，每一腳要跳躍5次，組數為3組，腳的著地次數總計為30次。

【圖9.7】單腳跨欄跳躍與定住

單腳外側腳跳躍與定住

做單腳外側腳跳躍與定住（single-leg lateral hurdle hop and stick）時，運用的技巧與單腳橫向跳箱的鍛鍊一樣，只是要跨越3個15公分高的迷你欄架跳躍，欄架的間距為45公分至60公分。這項訓練中，外側腳橫向跳躍到底後，再使用同隻腳，變成內側腳橫向跳回。運動員用外側腳跳過3個間距約45公分寬的欄架，每次落地時都要定住，接著返回時，身體面向同方向，改以內側腳跳過同樣3個欄架，每次落地的時間為1拍（參照【圖

9.8】）。如果運動員落地的穩定度有問題，或者對跳躍落地動作信心不足，這項訓練可以改成跨越幾條場地線的方式執行。每一腳的跳躍做6次（3次內側腳跳躍與3次外側腳跳躍），組數為3組，跳躍次數總計為36次。

【圖9.8】單腳外側腳跳躍與定住

45度向前側向跳躍與定住

45度向前側向跳躍與定住（45-degree bound and stick）將橫向換腳跳的動作添加了直線方向的元素，做為進階的訓練；它並不是增加障礙物來達到訓練的進階。做這項訓練時，跳躍不是直接往側邊，而是呈45度角往前推離（參照【圖9.9】）。每一腳的跳躍為5次，組數為3組，跳躍次數總計為30次。

【圖9.9】45度向前側向跳躍與定住

小心為上的橫狀面跳躍訓練

另一種形式的增強式訓練，是在橫狀面上做減速的跳躍。這種跳躍動作的畫面，各位可以想成：起跳時是在一個方向，然後在落地之前要做90度角或180度角的轉身。運動員在執行這種橫狀面的雙腳跳與單腳跳時，應該要格外小心。遺憾的是，有些作者建議的橫狀面鍛鍊法，看起來很像是會造成受傷的方法，是我們極力要避開的。

階段3：添加彈跳動作的階段2鍛鍊

階段3執行的鍛鍊開始類似許多教練與運動員心目中真正的增強式訓練了。階段3強調的重點是從離心收縮切換至向心收縮，並非只是著重於透過落地定住的方式培養離心肌力。雖然「離心至向心」的轉換是增強式訓練的精髓，但大多數與增強式訓練相關的受傷，都源自於離心落地技巧的培養不力。

階段1與階段2的鍛鍊為預防受傷與接下來的伸展收縮循環（stretch-shortening-cycle）訓練，奠下必要的基礎。階段3將彈跳動作融進訓練中，帶入了伸展收縮循環。關鍵是：

在肌肉上、以及更重要的結締組織上,逐步遞增施加的壓力形式與壓力量。

階段3執行的鍛鍊完全與階段2相同,只是在下一個跳躍之前要先加一個小彈跳動作。訓練計畫不必大幅更動就能帶入伸展收縮的訓練。要增加的一樣是強度,而不是數量。

雙腳跨欄跳躍＋彈跳

使用的技巧與雙腳跨欄跳躍與定住相同,但在下一個起跳動作之前,要增加一個彈跳動作取代落地的定住動作。

單腳跨欄跳躍＋彈跳

使用的技巧與單腳跨欄跳躍與定住相同,但在下一個起跳動作之前,要以一個彈跳動作取代穩定的落地動作。如果運動員做這項訓練很吃力時,應該要重新回頭做階段2的訓練,以及落下定住的動作。

單腳外側腳跳躍＋彈跳

使用的技巧與單腳外側腳跳躍與定住相同,但在下一個起跳動作之前,要以一個彈跳動作取代穩定的落地動作。如果運動員做這項訓練有困難時,應該要重新回頭做階段2的訓練,以及落下定住的動作。

45度向前側向跳躍＋彈跳

使用的技巧與階段2做的45度向前側向跳躍相同,但在下一個起跳動作之前,要先做一個彈跳動作。

階段4：受控制的連續與爆發式動作

階段4的鍛鍊才是大多數教練與運動員心目中真正的增強式訓練。在這個階段中，強調的是對地面的反應，並將著地的時間縮到最短。對於進入真正的增強式訓練的整過過程，如果各位想知道「為何要這麼久的時間」，那麼答案就是：我們以安全與熟練為優先。一個保守與謹慎過頭的方法最大的錯誤，就是將先前階段的時間延長到超過本來必要的時間。

在階段4中，運動員要賣力地將著地的時間縮到最短，而且從離心收縮過渡到向心收縮的過程中要有彈性、爆發力，但又要安靜。厲害的運動員執行增強式訓練時，有一件事應該會立刻引起你的注意：你會「看到」相當多極有爆發力的動作，但「聽到」的聲音微乎其微。大多數的運作都是神經系統與肌肉系統執行，對關節的壓力少之又少。這才是增強式漸進訓練計畫的目標。

連續的雙腳跨欄跳躍

運動員執行連續的雙腳跨欄跳躍動作。

連續的單腳跨欄跳躍

做這項訓練時，搭配直線方向的跳躍，單腳的跳躍要連續，並著重在限制著地的時間。

連續的外側腳跳躍

遵照相同的理路，外側腳跳躍到底後，再使用同隻腳，變成內側腳橫向跳回的訓練，並以連續的方式執行。

45度向前側向連續跳躍

45度向前側向連續跳躍是相當用力的從右至左或從左至右的側向推離動作（參照【圖9.10】）。運動員要執行很用力的外展動作，才能產生側向的爆發力。

【圖9.10】45度向前側向連續跳躍

爆發性蹦跳

爆發性蹦跳（power skip）是直線方向的訓練，運動員要將用力的髖伸展動作加入熱身蹦跳動作中，才能增加蹦跳的高度與距離（參照【圖9.11】）。

【圖9.11】爆發性蹦跳

增強式訓練與預防前十字韌帶受傷

在運動界，前十字韌帶斷裂的普及率已經快接近「流行病」級別了。有調查估計，美國每年的前十字韌帶斷裂病例高達100,000例。物理治療師麥克・克拉克於2001年的演講中提到，這些前十字韌帶斷裂患者中，推測有30,000名以上患者是參加足球、籃球與曲棍球等運動的年輕女性選手。光是如此龐大驚人的數字就證明，在任何為女性運動員設計的訓練計畫中都必須謹慎防範前十字韌帶受傷。

許多物理治療師與體育訓練團體已經開始銷售或推廣專為預防前十字韌帶受傷而設計的訓練計畫。有些訓練計畫很棒，有些則太過簡化了。我認為一份預防前十字韌帶受傷的完善訓練計畫必須聚焦在兩件事上：

1. 單腳肌力。

2. 落地與減速技巧。

前十字韌帶會受傷，大部分是發生在運動員落地或轉換方向無力與不穩固的時候。很多研究指出，女性的髖關節結構、膝關節結構與生理期等生理特微，會讓她們的前十字韌帶較男性更容易受傷。但教練、運動員、治療師與訓練師無法改變運動員的骨頭結構，也不能在運動員生理期時試圖讓她們遠離關鍵時刻的競爭狀態。

我們大可糾結在女性運動員比男性運動員更常出現前十字韌帶受傷的原因上，但我認為時間和精力最好投入在可以改變的事情上。女童與年輕女性運動員的人數會持續增加，水準也會更高。我們可以掌握的，就是培養向心與離心的單腳肌力，以及提升落地技巧。結合肌力訓練，以及一份合理設計、按部就班進階的增強式訓練計畫，才是世界第一棒的預防前十字韌帶受傷的訓練計畫。

在麥克波羅伊肌力體能訓練中心，我們會告訴所有聽課的人：前十字韌帶受傷的預防實在是一門很好的訓練。我們將預防前十字韌帶受傷的訓練計畫概念包裝成好訓練的構想，再賣給女性運動員或她們的教練，這是一條確實可行的路線。但令人驚異的是，女性運動員

或教練對於預防前十字韌帶受傷訓練計畫的反應，相當不同於肌力與爆發力培養的訓練計畫。

不管是何種命名，增強式訓練計畫都必須妥善的將目標鎖定於單腳跳、雙腳跳與換腳跳全兼顧的鍛鍊，也要給予運動員妥善的指導。不良的指導或差勁的增強式進階鍛鍊都會引發髖骨股骨關節的問題，這也是年輕女運動員特別要注意的另一個部位。

一份增強式訓練計畫與相應的預防前十字韌帶受傷訓練計畫，應該始終以前文所述的階段1鍛鍊起步。本書從頭至尾提出的所有技巧，都是在為預防前十字韌帶受傷的訓練計畫打基礎。單腳肌力鍛鍊、一份妥善的增強式訓練計畫，以及一份著力於變換方向的體能訓練計畫，對於預防前十字韌帶受傷都大有助益。

針對年輕女性運動員，不可以過度著重在培養肌力。本書第六章裡的單腳肌力進階訓練，她們應該從頭到尾都要練過；訓練的過程從分腿蹲到單腳蹲，得等到熟練一項鍛鍊後才能進階到下一個等級的鍛鍊。大多數的年輕女性運動員都必須花費數週，甚至數月的時間才能進階到正式的單腳蹲鍛鍊，但有能力執行單腳蹲可能就是預防前十字韌帶受傷最棒的實用技巧。

年輕運動員一方面透過肌力訓練培養向心的單腳肌力，同時應該也要藉由妥善的增強式進階訓練培養離心肌力與落地技巧。妥善指導增強式訓練，而且依據能力決定所有的進階進度，這是無比重要的。本章提出的4階段增強式進階訓練計畫，是前十字韌帶防護或復健訓練計畫的基石。剛開始的9週要逐步帶入雙腳跳、單腳跳與換腳跳的技巧，更重要的還有落地的壓力。

前文曾提到，很多增強式訓練專家提出的警告表示，運動員除非已經培養出高水準的腿部肌力，否則千萬不要開始進行一項增強式訓練計畫；但若依照這些專家的準則，年輕的運動員就永遠沒辦法從一份受控制的跳躍訓練計畫中受益，也會錯失增強式訓練階段1提供的落地技巧訓練。增強式訓練不需要肌力底子，而且新手運動員在第一天就可以開始做入階的增強式訓練。若陷入「先求肌力底子」的牢籠，只會讓能夠預防前十字韌帶斷裂的措施延遲實行。

千萬要謹記在心的是，想預防前十字韌帶受傷，以下的事項很重要：平衡髖關節主導與膝關節主導的肌力訓練、兼顧所有直線與多方向的雙腳跳、單腳跳與換腳跳的訓練，以及遵循按部就班的進階訓練。優先著力於落地技巧至為重要。假設有空健身鍛鍊的時間只有兩天，那麼每一天應該都要做直線與多方向的增強式訓練。

一份增強式進階訓練計畫是提升爆發力輸出的方式。本章的進階順序可以讓你在降低傷害的同時，安全地提升速度、水平跳躍與垂直跳躍的能力。關鍵重點在於遵照進階的順序，不要跳過任何步驟。要進步，沒有捷徑；抄近路，只會換來受傷。

要提升爆發力，增強式訓練只是三種建議方法中的其中一項。成功結合增強式訓練、投擲藥球（第七章）與奧林匹克舉重（第十章），會對爆發力的產生製造莫大的效益。

【注意】多未必佳。腳的著地次數與每週的訓練天數，千萬不要超過建議量。如果遵循前述的訓練計畫，那麼增強式訓練單週執行的天數可以安全無虞地達到4天（包含2天的直線日鍛鍊與2天的多方向日鍛鍊）。而且每一天都要先做相應的熱身動作（第五章）。若是遵照這樣的訓練計畫，就不會引發勞損傷害。運動員想尋求安全的方式提升速度、垂直跳躍能力或整體爆發力，或者單純只想預防受傷，都可以從本章的增強式進階訓練計畫中得到幫助。

Olympic Lifting

—

奧林匹克舉重

運動員和教練總是在尋找最好與最安全的方式培養爆發力。爆發力增加會讓運動員的速度更快、更有爆發性。有愈來愈多的證據顯示，諸如奧林匹克舉重與它的變化式動作等有爆發性的舉重，可能是快速提升爆發力輸出的最佳方式。

奧林匹克舉重的不利之處在於必須花相當多的指導與持續的監督。很多教練已經將奧林匹克舉重列入訓練計畫中，因為有大量證據證明它的好處：遺憾的是，這群教練中有人沒有能力或意願指導自己的運動員正確的技巧。近來，有些教練已經開始把奧林匹克舉重當成比誰反覆次數多的競賽，而不是用來培養爆發力。奧林匹克舉重有一段時期爆紅，到處都可以見到，但我們也經常看到不專業的奧林匹克舉重，猶如看到有人試圖拿牛刀殺雞一樣。

奧林匹克舉重的鍛鍊，若是指導不周、實行不佳或未從旁督導，下場就是受傷。當受傷發生時，明明責任應該是教練或訓練師要承擔，但經常都被歸咎在動作的問題。基本上，奧林匹克舉重只是一種工具——既能助人又能傷人的強力工具。我很喜歡拿鏈鋸來當比喻。鏈鋸可以幫人砍倒一棵樹，但沒有經驗的人就不該使用它。

我們從一項基本前提開始吧！對於執行或指導奧林匹克舉重覺得難受、沒自信的任何人，都不該採用這項鍛鍊，而是改做藥球、壺鈴擺盪與增強式鍛鍊來培養高速爆發力。

想開發一份安全與有效的訓練計畫，關鍵就在於讓理論上的優質內容能夠與實務上已經很出色的事物取得平衡。在添加任何爆發力動作至一份訓練計畫之前，教練一定要知道如何指導動作，運動員也必須學習如何以絕佳的技巧執行動作。千萬不要關注重量，反而要在意技巧。別忘了，你的手上握住的可是強而有力的工具，但你必須知道如何正確使用它。

只要按照前述的說法，奧林匹克舉重可算是極佳的功能性訓練。因為執行這項鍛鍊是採取站姿，而且以具爆發性、協調的方式用到身體幾乎每一處的肌肉。技巧熟練之後，在短期內就可以執行大量的訓練。它的缺點是必須有人不斷從旁指導與訓練，而且一定要重視技巧勝於負荷的重量。

在我們的訓練中心，無論是哪一種運動項目的年輕運動員都會學奧林匹克舉重，除非他們有背部受傷的病史。而成年人在我們的體系裡，通常都不是奧林匹克舉重者。成年人的姿勢與限制往往不太容易做好奧林匹克舉重。棒球員、網球手與游泳運動員也要克制不做抓舉（snatch）之類有爆發性的過頭頂動作，這樣才能避免對肩部旋轉肌群造成過度壓力。我們會從槓鈴提至膝蓋以上的姿勢、適當的反覆次數等方面把關監督奧林匹克舉重的鍛鍊，所以運動員的受傷率幾乎為零。絕對不要把奧林匹克舉重拿來做為反覆次數多量的耐力訓練，但始終要將它當成反覆次數少量至中量的爆發力培養訓練。

為什麼要做奧林匹克舉重？

奧林匹克舉重能提升身體素質（athleticism）、培養離心肌力。最重要的是，它有樂趣！

身體素質

雖然奧林匹克舉重已經被證實對全身的爆發力有極佳的作用，但在我們練奧林匹克舉重最重要的理由排名中，增加爆發力的輸出可能只能名列第四。練奧林匹克舉重的頭號理由，是它對協調與身體素質發揮的效果。在重訓室裡，我不知道有什麼畫面可以媲美展現出完美的奧林匹克舉重動作的景象。

30年的教練經驗告訴我，一流的運動員也是一流的奧林匹克舉重者。有些人心裡或許會問：「這是否為雞生蛋、蛋生雞的狀態？是比較優秀的優動員，才會變成較優秀的奧林匹克舉重者？還是，奧林匹克舉重讓運動員變優秀了？」我沒有百分之百肯定的答案，但根據我的觀察、耳聞與閱讀，我相信奧林匹克舉重會提升身體素質。經過比較與研究奧林匹克舉重後，我對於利用舉重的能力來發展運動能力的概念已經有了很大的啟發。我很喜歡讓運動員執行一個雙腳跳躍動作（舉重的向心部分），接著引導一個移動的物體（槓鈴）讓身體進入承重的姿勢（離心的部分或架住槓鈴）。

離心肌力

練奧林匹克舉重的第二號理由，就是它能培養離心肌力。拉起一個重物是一回事，而對同樣的重物要做抓取與減速其實又是另一回事。要指導一個運動員製造一個強力的向心收縮，接著又要抓取一個移動的物體並降低它的速度，這**可能**是最難教卻也最有益的技巧，而且在重訓室裡就能夠執行。它可能也是你可以用來預防受傷的最佳鍛鍊。學會製造力量，又能夠吸收力量、降低負重的速度，這在有身體接觸的運動項目中是相當重要的技能。

我真心覺得，奧林匹克舉重「接槓」這個環節培養出的離心肌力，對於預防受傷具有無與倫比的價值。做運動時，受傷經常會在吸收衝擊時出現，反而不是在向心產生動作時發生。除了奧林匹克舉重之外，沒有任何鍛鍊會出現這麼瞬間急速的離心元素，而這部分對肩胛帶部位的肌肉又特別有幫助。我在曲棍球隊與足球隊訓練選手多年，很少見到肩關節脫臼與腦震盪。我想奧林匹克舉重訓練的功勞不小。

樂趣

樂趣？沒錯，奧林匹克舉重訓練是有樂趣的。有些運動員是要學習去享受竭力舉起重物的那種折磨。然而，我覺得不會有太多人會將吃重的深蹲或硬舉鍛鍊形容為「樂趣」。運動員似乎還比較能享受奧林匹克舉重的樂趣。事實上，我一直認為，奧林匹克舉重是重訓室裡最棒的均衡鍛鍊。在足球之類的運動中，體型較小、較有爆發力的運動員在臥推、深蹲動作上，很難比得過其他體型較壯碩的隊友；但若換成做奧林匹克舉重，這些有技巧的選手舉起的重量經常超過體型較壯碩的隊友。奧林匹克舉重是兼具價值與樂趣的鍛鍊。

學習奧林匹克舉重

學習奧林匹克舉重最容易的方法就是從手臂的懸垂姿勢（hang position）開始。在這個

姿勢下，槓鈴不是從地板舉起來的，其實槓鈴一直要維持在膝蓋以上的位置（參照【圖10.1】）。手臂懸垂姿勢會排除下背部大量的壓力，這些壓力通常是與奧林匹克舉重相關；它還能讓運動員無論體型差異、且對關節壓力最小的姿勢下開始學習。任何運動員從手臂的懸垂姿勢開始都可以變成技術精湛純熟的人。相對的，很多人要從地板舉起槓鈴開始學習奧林匹克舉重反而有困難。

不是所有運動員的生理特徵都可以讓他成為一個好的舉重選手（包括：生物力學的槓桿優勢、中胚型體質與髖部柔軟度）。事實上，恰巧是這些造就出一個好的籃球或划船運動員的身體素質，製造出一個極差的舉重運動員。

我向來就不是從地板舉起槓鈴的上膊愛好者。實際上，30年來我不覺得自己曾讓一個運動員做過這項鍛鍊。在我心目中，奧林匹克舉重是針對爆發力的訓練。如果你是為了提升動作開始的肌力，就以硬舉動作拉起槓鈴吧。但如果目標是提升爆發力，我的選擇就會是從膝蓋以上位置的手臂懸垂姿勢開始執行奧林匹克舉重。

任何訓練計畫的選擇關鍵就是：針對正確的訓練挑選正確的方法。剛開始從地板拉起的動作只是一個硬舉，它是要讓槓鈴到達執行懸垂式上膊的確切位置。運動員若一開始就從地板舉起槓鈴做奧林匹克舉重，實際上是選擇錯誤的方法做訓練。

任何訓練計畫的目標是在專項運動上成為更好的運動員，並不是要成為一名比賽型的奧林匹克舉重選手（除非這就是你的運動專項）。奧林匹克舉重應該是達到一項目標的手段，而不是一項目標。

【圖10.1】手臂懸垂姿勢

EXOS訓練中心的教練丹尼斯・羅根說的好：「我們想要打造『同時是優秀舉重者的傑出運動員』。」這是什麼意思？意思是：我們看待奧林匹克舉重是針對它的本質——它是造就傑出運動員的方法。

奧林匹克舉重與它的變化式動作主要是培養爆發力與身體素質。雖然奧林匹克舉重能練出令人羨慕的肌肉，但這不是主要目標。我們的目標不只是移動一個重物，而是要以迅速、有爆發力與健美的方式移動一個重物。奧林匹克舉重的首要目的是用來訓練神經系統，其次才是用來培養肌肉系統。

執行奧林匹克舉重指南

以下是學習奧林匹克舉重的幾項指南：

- 以安全考量為優先：要注意到周遭環境。舉重平台上一次只能有一人。其餘人請退出平台範圍內。保持與舉重者的安全距離。

- 練習正確技巧：原則很簡單。如果姿勢看起來不對，可能就是不對。奧林匹克舉重的目標不僅僅是將槓鈴從A點移到B點，還要以快速且技巧正確的方式將槓鈴從A點移到B點。一旦對這項重點妥協，你就無法成為奧林匹克的舉重者，或者擔任奧林匹克舉重的指導者。

- 強調動作的速度多於槓鈴的重量：學習奧林匹克舉重時，大部分會犯的技術錯誤都是因為一件事而起：負重過重。糾結在自尊與常理之間，你最好的修正方式經常就是這件最簡單、顯而易見的事：減輕負重。

有常識與能力的人會領悟到有些基礎姿勢可以同時學習上膊與抓舉。

或許沒有單一項正確的方式可以指導奧林匹克舉重。有很多方面，專家都沒有共識。然而，我們已經相當成功的採用一個簡單方法教導了足球、曲棍球等運動項目的選手。切記：目標不是要打造出奧林匹克舉重選手，而是將奧林匹克舉重用來做為打造更優質運動員的方法。

千萬別埋首在設計或複製一份打造奧林匹克舉重選手的訓練計畫；要為運動員設計出包含將奧林匹克舉重與它的變化式動作的訓練計畫，利用它們培養爆發力。

掌握關鍵的奧林匹克舉重姿勢

學習主要的奧林匹克舉重姿勢有4個步驟：

步驟1：直臂蹲舉

在學會上膊之前，前蹲舉的動作熟練相當重要。在麥克波羅伊肌力體能訓練中心，我們指導前蹲舉動作時唯一會搭配奧林匹克槓鈴的就是做直臂蹲舉（hands-free front squat）。前蹲舉的能力會讓運動員對懸垂式上膊裡的架槓鈴動作有感覺與領會，因為他們是在微蹲的姿勢下「架住」槓鈴。

【圖10.2】直臂蹲舉

鍛鍊開始時，槓鈴是放在三角肌（deltoids，肩膀上的肌群），手臂往前伸（參照【圖10.2】）。刻意不讓雙手的部分接觸槓鈴。這個步驟會開始讓運動員知道槓鈴正確置放的方式，而且槓鈴是頂在肩膀上，不是在手腕上或是用兩手握。與懸垂式上膊相關的大多數抱怨，都是因為沒有正確架住槓鈴。千萬不要跳過這個步驟，因為它很關鍵。

步驟2：上膊抓握的前蹲舉

做前蹲舉時，千萬不要採取交叉抓握的方式（參照【圖10.3】）。運動員必須有能力執行正確的前蹲舉，才能夠正確的體會一個上膊動作。對我們來說，上膊抓握的前蹲舉（clean-grip front squat）不是一個肌力訓練動作，而是一項教學方法，目的是要教運動員明白如何正確掌握住一個懸垂式上膊的動作。

做正確深蹲技巧覺得困難的運動員，可能是髖關節與踝關節的活動度不夠。深蹲姿勢的最佳方法就是以全蹲的姿勢蹲坐，兩手手肘在雙膝內側，在背部脊椎保持自然狀態的同時，雙膝往腳掌外緣推（參照【圖10.4】）。

【圖10.3】做前蹲舉時，千萬不要採取交叉抓握的方式

【圖10.4】上膊抓握的前蹲舉

步驟3：上膊與抓舉的預備姿勢

這是基礎的上拉姿勢。雙腳與肩同寬站立，膝蓋微屈，胸部位置略後於槓鈴，雙臂打直，手腕略微屈曲、肱骨內旋（手肘朝外）（參照【圖10.5】）。這個起始姿勢的方法與本書英文版第一版教學的內容有出入。這要歸功於美國著名的奧林匹克舉重教練葛倫‧潘德雷（Glenn Pendlay）。潘德雷教練並不教運動員讓槓鈴下滑到大腿，藉此讓胸部位置在槓鈴上方；他只是建議膝蓋微屈，胸部位置略後於槓鈴。這項變化更容易讓運動員執行簡單的

舉重的垂直發力跳躍，以及之後的抓舉動作。運動員不是採取上半身前傾並試圖讓胸部位置在槓鈴上面的方式，只是屈膝而已。在這個姿勢中，胸部的位置就會正好在槓鈴上方，或者稍後於槓鈴。屈膝也會造成些微的髖屈曲。從這個姿勢出發，運動員的動作比較有機會立刻到位。我們訓練中心20幾年的進階訓練教學中，這是頭一個做變化的技巧，我很喜歡稱它為「潘德雷技巧」。令我驕傲之處就是我們並沒有因為太執著自己的方法而失去進步的機會。

【圖10.5】上膊與抓舉的預備姿勢

步驟4：過頂支撐姿勢

過頂支撐姿勢（overhead support position）是用來做抓舉的結尾動作、瞬發推舉（push jerk）或借力推舉（push press）的結尾動作，以及過頂深蹲（overhead squat）。練習在雙臂打直之下過頂支撐住槓鈴。兩手應該鎖腕，頭部略為前傾，槓鈴位置超過後腦勺，雙腳微屈（參照【圖10.6】）。

別忘了，執行所有奧林匹克舉重鍛鍊時要從手臂懸垂姿勢（槓鈴位置在膝蓋上）開始。這個簡單又安全的姿

【圖10.6】過頂支撐姿勢

勢，所有體型的運動員都能輕鬆上手。身材較壯碩、高大或柔軟度欠佳（也就是大多數）的運動員要從地板舉起的動作開始學習上膊都會有困難。如果有號稱專家的人堅持你必須從地板舉起的動作開始上膊，千萬別聽從。切記：奧林匹克舉重是培養爆發力的方法，並不是一項運動。

懸垂式上膊與窄握的抓舉

步驟1：重新複習正確提起與放下槓鈴的方式。

每當提起或放下槓鈴時，應該都要讓背部脊柱保持在自然位置並收緊。這看起來可能很簡單，但很多受傷的肇因都來自未正確提起與放下槓鈴。

步驟2：重新複習直臂蹲舉。學習將槓鈴控制在三角肌上。

直臂蹲舉姿勢的學習「務必」要擺第一。進階到上膊抓握的前蹲舉時，才能奠定手腕、肩膀與手肘的柔軟度。

步驟3：重新複習預備姿勢。

- 手腕略為屈曲。
- 手臂打直。
- 脊椎保持自然位置。
- 肩膀位置略後於槓鈴。

步驟4：屈膝。

如前文所述，這是技巧上的一項重大改變。

步驟5a：執行懸垂式上膊。

兩手抓握的距離略寬於肩膀，然後在前蹲舉的姿勢下跳躍、聳肩與抓舉（參照【圖10.7】）。抓握是很放鬆的，兩手手肘往上，要麼筆直朝前，要麼就是朝側向45度角。

【圖10.7】懸垂式上膊

步驟5b：執行窄握的抓舉。

窄握的抓舉採用與上膊抓握完全一樣的握法。針對抓舉，運動員通常都會學到寬握，但我不太贊同這種握法，因為它實際的目標只是要讓運動員提舉的重量更重而已。重新複習採取與肩膀同寬的抓握方式執行過頂支撐姿勢。槓鈴要在超過頭後的位置，膝蓋彎曲，脊椎保持自然位置（參照【圖10.8】）。執行抓舉時，可以想像努力要拋起槓鈴去撞天花板的畫面。我通常都只是這樣告訴運動員。最好的教學提示就是：「嘗試拋起槓鈴去撞天花板，但不要鬆手。」你會很驚訝這一個指示竟然能這麼快讓運動員學會抓舉。

【注意】抓舉比上膊更容易指導與學習。教練與運動員或許剛開始會戰戰兢兢的，但很快就能夠駕馭提舉的動作。做懸垂式上膊的能力經常會因為上半身的柔軟度而受限，但採取手臂懸垂式抓舉的方式就沒有這樣的問題。

【圖10.8】窄握的抓舉

步驟6：讓槓鈴正確放回到舉重平台。

背部保持平直（也就是脊椎保持自然位置）與收緊。

複習教學提示

預備姿勢的提示

- 雙眼直視前方。

- 挺胸。

- 脊椎保持自然位置。

- 雙臂打直，手肘是鬆垂的。

- 手腕略為屈曲（這是讓槓鈴維持在靠近身體位置的關鍵）。

● 屈膝（切記：雙肩位置應該在槓鈴正上方，或者在預備姿勢時的略後於槓鈴）。

拉提的提示

● 跳躍與聳肩。

● 跳躍與後蹲。

● 跳躍，而且手肘抬高（為了拉的動作）。

架住槓鈴的提示

● 身體鑽進槓鈴下。

● 手肘朝上。注意：30名運動員當中會有1人確實可能因為柔軟度不夠，造成手肘無法朝上；而其餘29人如果做不到，都只是嘴巴說說而已。

● 保持髖部向後。

使用助握帶

當進階的舉重運動員開始覺得頂住槓鈴很吃力，而且提舉似乎要費盡全力抓握時，我們會採用助握帶（lifting traps）。重點在於：我們從未因為缺乏抓握的肌力而想要局限下半身的爆發力。這是不合理的。我們不會教勾握（hook grip），而且不會叮嚀運動員必須使盡全力，也不會告訴他們需要額外訓練農夫走路來提升握力。我們會教運動員使用助握帶。

我們主要的目標是培養爆發力。助握帶無疑可以助一臂之力。教練要學習正確使用助握帶的方式，以及指導運動員使用助握帶的教法。運動員或許剛開始會覺得自己在退步，但日後一定會感謝你。

奧林匹克舉重的替代鍛鍊法

萬一你不想或無法做奧林匹克舉重，但仍然希望在重訓室練出下半身的爆發力，該怎麼辦呢？深蹲跳（jump squats）、壺鈴擺盪，甚至是單腳或單手版本的懸垂式上膊與手臂懸垂式抓舉，可能都是解決之道。

【注意】我們訓練中心的成人學員幾乎不做奧林匹克舉重鍛鍊。時下很流行的全方位體適能訓練（CrossFit）讓很多成人運動員嘗試學習奧林匹克舉重，但我認為大多數的成人要忍受的姿勢變化實在太多了，因而無法成為奧林匹克舉重者。成人採取跳躍、擺盪與拋擲來訓練爆發力比較明智。站在預防受傷的觀點來看，試圖指導一般成人學習奧林匹克舉重就是錯誤的做法。

單手的啞鈴抓舉

運動員如果希望得到奧林匹克舉重的好處，卻想降低下背部的負擔，那麼單手的啞鈴抓舉（single-arm dumbbell snatch）是相當棒的替代方式。這項鍛鍊因為是一邊肩膀負重，所以運動員最能適應。大多數的運動員採取啞鈴抓舉時，能力可以超過他們抓舉實力的50%以上。髖部與腳仍然要出力，但要將這股力量經由一邊的手臂轉移至啞鈴上。

步驟1：學習啞鈴抓舉的預備姿勢。

這仍然是基礎的拉提姿勢。雙腳站立的距離略寬於肩膀寬度，膝蓋微屈，啞鈴

【圖10.9】單手的啞鈴抓舉

的位置在兩膝之間，胸部位置又在啞鈴上方，一邊的手腕彎舉啞鈴、手臂打直，而且手肘朝外。

步驟2：執行單手的啞鈴抓舉。

從啞鈴在雙膝之間的預備姿勢出發，跳躍、聳肩，以及在過頂的支撐姿勢下頂住啞鈴（參照【圖10.9】）。我發覺在旁邊對運動員提示兩件事很有幫助：「你應該想像以啞鈴去撞天花板」與「向上拉提啞鈴時要有好像快鬆手的感覺」。

單腳的上膊與抓舉

很多教練會認為單腳的上膊與抓舉（single-leg cleans and snatches）鍛鍊概念很瘋狂，有些人也會認為它簡直是過火的胡搞瞎搞。然而，對於有背部毛病或其他傷害問題的運動員來說，單腳版本的上膊與抓舉可能正是醫師給予的醫囑。

鍛鍊剛開始的負重是你平常採取懸垂式上膊或手臂懸垂式抓舉時的50%。當運動員在下肢受傷後重返運動場時，採取單腳的奧林匹克舉重是善用交叉轉移（cross transfer，也就是利用未受傷的下肢去產生受傷下肢的肌力效果）的絕佳方式，也最適合讓背部受傷後回歸的運動員能夠參與並融入到訓練計畫中。這聽起來雖然很瘋狂，但不妨一試。

步驟1：學習單腳上膊或單腳抓舉的預備姿勢。

與上半身相關的所有動作要求完全一模一樣。主要的變化在於：運動員此時是以單腳站立。

步驟2：執行單腳上膊或單腳抓舉。

做好預備姿勢之後，接下來的跳躍、聳肩與架住槓鈴的動作完全與雙腳站立版本的鍛鍊一樣（參照【圖10.10】）。這些動作對運動員來說十分有趣，而且真的能讓受傷後回歸的運動員重新融入訓練。

【圖10.10】單腳上膊或單腳抓舉

深蹲跳

深蹲跳在歐洲田徑運動員之間已經流行好幾年了，是相當適合拿來替代奧林匹克舉重的鍛鍊方式。深蹲跳會帶來許多運動員期待從奧林匹克舉重訓練得來的髖部爆發力；對技術存疑、或者肩膀或背部有問題的運動員，深蹲跳也是讓他們避免做奧林匹克舉重的理想方法。

執行深蹲跳時，只要從略高於全蹲的深度姿勢開始跳躍。入門初學者可以在兩次跳躍之間著地與穩定平衡。更高階的運動員到最後已經可以善用增強式訓練來應付離地的跳躍了。

深蹲跳重要的問題點在於負重的選擇。較早之前對於深蹲跳負重的參考原則會建議：以運動員背蹲舉鍛鍊1RM的百分比（大部分是25%）當成負重基準。這種負重的計算方式存在極大的缺陷，因為它並未將運動員自身的體重包含在內。以下的例子即說明這一點。

假如運動員甲做背蹲舉時的1RM為227公斤（500磅），運動員乙同樣也是1RM為227公斤，那麼按照參考原則所建議的深蹲跳負重要採取背蹲舉1RM負重的25%時，兩位運動員深蹲跳的負重應該就是57公斤（125磅）。現在假設運動員甲的體重為90公斤（200磅），運動員乙的體重為160公斤（350磅）。顯然，運動員甲的肌力與體重比值會遠遠優於運動員乙。運動員甲的深蹲跳負重為57公斤或許合理，但對於體重是160公斤的運動員乙來說，要在外加57公斤的負重之下執行技巧正確的深蹲跳，他可能就有困難。事實上，運動員乙光是執行徒手的深蹲跳可能都會很吃力，因為他的肌力與體重比值相對來說很差。所以，深蹲跳負重不要採取「1RM的百分比」，建議改成以下的公式：

〔（深蹲＋體重）×0.4〕－體重＝深蹲跳負重

運動員甲：〔（227公斤＋90公斤）×0.4〕－90公斤＝37公斤（80磅）

運動員乙：〔（227公斤＋160公斤）×0.4〕－160公斤＝-5公斤（-10磅）

此例中的運動員乙用這個公式計算得出的深蹲跳負重其實是負數。這就表示，體重160公斤的運動員執行深蹲跳時，徒手不負重已經足夠了，但如果要依照「1RM的百分比」這種過度簡化的參考原則時，最少再負重57公斤都會超過運動員的負荷。至於運動員甲，再負重37公斤（80磅）就足夠了。

運動員深蹲時可以負荷的總重量，要考慮結合體重與槓鈴上的重量，再用這個數字去計算深蹲跳的負重。比較沒力氣又希望培養爆發力的運動員，以及身材較壯碩的運動員，均適用這項參考原則。

壺鈴擺盪

過去10年來，壺鈴這項健身器材爆紅。本書英文版的第一版在2004年推出時，還尚未提到壺鈴。如今，壺鈴擺盪已經成為主流的鍛鍊項目，而且針對不想做或不該做奧林匹克舉重的人來說，它也是我們用來培養爆發力不可或缺的鍛鍊之一。有不少書籍已經介紹過如

何執行正確的壺鈴擺盪，它是相對容易指導與列入訓練計畫中的鍛鍊之一。

不過，這裡要提出兩項值得注意的重點。首先，所有運動員在做壺鈴硬舉或擺盪之前，必須先能夠碰觸到自己的腳趾。再者，運動員在開始執行壺鈴擺盪之前，應該要先熟練壺鈴硬舉。

壺鈴擺盪

步驟1：學習擺盪的預備姿勢。

這仍然是基礎的拉提姿勢。雙腳站立的距離略寬於肩膀寬度，髖部彎曲，脊椎保持自然位置，膝蓋略彎，壺鈴位置在雙腳之間但在腳的前方約30公分左右，胸部位置在壺鈴上方，手腕略為屈曲，手臂打直，手肘向外。

步驟2：執行壺鈴擺盪。

做好壺鈴在身體前方的預備姿勢後，接下來想像美式足球裡的胯下傳球的畫面。一個合乎標準的擺盪動作要從這種胯下傳球動作開始，而且壺鈴在向後擺盪時要保持夠高、夠深的幅度。針對壺鈴擺盪，丹・

【圖10.11】壺鈴擺盪

約翰教練很喜歡說：「向褲襠上的拉鍊進攻。」雙手前臂的外側應該碰觸到大腿內側，而且壺鈴必須快要砸到臀部。從這裡開始就要想到髖伸展。透過手臂伸長與下背收緊的做法，快速猛力驅動髖部向前。將雙臂想成只是連結壺鈴的角色。壺鈴提起時應該不能高於肩膀高度，而且必須由用力的髖部動作將壺鈴帶到這個高度，上半身不需要出半點力。

常見的錯誤

- 使用深蹲做擺盪動作：擺盪是帶入許多髖屈曲的髖關節主導動作，膝蓋會略為彎曲。擺盪壺鈴不合格的動作就是採取深蹲做擺盪。

- 動用手臂的力量：擺盪不是上半身的鍛鍊。移動壺鈴時要借助髖部快速猛力地動作。

- 圓背：這是天大的錯誤，也極具潛在的危害性。

具爆發力的舉重鍛鍊在正確執行與主動積極的督導時，可以是有趣、安全與有挑戰性的。鍛鍊要著重在培養最佳的技巧，少將焦點擺在舉重的重量數值。謹慎挑選適合做奧林匹克舉重的人，避免讓成年人採用這項鍛鍊。這項鍛鍊的過程會帶來爆發力與身體素質的提升，而且是你過去覺得不太可能達到的境界。

為了培養髖部與腳的爆發力，無論你選擇奧林匹克舉重、深蹲跳或壺鈴擺盪，使用外加的負重訓練腳與髖部的爆發力，是達到速度加快或跳躍能力進步的最快方式。奧林匹克舉重、深蹲跳與壺鈴擺盪的魅力在於，可以讓運動員不需要練出大塊肌就培養出爆發力。加強的重點擺在神經系統，而非肌肉系統，這對於花式滑冰、摔角與體操之類的選手就是相當好的訓練方法。很多運動員與教練認為具有爆發力的舉重只是專門針對美式足球選手的鍛鍊。這完全不正確。奧林匹克舉重與它的變化式動作對所有運動項目、任何體型的運動員均適合。此外，希望在身材不加大尺寸之下增進全身肌力的運動員應該對這項鍛鍊也會特別感興趣。

搖擺的作用

首先，容我說明一下搖擺（rock）或轉移（shift）或舀起（scoop，譯注：舉重的動作術語，這是指一拉與二拉槓鈴時臀部的動作軌跡會像舀起東西的動作）的演變過程，這三種名稱隨你怎麼稱呼。這是執行手臂懸垂式抓舉與懸垂式上膊很明顯都會看到的畫面，是優秀的運動員在發動提舉槓鈴的爆發力階段時的一些動作過程，而且它是自然而然出現的。

20多年來，我們訓練中心的運動員都會好好地利用旋轉髖部的動作。一開始我們並未指導這種重量轉移的方式。事實上，這種動作只會出現在負重更重的時候。更優秀的舉重者

很快就會意識到：要從完全停住不動的姿勢試圖用懸垂式上膊舉起一個沉重的重物，是困難的任務。於是他們自然而然會開始搖擺或重量轉移，也會開始用很重的重量做懸垂式上膊。有幾年，我只是任由這種舉重方式去演變，而且在1980年代與1990年代的幾個時間點，我們訓練中心有超過30位的美式足球選手可以負重136公斤（300磅）以上做懸垂式上膊。這對1-AA級別的足球隊來說也不壞。

後來有幾年的時間，我竟然去聽信那些批評我做法的人，犯了愚蠢的錯誤；這些人認為搖擺或體重轉移是不正確的，教練必須阻止這種動作。於是我開始拚命指導運動員在舉重的發動爆發力階段之前，要完全不能動。我基本上就是不准運動員做搖擺或重量轉移。這種做法得到的結果也直截了當：舉重的重量數字下降了，而且降很多。有位運動員竟然對我說：「幹得好！你已經成功讓大家變弱了。」他的懸垂式上膊最大負重量已經從168公斤掉到154公斤（請注意：這位運動員在4年內的垂直跳躍高度從50公分增加至80公分，提高了30公分）。我感到兩難。我只是想要做對我的運動員最理想的事。沒有人因為搖擺動作受傷，而且每個人都因此能提舉更重的負重。於是我開始做了一些狀況分析，得出的結論是：無論做競技舉重與奧林匹克舉重，搖擺動作都是正常的。

記得讀過專門研究奧林匹克舉重的教練卡爾・米勒（Carl Miller）在1970年末期的著作《奧林匹克舉重訓練手冊》（*Olympic Lifting: Training manual*），他在書中提到「二次屈膝」（double knee bend）。我起初的反應是覺得不可能。然而，在影片上觀看優秀奧林匹克舉重者的動作之後，更清楚明白「二次屈膝」動作不僅可能，而且所有傑出的舉重者都會做這個動作。慢動作觀看幾部影片，各位就會看到這個動作了。為了讓槓鈴無阻礙地過膝，髖部與膝蓋會伸展。等到槓鈴無阻礙地過膝之後，膝蓋會彎曲或再彎曲，才能讓髖部重新就定位。在舉重的跳躍階段，膝蓋又會再次伸展。這個循環是「伸展－彎曲－伸展」。這個動作被稱為搖擺、舀起或二次屈膝。無論如何，它是確實會出現的動作。

在奧林匹克舉重中看到的搖擺動作，也是一樣的動作。重量轉移回到腳後跟，膝蓋伸展。然後重量向前方轉移，膝蓋彎曲。髖部爆發出力量，髖部與膝蓋就伸展。這種做法，就是能夠讓每個運動員產生最大的爆發力。觀看一下在美國職業美式足球聯盟聯合測試營裡的垂直跳躍。你會看到什麼？搖擺或預先伸展（prestretch）或重量轉移，隨便你想怎麼稱呼它，但它是產生強力、最大力量的最佳方式。

我們訓練中心經常見到女性運動員可以負重61公斤（135磅）反覆上膊，而且絕大多數的曲棍球選手做懸垂式上膊可以負重113公斤（250磅）至145公斤（320磅）之間。健康的運動員，上膊次數很多，速度大大提升，垂直跳躍表現也傑出。所以，我錯了嗎？我可沒有這麼認為。因為就像李・科克雷爾在《創造魔法》一書中所說的：「萬一我們向來採取的方式是錯誤的呢？」

Performance Enhancement
Programs

—

提升運動表現的訓練計畫

針對專項運動量身打造訓練計畫，是今日體育運動界最大的錯誤之一。「每一項運動需要有專屬的訓練計畫」的觀念根本是錯誤的。絕大多數的團隊運動，甚至許多個人項目的運動都有類似的共通需求。所有運動都要靠速度與爆發力，也要有肌力當根基。速度、肌力與爆發力的培養，不需要也不應該在不同運動之間有很大的差異。

美國大多數優秀的肌力體能教練都會採用相當雷同的訓練計畫去訓練許多不同運動領域的運動員。在橫向移動上，教練幾乎很難碰到力氣超大、速度超快或是效率超高的運動員。請用以下的方式思考一下：一個速度快的棒球員會和一個速度快的足球手有任何差別嗎？身為教練，你針對棒球運動培養的速度會與足球運動培養的速度不同嗎？

或許有教練會爭辯說：「測驗不一樣啊！」，但這不是問題。因為「訓練」不會有區別。我們想要的是運動員有能力在10公尺範圍內加速，並立即減速；而不是他們有能力在特定運動項目上執行擅長的測驗。同樣的觀念也適用在肌力上。如果一個棒球員想要變得更強壯，過程會與一個足球手變強壯的程序有任何差別嗎？我不這麼認為。針對棒球、網球與游泳之類的運動，訓練計畫或許要考量到肩膀上的高壓力，所以會減少過頭肩推的訓練量，但其他大多數的訓練要素依然是相同的。肌力就是肌力。

沒有任何的肌力訓練只能讓單一專項的運動受益，也沒有任何一種特殊的速度訓練方式只能提升單一運動項目的。重點在於相似點，不在於差異點。這就是功能性訓練極具魅力之處。有用的肌力與有用的速度，是以合理的方法培養出來的。

也許更針對運動專項的計畫要專注在培養肌力的時長，而不是採用的方法。訓練計畫的範圍從2天的競賽期訓練計畫，到針對高中生運動員每個學年的3天訓練計畫，以及我們在夏季或配合職業選手非賽季時所遵循的4天訓練計畫。將你擁有的時間告訴我，我就會告訴你要採用哪一項訓練計畫。最理想的是4天的訓練計畫，但時程表與統籌安排往往都無法容許採取4天的訓練計畫。

所有的訓練計畫開始都有一個準備期，然後遵循一套訓練處方。延伸第四章開頭對於廚子與主廚的比喻，我會將一份訓練計畫視為「食譜」，而不是「菜單」。想確保最終結果不被影響，你就不能增添或刪減項目。於是，無獨有偶的，這份訓練計畫處方就會與本書的章節順序雷同。

步驟1：滾筒動作

步驟2：靜態伸展

步驟3：活動度、啟動訓練與動態暖身動作

步驟4：爆發力訓練、投擲藥球、增強式訓練與速度訓練

步驟5：在重訓室中的爆發力與肌力訓練

步驟6：體能訓練

本章範例的訓練計畫採取分階段進行的方式做準備動作與熱身的技巧，並以一個分階段進行的方式做重訓室中的肌力與爆發力訓練。這與要達到一個階段之前的所有訓練內容是一致的，也合乎透過一項目標而訓練，並使用訓練計畫達成目標的根本原理。

設計爆發力與肌力訓練計畫

就理想的狀況來說，所有的肌力訓練計畫剛開始都是透過爆發力鍛鍊或奧林匹克舉重來培養爆發力。換句話說，需要快速度的項目要最先完成。中間的休息就安排核心鍛鍊或活動度鍛鍊，或者兩種鍛鍊都做，讓時間可以善盡其用。

完成爆發力舉重之後，運動員一般都會執行一個成對式的肌力鍛鍊，通常是針對特定那一天的主要重訓鍛鍊。再者，這項成對式的肌力鍛鍊或許會在當中加入一項核心鍛鍊或活動度鍛鍊，才能善用其餘的時間。這種在成對式肌力鍛鍊中間穿插活動度或核心鍛鍊的方式，我們稱為「三組式訓練」（tri-set）。

對我們來說，擬定訓練計畫的全部主軸都與「密度」相關，至於「密度」基本上就是指我們每個小時能夠執行多少訓練。在我們的訓練計畫中，其他人會視為休息時間的部分，反而是用來做主動式伸展、活動度訓練或核心訓練。

其餘的鍛鍊可以在另外的三組式訓練或迷你循環式訓練中完成。意思就是，這些鍛鍊要麼採取前述的三組式訓練完成，要麼就是從鍛鍊一到鍛鍊四採取一項接著另一項鍛鍊之後執行。這個三組式訓練或迷你循環式訓練包含我們視為輔助式舉重（auxiliary lifts）或輔助運動的項目。它們通常是執行2組或3組，或是2個或3個循環，組與組之間有最多1分鐘的休息時間。這項原則的例外狀況就是2天的訓練計畫。2天裡的三組式訓練全都要包含當天的主要鍛鍊。

如前文曾提到的，專項運動的主要差異根本不在於肌力訓練計畫，反而在於針對特定運動的能量系統而做的訓練與培養。要例外處理的是過肩運動項目的選手與過肩運動。比方說，棒球、游泳、網球與排球等等都是過肩運動項目，這些運動可能就要稍微修改肌力訓練計畫。

相較於肌力訓練計畫，體能訓練計畫就需要多著重在針對專項運動。肌力訓練計畫呈現出的內容適用於廣範圍的運動，但體能訓練可能要更專重於單一的運動項目或一組運動項目。

訓練計畫的構成要素

設計完善周到的功能性肌力訓練計畫包含9項基本構成要素。這些基本要素全部在前述的章節中已經詳述了。須根據訓練的天數運用與結合這些構成要素。當訓練天數從4天減少到3天又減少到2天時，決定訓練優先順序就會變得愈來愈困難。在一份2天的訓練計畫中，內容相當簡單：一項爆發力鍛鍊、一項推的動作、一項膝關節主導的鍛鍊、一項拉的動作，以及一項髖關節主導的鍛鍊。在一份4天的訓練計畫中，特定的構成要素可能每週要執行2次。在一份2天的訓練計畫中，每項構成要素就只會處理1次。

1. 培養爆發力——通常是奧林匹克舉重，但可以用增強式訓練、壺鈴擺盪或深蹲跳替代（請參照第九章與第十章）。

2. 雙側的髖關節主導鍛鍊——通常是六角槓硬舉（參照第六章），但也可以採用壺鈴相撲式硬舉與高腳杯深蹲。

3. 單腳的膝關節主導鍛鍊——單腳蹲、分腿蹲與變化式動作（參照第六章）。

4. 單側的髖關節主導鍛鍊——直膝硬舉與變化式動作（參照第六章）。

5. 核心訓練——抗伸展、抗旋轉與抗側向屈曲鍛鍊（參照第七章）。

6. 水平推訓練——臥推、斜板臥推（參照第八章）。

7. 垂直推訓練——啞鈴或壺鈴過頂上推（參照第八章）。

8. 水平拉訓練——划船與變化式動作（參照第八章）。

9. 垂直拉訓練——引體向上與變化式動作（參照第八章）。

想設計恰當的功能性訓練計畫，關鍵在於：組合這些類別的訓練時，不要過度加強或不夠重視任何特定要素。

2天鍛鍊遵循的思考理路與3天或4天的鍛鍊一樣，通常會以懸垂式上膊、手臂懸垂式抓舉或啞鈴抓舉等奧林匹克動作當開頭。斜板臥推可以用來當成仰臥推與過頂推之間的折衷鍛鍊。

肌力訓練計畫的階段

我們採用了肌力體能教練查爾斯・保利金的3週階段的波動模式，成效相當好，這種模式就是較高訓練量（累積階段）與較高負荷但較低訓練量（強化階段）要相互輪替。3週模式用在大多數非賽季的訓練計畫中往往發揮的效果很不錯，因為在12週的非賽季中，你可以採取4階段的3週模式。

● **【階段1】**是基礎階段。保利金教練將此階段稱為「累積階段」，也就是運動員要在這段期間累積更多的訓練量。這或許也被稱為「解剖適應期」或「肌肥大期」。在第一週開頭時，我們會以反覆次數8次～10次、2組的方式，採取較低的訓練量讓

運動員適應，之後到第2週與第3週再將組數進階到3組。奧林匹克舉重的反覆次數則執行5次。

● 【階段2】要將焦點擺在培養肌力，這段期間稱為「強化階段」。換句話說，強度增加，同時降低訓練量（也就是負重加大，反覆次數減少）。我們會採用組數為3組的臥推、反手引體向上與奧林匹克舉重，再搭配組數為5組的下半身肌力鍛鍊，例如：後腳抬高蹲與單腳直膝硬舉。在這個階段，鍛鍊量要從反覆次數24次（3組、8次）減少到反覆次數9次（3組、3次）至15次（3組、5次）。強度範圍也要從70%調整到80%。

● 【階段3】是第二次的「累積階段」，但方法可以不同。我們會採用複合式訓練（一項肌力鍛鍊搭配一項爆發力鍛鍊）、加強離心訓練（以較低的反覆次數累積時間與訓練量），或者採取修改過的訓練計畫以3組（每組的反覆次數各為10次、5次、20次）進行一系列的鍛鍊單元。無論如何，在階段3時期的訓練量要再增加，也就是總訓練量要回到反覆次數為24次。

● 【階段4】對於大多數的運動來說，是肌力與耐力階段，焦點著重在稍微提高反覆次數，開始讓運動員準備好即將到來的開賽前訓練。但是對於參加諸如足球之類高絕對肌力（high-absolute-strength）運動項目的一些選手，這個時期可以是另一個肌力訓練降低反覆次數的階段。如果前面階段沒有採用到複合式訓練，這個階段或許就能實行。

這套模式我們已經成功使用多年了，也持續累積經驗並微調。

肌力訓練計畫的範例

請注意：所有的訓練計畫應該要先從頭到尾做完動態熱身動作的程序。每一個訓練時期都要安排60分鐘～90分鐘做鍛鍊前的軟組織訓練、伸展、熱身與肌力訓練。

所有的鍛鍊都採取Excel的試算表格形式呈現。在Excel中，如果知道運動員提舉的最大重量，就可以用來計算負重。最大重量是關鍵數據，可以用試算表計算出臥推、分腿蹲與上

牌的負重。但最人重量有意義，只是因為它們能產生出實際的試算表數字，因此不必過度在意。

使用這個表格時，只要從左到右解讀即可。訓練時請配合給予的重量與反覆次數，執行列舉的提舉鍛鍊。

4天的訓練計畫

4天的訓練計畫（參照【表11.1】～【表11.5】）對大多數運動的非賽季訓練而言是首選，因為可以輕易地結合針對培養肌力、速度與體能必備的所有元素。有幾個折衷方法對於處理所有關鍵的變化式動作來說是很必要的。4天的鍛鍊就有餘地加入額外的核心訓練或者提前預防功能退化的運動鍛鍊，這些或許都是無法放進2天或3天計畫中的鍛鍊。

【表11.1】四天鍛鍊的範例

第 1 天	第 2 天	第 3 天	第 4 天
爆發力/奧林匹克 抗伸展核心訓練	配對組 水平推 上半身活動度	爆發力/奧林匹克 抗伸展核心訓練	配對組 斜板臥推 上半身活動度
配對組 髖關節主導 垂直拉	配對組 垂直推 上半身活動度 穩定度	配對組 膝關節主導 垂直拉	配對組 水平推 髖關節活動度
三動作配對組 膝關節主導 水平拉 抗旋轉核心訓練	三動作配對組 各種核心訓練 抗旋轉核心訓練 負重行走	三動作配對組 髖關節主導 水平拉 抗旋轉核心訓練	三動作配對組 各種核心訓練 抗旋轉核心訓練 負重行走

【表11.2】夏季提舉訓練【階段1】

第1天	第1週反覆次數	第2週反覆次數	第3週反覆次數	第2天	第1週反覆次數	第2週反覆次數	第3週反覆次數
懸垂式上膊進階訓練(294)	5	5	5	臥推	8	8	8
第1週從姿勢1的懸垂式上膊	5	5	5		8	8	8
第2週從姿勢1的懸垂式上膊	5	5	5		—	8	8
棒式進階訓練(185)	2×20秒	2×25秒	2×30秒	蜘蛛人式的闊背肌伸展(Spiderman pos. lat stretch)	2×5呼吸	2×5呼吸	2×5呼吸
六角槓硬舉(148)	8	8	8	單跪姿的交替過頭肩推(249)	8	8	8
	8	8	8		8	8	8
	—	8	8		—	8	8
反手引體向上(232)	8	8	8	仰臥姿的肩關節上下滑地(98)	8	8	8
	8	8	8		8	8	8
	—	8	8		—	—	—
壺鈴底朝上分腿蹲或單腳蹲(151)	8/每側	8/每側	8/每側	伏地挺身進階訓練(246)	8	8	8
	8/每側	8/每側	8/每側		8	8	8
	—	8/每側	8/每側		8	8	8
啞鈴划船(240)	8	8	8	高跪姿 TK交替推拉(TK push-pull)	8	8	8
	8	8	8		8	8	8
	—	8	8		—	8	8
單腳窄跪姿劈砍(in-line chop)	2×8	2×8	2×8	行李箱式農夫走路(193)	每側23公尺2×	每側23公尺3×	每側23公尺3×

＊（　）的數字為動作所在的頁碼或英文原名

續下頁

接上頁

第3天	第1週反覆次數	第2週反覆次數	第3週反覆次數	第4天	第1週反覆次數	第2週反覆次數	第3週反覆次數
懸垂式上膊進階訓練	5	5	5	斜板啞鈴臥推(dumbbell incline bench)	8	8	8
第1週從姿勢1的懸垂式上膊	5	5	5		8	8	8
第2週從姿勢1的懸垂式上膊	5	5	5		—	8	8
棒式進階訓練	2×20秒	2×25秒	2×30秒	蜘蛛人式的闊背肌伸展	2×5呼吸	2×5呼吸	2×5呼吸
後腳抬高蹲(153)	8/每側	8/每側	8/每側	伏地挺身進階訓練	8	8	8
	8/每側	8/每側	8/每側		8	8	8
	—	8/每側	8/每側		8	8	8
體操環划船（ring bow）	8	8	8	1/2 深蹲（等長收縮）(squat holds)	6	6	6
	8	8	8		6	6	6
	—	8	8		—	—	—
啞鈴單腳硬舉(156)	8/每側	8/每側	8/每側	四分之一起身(208)	3/每側	4/每側	4/每側
	8/每側	8/每側	8/每側		3/每側	4/每側	4/每側
	—	8/每側	8/每側		—	4/每側	4/每側
X型下拉(238)	8	8	8	TK 抗旋轉推出(TK antirotation press out)	8	8	8
	8	8	8		8	8	8
	—	8	8		—	8	8
單跪姿拉(in-line lift)	2×8	2×8	2×8	農夫走路(194)	每趟23公尺 2×	每趟23公尺 2×	每趟23公尺 2×
體能	**第1週**	**第2週**	**第3週**	**體能**	**第1週**	**第2週**	**第3週**
雪橇跨步負重(115)：				雪橇交叉步負重：			
				1.6公里時間：			

【表11.3】夏季提舉訓練【階段2】

第1天	第1週 反覆次數	第2週 反覆次數	第3週 反覆次數	第2天	第1週 反覆次數	第2週 反覆次數	第3週 反覆次數
懸垂式上膊進階至姿勢2（已做好準備的條件下）	3 3 3 —	3 3 3 —	3 3 3 —	臥推	5 5 5+ —	5 5 5 5+	5 5 5 5+
努力收縮棒式	2×20秒	2×25秒	2×25秒	蜘蛛人式的闊背肌伸展	2×5 呼吸	2×5 呼吸	2×5 呼吸
六角槓硬舉	5 5 5+ —	5 5 5 5+	5 5 5 5+	站姿的過頭肩推 (standing overhead press)	5 5 5 —	5 5 5 —	5 5 5 —
反手引體向上	5 5 5	5 5 5	5 5 5	仰臥姿的肩關節上下滑地	10 10 —	10 10 —	10 10 —
單腳蹲	6 6 6	6 6 6	6 6 6	伏地挺身進階訓練	10 10 10+	10 10 10+	10 10 10+
啞鈴划船	10 10 10	10 10 10	10 10 10	單腳跪姿推—拉 (half-kneeling push-pull)	8 8 8	8 8 8	8 8 8
單跪姿後膝離地斜向劈砍 (in-line iso hold chop)	2×8	2×8	2×8	行李箱式農夫走路	每趟23公尺 3×	每趟23公尺 3×	每趟23公尺 3×

續下頁

接上頁

第3天	第1週 反覆次數	第2週 反覆次數	第3週 反覆次數	第4天	第1週 反覆次數	第2週 反覆次數	第3週 反覆次數
懸垂式上膊 （65-75%）進階至姿勢2（已做好準備的條件下）	5 5 5 —	5 5 5 —	5 5 5 —	斜板啞鈴臥推	5 5 5 —	5 5 5 5+	5 5 5 5+
努力收縮棒式	2×20秒	2×25秒	2×25秒	蜘蛛人式的闊背肌伸展	2×5 呼吸	2×5 呼吸	2×5 呼吸
後腳抬高蹲	5 5 5+ —	5 5 5 5+	5 5 5 5+	仰臥起坐進階訓練 (204)	10 10 10+ —	10 10 10+ —	10 10 10+ —
體操環划船	10 10 10	10 10 10	10 10 10	碰腳趾式深蹲 (toe touch squat)＋藥球	6 6 —	6 6 —	6 6 —
啞鈴 單腳硬舉	5 5 5	5 5 5	5 5 5	起身 第1階段起身地面到手肘 起身至高橋式姿勢	3/每側 3/每側 3/每側	4/每側 4/每側 4/每側	4/每側 4/每側 4/每側
X型下拉	10 10 10	10 10 10	10 10 10	單跪姿抗旋轉（等長收縮）(half-kneeling antirotation hold)	3×20秒	3×25秒	3×25秒
單腳窄跪姿等長支撐斜拉 (in-line isometic hold lift)	2×8	2×8	2×8	農夫走路	每側23公尺 2×	每側23公尺 2×	每側23公尺 2×
體能	**第1週**	**第2週**	**第3週**	**體能**	**第1週**	**第2週**	**第3週**
雪橇跋步 負重:				雪橇交叉步 負重:			
150公尺:				1.6公里時間:			

【表11.4】夏季提舉訓練【階段3】

第 1 天	第 1 週 反覆次數	第 2 週 反覆次數	第 3 週 反覆次數	第 2 天	第 1 週 反覆次數	第 2 週 反覆次數	第 3 週 反覆次數
懸垂式上膊	3	3	3	臥推＋藥球 臥推 複合訓練	5	5	5
	3	3	3		3	3	3
	3	3	3		3+	3+	3+
	3	3	3		—	—	—
滾動抗力球 （186）	3×6	3×8	3×8	蜘蛛人式的 闊背肌伸展	2×5 呼吸	2×5 呼吸	2×5 呼吸
六角槓硬舉 ＋持續的雙 腳跨欄跳躍 複合訓練 （273）	5	5	5	站姿的 過頭肩推	5	5	5
	5	5	5		5	5	5
	5	5	5+		5	5	5
反手引體向 上+擲藥球 3×10 複合訓練 （213）	3	3	3	仰臥姿的 肩關節上下 滑地	10	10	10
	3	3	3		10	10	10
	3+	3+	3+		—	—	—
單腳蹲	5	5	5	仰臥起坐 進階訓練	10	10	10
	5	5	5		10	10	10
	5	5	5		10+	10+	10+
啞鈴划船	5	5	5	動態推－拉 (dynamic push-pull)	8	8	8
	5	5	5		8	8	8
	5	5	5		8	8	8
動態劈砍 (dynamic chop)	3×10	3×10	3×10	行李箱式 農夫走路	每趟23 公尺 3×	每趟23 公尺 3×	每趟23 公尺 3×
第 3 天	**第 1 週 反覆次數**	**第 2 週 反覆次數**	**第 3 週 反覆次數**	**第 4 天**	**第 1 週 反覆次數**	**第 2 週 反覆次數**	**第 3 週 反覆次數**
懸垂式上膊 （65-75%）	5	5	5	斜板啞鈴 臥推＋藥球 臥推 複合訓練	5	5	5
	5	5	5		3	3	3
	5	5	5		3+	3+	3+

續下頁

接上頁

第3天	第1週 反覆次數	第2週 反覆次數	第3週 反覆次數	第4天	第1週 反覆次數	第2週 反覆次數	第3週 反覆次數
滾動抗力球	3×20秒	3×25秒	3×25秒	蜘蛛人式的 闊背肌伸展	2×5 呼吸	2×5 呼吸	2×5 呼吸
後腳抬高蹲 ＋持續的雙 腳跨欄跳躍 複合訓練	5 3 3+	5 3 3+	5 3 3+	仰臥起坐 進階訓練	10 10 10+	10 10 10+	10 10 10+
體操環划船 ＋擲藥球 3×10 複合訓練	10 10 10	10 10 10	10 10 10	碰腳趾式深 蹲＋藥球	8 8 —	8 8 —	8 8 —
啞鈴單腳 硬舉	6 6 6	6 6 6	6 6 6	起身 第1階段起身 地面到手肘 起身至高橋 式姿勢 (high bridge full get-up)	2+2 2+2 2+2	2+2 2+2 2+2	2+2 2+2 2+2
啞鈴划船	5 5 5	5 5 5	5 5 5	站姿的抗 旋轉 (standing antirotation hold)	3×25秒	3×25秒	3×25秒
動態提舉 (dynamic lift)	3×10	3×10	3×10	農夫走路	每趟23 公尺 3×	每趟23 公尺 3×	每趟23 公尺 3×
體能	**第1週**	**第2週**	**第3週**	**體能**	**第1週**	**第2週**	**第3週**
雪橇跋步 負重：				雪橇交叉步 負重：			
300公尺：				1.6公里時 間：			
150公尺：							

【表11.5】夏季提舉訓練【階段4】

第1天	第1週 反覆次數	第2週 反覆次數	第3週 反覆次數	第2天	第1週 反覆次數	第2週 反覆次數	第3週 反覆次數
懸垂式上膊	3	3	3	臥推＋藥球 臥推 複合訓練	5	5	5
	3	3	3		3	3	3
	3	3	3		3+	3+	3+
	3	3	3		—	—	—
滾動抗力球	3×8	3×8	3×8	蜘蛛人式的 闊背肌伸展	2×5 呼吸	2×5 呼吸	2×5 呼吸
六角槓硬舉 ＋持續的雙 腳跨欄跳躍 複合訓練	5	5	5	站姿的 過頭肩推	5	5	5
	5	5	5		5	5	5
	5	5	5+		5	5	5
反手引體向 上＋擲藥球 3×10 複合訓練	3	3	3	仰臥姿的肩 關節上下滑 地	10	10	10
	3	3	3		10	10	10
	3+	3+	3+		—	—	—
單腳蹲	5	5	5	仰臥起坐 進階訓練	10	10	10
	5	5	5		10	10	10
	5	5	5		10+	10+	10+
啞鈴划船	5	5	5	動態推－拉	8	8	8
	5	5	5		8	8	8
	5	5	5		8	8	8
動態劈砍	3×10	3×10	3×10	行李箱式 農夫走路	每趟23公 尺 3×	每趟23公 尺 3×	每趟23公 尺 3×
第3天	**第1週 反覆次數**	**第2週 反覆次數**	**第3週 反覆次數**	**第4天**	**第1週 反覆次數**	**第2週 反覆次數**	**第3週 反覆次數**
懸垂式上膊 （65-75%）	5	5	5	斜板啞鈴臥 推＋藥球臥 推 複合訓練	5	5	5
	5	5	5		3	3	3
	5	5	5		3+	3+	3+

續下頁

接上頁

第3天	第1週 反覆次數	第2週 反覆次數	第3週 反覆次數	第4天	第1週 反覆次數	第2週 反覆次數	第3週 反覆次數
滾動抗力球	3×20秒	3×25秒	3×25秒	蜘蛛人式的闊背肌伸展	2×5 呼吸	2×5 呼吸	2×5 呼吸
後腳抬高蹲＋持續的雙腳跨欄跳躍複合訓練	5 / 3 / 3+	5 / 3 / 3+	5 / 3 / 3+	仰臥起坐進階訓練	10 / 10 / 10+	10 / 10 / 10+	10 / 10 / 10+
體操環划船＋擲藥球 3×10 複合訓練	10 / 10 / 10	10 / 10 / 10	10 / 10 / 10	碰腳趾式深蹲＋藥球	8 / 8 / —	8 / 8 / —	8 / 8 / —
啞鈴單腳硬舉	6 / 6 / 6	6 / 6 / 6	6 / 6 / 6	起身	2+2	2+2	2+2
				第1階段起身 地面到手肘	2+2	2+2	2+2
				起身至高橋式姿勢	2+2	2+2	2+2
啞鈴划船	5 / 5 / 5	5 / 5 / 5	5 / 5 / 5	站姿的抗旋轉	3×25秒	3×25秒	3×25秒
動態提舉	3×10	3×10	3×10	農夫走路	每趟23公尺 3×	每趟23公尺 3×	每趟23公尺 3×
體能	**第1週**	**第2週**	**第3週**	**體能**	**第1週**	**第2週**	**第3週**
雪橇跋步負重：				雪橇交叉步負重：			
300公尺：				1.6公里時間：			
150公尺：							

3天的訓練計畫

設計3天的訓練計畫（參照【表11.6】～【表11.8】）會比4天的訓練計畫稍微有難度，因為預定的訓練時間少了25%。針對非賽季的訓練，3天就是建議的最短時間了。除非是這些例外狀況：訓練計畫是針對不太需要絕對肌力的運動員，或者像是花式滑冰選手、體操選手與游泳選手等已經投入絕大部分的時間在本身的訓練上了，所以很難配合3天的訓練計畫。對於大部分的團隊運動來說，3天應該就是非賽季訓練的最短天數了。

在3天的訓練計畫中，你仍然可以平衡關鍵的構成要素。它必須做折衷的部分比2天的訓練計畫少，但有些構成要素仍然是不可或缺的。在3天的訓練計畫中，運動員每天依舊要從爆發力鍛鍊開始，然後執行一個主要的成對式訓練，再緊接著做三組式訓練。

【表11.6】三天鍛鍊的範例

第 1 天	第 2 天	第 3 天
爆發力／奧林匹克	爆發力／奧林匹克	爆發力／奧林匹克
抗旋轉核心訓練	抗旋轉核心訓練	抗旋轉核心訓練
抗伸展核心訓練	抗伸展核心訓練	髖關節活動度
配對組	配對組	配對組
髖關節主導	水平推	水平推
垂直拉	膝關節主導，單邊	膝關節主導
三動作配對組	三動作配對組	三動作配對組
膝關節主導	髖關節主導，單邊	髖關節主導
過頂上推	水平拉（划船）	水平拉
負重行走	負重行走	抗旋轉核心訓練

【表11.7】秋季提舉訓練【階段1：新選手】

第1天	第1週 反覆次數	第2週 反覆次數	第3週 反覆次數	第2天	第1週 反覆次數	第2週 反覆次數	第3週 反覆次數
上膊 （重點放在速度並遵照教學進度）	5 5 5	5 5 5	5 5 5	壺鈴擺盪 (301) （先教壺鈴硬舉[147]）	10 10 10	10 10 10	10 10 10
上斜劈砍 （incline chop）	2×8 /每側	2×10 /每側	2×12 /每側	上斜提舉 （incline lift）	2×8 /每側	2×10 /每側	2×12 /每側
棒式	2×25秒	2×30秒	2×35秒	棒式	2×25秒	2×30秒	2×35秒
六角槓硬舉 或壺鈴硬舉	8 8 8	8 8 8	8 8 8	離心的臥推 3秒離心/1秒暫停 *棒球：* *啞鈴臥推* *3×8*	8 8 8	8 8 8	8 8 8
反手引體向上（慢速離心） 倒階：TRX划船(236)	Max Max-1 Max-1	Max Max Max-1	Max Max Max-1	離心的後腳抬高蹲	8/每側 8/每側 8/每側	8/每側 8/每側 8/每側	8/每側 8/每側 8/每側
伏地挺身 進階訓練 倒階：站姿的滑輪推(248)	8 8 8	8 8 8	10 10 10	懸吊式划船 (suspension row)	8 8 8	8 8 8	8 8 8
高腳杯深蹲 (145)	5 5 5	5 5 5	5 5 5	高腳杯深蹲	8 8 8	8 8 8	8 8 8
TK抗旋轉推	3×8 /每側	3×10 /每側	3×12 /每側	坐姿的外旋與內旋 (seated external and internal rotation) （球或輕量啞鈴）	2×8	2×10	2×12
仰臥的彈力帶擴胸 (spire band pull-apart)： 2×8, 10, 12							

續下頁

接上頁

第3天	第1週 反覆次數	第2週 反覆次數	第3週 反覆次數	目標
上膊	5	5	5	1:
	5	5	5	
	5	5	5	
農夫走路	2×30 公尺	3×30公尺	3×30公尺	
棒式	2×25秒	2×30秒	2×35秒	2:
單跪姿的輪流啞鈴推舉 (half-kneeling alternating dumbbell press)	8/每側	8/每側	8/每側	
	8/每側	8/每側	8/每側	
	—	8/每側	8/每側	
啞鈴單腳硬舉或伸手單腳硬舉	8/每側	8/每側	8/每側	須注意的舊傷:
	8/每側	8/每側	8/每側	
	—	8/每側	8/每側	
間歇的啞鈴划船(240) 倒階:貓牛式(241)	8/每側	8/每側	8/每側	
	8/每側	8/每側	8/每側	
	—	8/每側	8/每側	備註:
半起身 (208)	3/每側	4/每側	5/每側	
	3/每側	4/每側	5/每側	
	—	4/每側	5/每側	
雙腿夾滾筒做離心的滑板勾腿(172) 倒階:提髖(170)	8	8	8	
	8	8	8	

【表11.8】秋季提舉訓練【階段1：重回賽場選手】

第1天	第1週 反覆次數	第2週 反覆次數	第3週 反覆次數	第2天	第1週 反覆次數	第2週 反覆次數	第3週 反覆次數
上膊 （重點放在 速度並遵照 教學進度）	5 5 5	5 5 5	5 5 5	壺鈴擺盪 （先教壺鈴 硬舉）	10 10 10	10 10 10	10 10 10
上斜劈砍	2×8/每側	2×10/每側	2×12/每側	上斜提舉	2×8/每側	2×10/每側	2×12/每側
棒式	2×25秒	2×30秒	2×35秒	棒式	2×25秒	2×30秒	2×35秒
六角槓硬舉 或壺鈴硬舉	8 8 8	8 8 8	8 8 8	離心的臥推 3秒離心／1 秒暫停 棒球： *啞鈴臥推* *3×8*	8 8 8	8 8 8	8 8 8
反手引體向 上（慢速離 心） 倒階：TRX 划船	Max Max-1 Max-1	Max Max Max-1	Max Max Max-1	離心的後腳 抬高蹲	8/每側 8/每側 8/每側	8/每側 8/每側 8/每側	8/每側 8/每側 8/每側
伏地挺身 進階訓練 倒階：站姿 的滑輪推	8 8 8	8 8 8	10 10 10	懸吊式划船	8 8 8	8 8 8	8 8 8
單腳深蹲	8 8 8	8 8 8	8 8 8	高腳杯深蹲	8 8 8	8 8 8	8 8 8
TK抗旋轉推	3×8 /每側	3×10 /每側	3×12 /每側	坐姿的外旋 與內旋（球 或輕量啞 鈴）	2×8	2×10	2×12
仰臥的彈力帶擴胸：2×8, 10, 12							

續下頁

接上頁

第3天	第1週 反覆次數	第2週 反覆次數	第3週 反覆次數	目標
上膊	5	5	5	1:
	5	5	5	
	5	5	5	
農夫走路	2×30碼 （約27.5 公尺）	3×30碼	3×30碼	2:
棒式	2×25秒	2×30秒	2×35秒	
單跪姿的輪 流啞鈴推舉	8/每側	8/每側	8/每側	
	8/每側	8/每側	8/每側	
	—	8/每側	8/每側	
啞鈴單腳硬 舉或伸手單 腳硬舉	8/每側	8/每側	8/每側	須注意的舊傷：
	8/每側	8/每側	8/每側	
	—	8/每側	8/每側	
啞鈴划船 倒階：貓牛 式	8/每側	8/每側	8/每側	
	8/每側	8/每側	8/每側	
	—	8/每側	8/每側	備註：
半起身	3/每側	4/每側	5/每側	
	3/每側	4/每側	5/每側	
	—	4/每側	5/每側	
	—	8/每側	8/每側	
雙腿夾滾筒 做離心的滑 板勾腿 倒階：提髖	×8	×8	×8	
	×8	×8	×8	

2天的訓練計畫

2天的訓練計畫（參照【表11.9】）是最難設計的。這樣的訓練計畫通常是用在賽季期間，或者是不需要動用到很多絕對肌力的運動項目上。我建議2天的訓練計畫只用在賽季間的

鍛鍊就好。也請注意所有的訓練計畫應該都要先從頭到尾做完動態熱身動作的程序。每一套訓練都要安排60分鐘～90分鐘去處理鍛鍊前的軟組織訓練、伸展、熱身與肌力訓練。

運用2天訓練計畫的困難點，就是要在僅有的兩個訓練期當中努力做到所有必要部位的訓練，因此必須採取折衷的方法。

【表11.9】2天鍛鍊的範例

第1天	第2天
爆發力/奧林匹克舉重 核心訓練	爆發力/奧林匹克舉重 核心訓練
配對組1 雙側髖關節主導 水平推（仰臥）	配對組1 單側膝關節主導 水平推（斜板）
配對組2 垂直拉 單側膝關節主導	配對組2 水平拉（划船） 單側髖關節主導

培養體能的訓練計畫

運動體能的領域會不斷地進展與改變。在運動生理學的理解，以及強化適當能量系統的訓練計畫設計上，教練與訓練師已有大幅的進步。不過，儘管很多訓練計畫目前使用的「運動與休息比率」（work-to-rest ratios）比較適合團隊運動項目了，卻仍沒有足夠的訓練計畫是將「改變方向」當成運動體能的一項關鍵元素。

一份全面的提升運動表現的體能訓練計畫，必須將你在整本書學到的功能性訓練相關要素全部納入。設計訓練計畫應該要記住幾項簡單概念：

● 善用「最小有效量」（minimal effective dose，譯注：意思是指以最少的量，達到最大的效果）的概念，訓練計畫付諸實行時先以徒手鍛鍊起步。

● 設計一份訓練計畫要可以是在指定時間內完成的。所以要考慮每一組訓練要花多長

時間，以及在組與組之間的休息時間有多少。我認為不錯的參考標準是：一小時的鍛鍊中大概要做16組～20組。

● 設計一項鍛鍊要處理所有的關鍵要素，或者在可鍛鍊的時間中能實行多少就盡量做。

● 設計一項鍛鍊，是要讓一名運動選手準備好上場，而不是去模擬任何一項肌力運動（例如：健美運動、健力運動、奧林匹克舉重）。在設計訓練計畫時，模仿一項肌力運動是最大的錯誤。

設計一份優質的體能訓練計畫要花時間與動腦筋。別把寶貴的訓練時間浪費在無益的鍛鍊上。永遠要選擇最划算、有價值的事。大多數的單關節運動只能訓練到單一平面，無法訓練到實際運動時多平面的動作模式。諸如弓步與分腿蹲等鍛鍊可以用來培養單腳的肌力、平衡與柔軟度。這個三管齊下的好處是選擇優質鍛鍊的關鍵。

目前必須培養的體能部分，是肌肉專項與動作專項。本章提出的所有訓練計畫都會將改變方向當成體能訓練過程中的關鍵元素來處理。能夠忍受加速與減速的肌肉壓迫，以及有能力適應因為加速與減速所造成的代謝壓力，這都是非賽季體能訓練的實際重點。這些要素的不足，經常就是選手形容自己無法維持「比賽體格」的原因。

大多數運動員會透過跑步訓練，或者最糟的是，在固定時間內騎固定距離的健身車鍛鍊，這二項都沒考慮到必須加速與減速所帶來的額外壓力。運動員儘管一絲不苟地嚴格遵循一份指定的體能訓練計畫了，但仍不時會在訓練營裡受傷。這往往都是因為體能訓練計畫忽略了體能訓練步驟中的關鍵要素：

1. 加速

2. 減速

3. 改變方向

培養體能的基礎

針對培養體能的基礎，我們的理念就是不考慮「有氧」（aerobic）這個用詞。在第二章曾提到，以最單純的理解來看，有氧基礎的概念或許還不錯，但透過穩定狀態的運動去尋求

有氧基礎會產生不良的後果。任何體能訓練計畫的重點應該要擺在能夠讓運動員準備好上場運動。

選手從事的運動是以衝刺為主軸（大多數團隊運動項目）時，若要求他們透過長時間、穩定狀態的活動培養基礎體能水準，就會導致在細胞層面上的負面生理變化，而且負面的肌肉改變也會出現在組織品質、組織長度與關節活動範圍上。此外，穩定狀態的體能訓練還會讓肌肉與關節處在潛在的勞損傷害中。要正確合宜地做好上場準備，運動員必須加速與減速，而且肌肉與關節也有必要在一個運動模式下移動，而這個運動模式要與極速運動時採用的模式相似。

按照上述的說法，顯然會有人提出以下疑問：「不做慢跑，你要如何培養體能基礎呢？」依我之見，針對這個問題的回覆是：「從簡單且基礎的鍛鍊做起。」體能訓練計畫不要一開始就透過多回合的30分鐘～40分鐘慢跑或騎單車，而是要以多方面的節奏跑開始，再逐漸增加訓練量與相應的時間。我們訓練中心的體能鍛鍊剛開始或許只花10分鐘，但在這之前要先執行動態熱身達20分鐘。最後的結果就是透過加強動態柔軟度與正確的運動模式提高心跳率30分鐘。利用不同的方式也可以得到與長距離30分鐘的慢跑相同效果。

這裡要提出的重點是：多方面的節奏跑不是做衝刺或慢跑，而是一段時間執行跨大步跑，中間再穿插幾段走路的時間。依照場地大小，運動員跨大步跑30公尺～100公尺，在每一趟跨大步跑之後再走路30公尺～40公尺。運動員應該一開始採取6分鐘～8分鐘左右的節奏跑，透過跨大步跑結合走路的方式提高心跳率。總而言之，運動員絕對不該做慢跑，或者重新回復到短步幅的運動模式，這種模式經常會連帶降低柔軟度。

節奏跑每週執行一次。運動員從節奏跑再進階到強調加速、減速與改變方向的折返跑。折返跑同樣也是每週執行一次。剛開始，要在25公尺或50公尺的跑道上執行150公尺的折返跑。這能讓運動員在加速與減速的同時又改變方向。

折返跑第一週的訓練總路程會減少（從1,000公尺左右的節奏跑減少到750公尺的折返跑），才能抵銷折返跑所增加的肌肉壓力。接下來，折返跑的路程每週可以增加10%～20%（約150公尺）。

須留意的重點是：使用25公尺跑道因為改變方向與速度的次數變成兩倍，會導致肌肉的壓力增加。然而，很多訓練中心並沒有使用50公尺間歇訓練跑步所需要的60公尺直線跑道場地。

採取節奏跑進階到折返跑的方式，可以讓運動員：

1. 在維持適當的肌肉長度之下培養體能基礎。

2. 達到的體能水準是可以穩當與有效執行停止與開始動作，這是很多運動中的動作環節。

針對一項運動打造專屬的體能

大致上，體能訓練計畫就以下特性來說必須是針對特定運動：

- 時間：在第二章曾討論到要分析一項運動的需求。設計體能訓練計畫時，目標不該是讓運動員通過任一項體能測試，而是讓運動員做好參與一項運動的準備。

- 移動：體能訓練計畫應該要兼顧變化方向。通常運動員會受傷，並不是因為他們的身體狀況不好，反而是因為準備不足。在跑道上筆直的往前跑1分鐘，無論就肌肉或新陳代謝層面來看都與會停止再開始的折返跑步1分鐘是天差地別的。

- 動作模式：體能必須結合衝刺模式（例如：跨大步模式必須很像做衝刺動作）。為了正確訓練髖屈肌與腿後腱肌群（在賽季前最常受傷的肌肉），運動員必須積極做髖部的伸展與恢復。許多運動員用8秒跑完40公尺的速度完成1.6公里，難怪很多自以為已經準備充分的運動員經常會傷到自己。

- 移動要加強的重點：鍛鍊要經過安排規畫，讓在多方向運動日的體能訓練確實具備多方向移動的重點。這表示無論何種運動，每週要有2天的體能訓練是在滑板上執行。滑板會帶入重複的額狀面加速與減速動作。能夠與跑步相輔相成的，莫過於滑板的訓練了。

直線與多方向訓練

在直線日時，採用節奏跑與折返跑；相對的，在多方向日要執行滑板的訓練。滑板是相當棒的體能訓練方式，符合所有運動的諸多需求。

滑板之所以風靡流行，全拜1980年代美國速度滑冰選手埃里克・海登之賜。速度滑冰已經使用滑板訓練數十年了，在無法用到冰面場地時，它可以用來培養滑冰專屬的體能與技術。然而，其他領域的運動員與教練要到後來才慢慢認可滑板的價值，並將它納入非賽季與季前熱身賽訓練中的項目。滑板設計持續的改良也催生出一些耐久型的滑板，適合所有程度的運動員使用。現在也買得到能夠從2公尺調成3公尺的可調整滑板。

在功能性體能工具當中，滑板或許可說是最划算的裝備。沒有其他運動裝備能夠像它一樣達到以下幾件事：

- 運動員會被固定在運動員姿勢中（針對幾乎所有的運動）。
- 給予外展肌群與內收肌群有助益的施壓，防止受傷。
- 可以讓運動員在一項裝備上採取3人或4人小組訓練。
- 1,000美元以下的花費，就能為3、4名運動員提供間歇形式的功能性體能訓練，而且又不需要做任何調整（例如：座位高度）。

無論何種運動項目的運動員（除非是划船選手）應該在每週4天的訓練日當中安排2天執行多方向運動的體能訓練。除了實地跑步之外，滑板或許是目前能夠用來做體能訓練的最佳、最經濟實惠的模式。

對曲棍球運動來說，滑板可能也是最重要的訓練裝備。在滑板問世之前，曲棍球選手的非賽季訓練都是指派騎自行車或跑道上的鍛鍊。雖然跑步與騎自行車都可以增加有氧代謝能力與無氧代謝耐力，但實在與滑冰的動作不太雷同。滑板就能提供特別專屬於曲棍球的方式去執行「能量系統」的鍛鍊。再者，滑板可以讓運動員提升滑冰技巧。運動員將滑板置於大鏡子前，在訓練時觀看自己的膝屈曲、膝伸展與踝伸展，就能輕易地做自我修正。在非賽季期間以滑板做訓練，有助於曲棍球選手提升在賽季競爭時的能量系統與滑冰技巧。

滑板還能大幅降低所有選手於季前熱身賽遭逢腹股溝受傷的機率。滑板的運動會對外展肌群、內收肌群與髖屈肌發揮作用，這種功效並不會出現在騎自行車或任何市售的攀爬登山機。此外，滑板是做完全側向模式的訓練，這種模式適用在任何的變化方向動作與極速的滑冰動作。想設計一份包含增強式訓練與衝刺的訓練計畫時，滑板就是提升速度的主角工具了。

滑板搭配負重背心，就能設計出專屬於曲棍球與足球選手的訓練。唯有足球與冰上曲棍球運動在體能訓練過程中需要加入「裝備的附加重量」。針對後半部的夏季體能訓練計畫，我們訓練中心的足球與曲棍球選手要在滑板鍛鍊時須穿戴5公斤（10磅）的負重腰帶，開始適應身上穿戴運動裝備的重量。有些教練會將裝備產生的影響降到最低，但如果要測驗運動員1.6公里的跑步，然後3、4天後在穿戴負重背心或腰帶之下再重新測驗時，就須考慮到結果會多麼不同。對某些運動而言，身上裝備的重量是很重要的因素，針對這些運動設計體能訓練計畫時就應該納入考量。像曲棍球與足球之類的運動，如果在體能訓練時身上沒有附加重量，是相當荒謬的。

查理・法蘭西斯教練的高低強度概念

體能訓練計畫的另一項關鍵要素牽涉到訓練的費力程度。教練運用太多轉換方向的跑步來過度操練運動員，這種做法在近年來一直遭受強烈反對。舉例來說，在每個體能訓練日要做計時的折返跑（timed shuttle runs）。衝刺跑訓練領域的傳奇教練查理・法蘭西斯多年前奉行著一項簡單的「高－低」方法（high-low approach），也是無數的教練所採行的方式。法蘭西斯實際上主張的做法是體能訓練的費力程度不是達到90%以上，就是要在80%以下。從體能訓練的觀點來看，訓練過於賣力是有害的。因此，我們傾向1週有1次的艱難體能訓練，然後有2、3天的訓練是在70%的費力範圍。在「低強度」訓練日可以做節奏跑、滑板訓練或騎自行車的訓練。

賽季體能訓練的考慮事項

很多運動員全年都在參加體育運動，這一點在非賽季體能訓練計畫中必須納入考量。棒球、足球與曲棍球等運動的選手一整年往往與其他許多運動員一樣要在室內外體育場或冰上比賽。這表示這些運動員或許要將執行無負重的訓練當成額外的體能訓練，例如：踩橢圓機（elliptical machine）或飛輪車。構思體能訓練計畫時，須考量是否會在一個已經有壓力的體系中添加壓力。

訓練計畫的內容會迫使運動員去加速、減速與改變方向，就能大幅降低賽季初期發生腹股溝與腿後腱肌群受傷的機率，運動員也更能做好準備因應實際上場或競賽的需求。然而，如果運動員每天從事這些活動作為專項運動的訓練，就應該考量選擇的活動是相輔相成的，而不是重複的動作；此外，也必須設想到上場運動的壓力來源。

專項運動體能訓練的考慮事項

肌力體能教練與運動教練永遠必須謹記在心的就是：確認何種體能才會讓運動員在自己的運動領域中表現傑出。牢記這一點，接下來就是我的建議。

美式足球

美式足球是少數非全年度比賽的運動之一，它需要一份優質的非賽季間歇跑步訓練計畫。美式足球選手應該要跑步，而不是騎自行車或執行循環訓練。美式足球的訓練相當吃力，在賽季訓練開始之前跑步更能讓運動員做好應付挑戰的準備。我認為，在美國國家美式足球聯盟中的受傷若增加，會直接影響到有組織的團隊活動減少，進而非賽季的體能訓練天數與跑步也會跟著減少。

棒球

棒球很獨特，因為它要求的是「因應需求」的速度，而不是大力要求體適能。針對當季的比賽，講求速度的「短距離衝刺」與講求體能的「衝刺間歇」（sprint intervals）都是運動

員必須執行的訓練。棒球選手在春季訓練強度立即就會大幅增加，因為更接近賽季了，所以在非賽季時遵循一份衝刺間歇體能訓練計畫按表操課也很重要。

棒球在專業程度上或許也是最獨特的運動，你會碰到三群相當截然不同的選手：每天都要出賽的「非投手球員」、每隔5天要上場投球的「先發投手」，以及較常上場投球但投球量明顯減少的「後援投手」（或中繼投手）。每一群選手都有不同的體能訓練要求。這與基層、高中以下的棒球選手會負責多種守備位置的做法大相逕庭。但不論何種層級，棒球選手必須努力培養速度，才能準備好因應競賽的需求；也要投入心力培養體能，才能確保整個賽季都健康。

投手訓練經常有「如果每場比賽要投出100球，就需要用長時間的跑步來訓練投球耐力」的錯誤觀念。觀察棒球比賽會看到一個模式：每一局投出10球至12球後，緊接著會休息約15分鐘。因此，整場3小時至4小時的比賽過程中，經常就能投到100球了，所以做長跑訓練實在相當沒道理。實際上，間歇跑步對棒球選手才是最佳的賽前準備訓練。

籃球

大多數籃球選手在非賽季的時候還是會找人湊隊打鬥牛賽。所以，籃球選手在非賽季的訓練應該要加強他們上場的體能，並確保他們的膝蓋、腳踝承受的壓力不會太大，或次數太頻繁。因此，我建議採取騎自行車與滑板的訓練，讓球員維持身體健康狀態；並在訓練中添加已減輕下肢關節衝擊的側向動作元素。

©Ed suba Jr/Zuma Press/Icon Sportswire

採取騎自行車與滑板的訓練讓籃球選手維持身體健康狀態，並在訓練中添加籃球動作必備的側向動作元素。

冰上曲棍球

冰上曲棍球運動原本像美式足球運動一樣擁有與賽季清楚做出區隔的非賽季,但現在已經轉變成像棒球運動一樣幾乎沒什麼非賽季期。雖然還是有不比賽的時候,但愈來愈多的球員會在大半個夏季當中透過高強度滑冰訓練(power skating)與非賽季的比賽繼續滑冰。在非賽季期間,我喜歡安排訓練中心裡的曲棍球選手跑步,讓他們脫離「滑冰者的屈髖屈膝姿勢」與拉長和放鬆髖屈肌群。然而,在非賽季期間我不會將他們的跑步與滑冰訓練安排在同一天,所以到最後變成執行騎自行車的訓練多過我想要的訓練。

別讓曲棍球選手碰飛輪形式的自行車,這種類型的自行車的動作會助長曲棍球運動中的彎曲姿勢。針對曲棍球選手,我喜歡採用 Airdyne 與 Assault AirBikes 的風扇車,因為會自動調整阻力,並在鍛鍊中添加了上半身元素(類似跑步與滑冰),還會促使運動員做更多的直立姿勢。

足球

有氧訓練對大部分的足球選手是會產生反效果的,尤其針對年輕、正在培育的選手更是如此。足球選手目前人盡皆知的問題在於將訓練焦點集中於體適能,卻犧牲掉速度。雖然這種方法或許看起來對精英級選手有效,但應該注意的是精英選手已經具備世界級的速度與技巧了。認定「體適能重於速度」的方法適用於較年輕的選手簡直是錯誤,而且會招來不良的後果。

本書的內容可以協助足球選手與教練培養出重要的速度與改變方向技巧,這些技巧會形成 A 咖選手與非 A 咖選手之間的分野。足球選手要培養體適能必須透過節奏跑與折返跑,不要藉由慢跑。培養 A 咖足球選手的關鍵就是培養出短跑健將。教練必須了解:訓練未必要看起來和測驗一樣。

摔角與格鬥運動

針對摔角與其他格鬥運動的體能訓練可說是相當複雜,原因在於實戰訓練本身的緊張特質。這些運動經常要配合重量要求,而且運動員也會試圖利用鍛鍊取代節食的方式,將體重減至要求的重量。此外,這些運動相對獨特之處是兩個回合中間的休息時間少於上場時

間。這種運動與休息的勞逸比值可說是負向、不利的。格鬥運動的選手絕大數的體能訓練都是依靠專項練習來達成，而且為了「減重」（make weight）採取額外的體能訓練時也應該要明智。

參與多項運動的高中運動員

參與多項運動的選手如果有非賽季期，應該就要遵循一份非賽季的跑步訓練計畫。運動員參賽的運動項目極少會超過兩個，因此他們應該至少都會有一次真正的非賽季期。然而，大多數的高中運動員還是會持續不斷從事偏好的運動一整年。所以這些運動員必須在 1 年當中的非參賽時期做到勞逸的正確平衡。不過這類的運動員通常都高度積極且始終活力十足。這也是為何我老是會要求教練去問運動員：「你今天還計畫做什麼事？」

體能訓練重點總結

大部分的運動還是同質性遠多於異質性。雖然有顯著的差異，但大多數運動具備的共通點就是加速、減速與改變方向的關鍵技巧。無論你是足球員或花式溜冰選手，這些技巧都至關重要。為了在提升體能的同時又能降低受傷機率，體能訓練計畫務必鍛鍊到加速、減速與改變方向。此外，你也必須跳脫框架思考。滑板與負重背心是不太起眼的兩項工具，卻有助於讓體能訓練計畫可以針對專項運動，更重要的是能夠針對特定動作。

接下來幾頁的運動表會示範該如何安排鍛鍊中的非肌力訓練項目。

【參考資料】

Poliquin, C. 1988. Variety in strength training. *Science Periodical on Research and Techology in Sport.* 8(8): 1-7..

【表11.10】夏季運動【階段1】

直線運動日（第1天與第3天）	多方向運動日（第2天與第4天）
滾筒與呼吸（10下／每側）	
臀肌與髖旋轉肌群 (79)	臀肌與髖旋轉肌群
腿後腱肌群 (86)	腿後腱肌群
小腿肚	小腿肚
下背與上背 (80)	下背與上背
肩關節後側肌群 (82)	肩關節後側肌群
內收肌群與股四頭肌 (81)	內收肌群與股四頭肌
屈膝仰臥的呼吸	屈膝仰臥的呼吸
伸展的循環訓練（5次呼吸／每側）	
90/90 髖外旋與髖內旋	90/90 髖外旋與髖內旋
箱上髖屈肌伸展 (88)	箱上髖屈肌伸展
內收肌群髖搖擺 (adductor rock)	內收肌群髖搖擺
交替的蜘蛛人式 (alternating Spiderman)	交替的蜘蛛人式
矯正運動（10次／每側）	
四足胸椎旋轉 (quadruped T-Spine rotation)	仰臥姿的肩關節上下滑地
仰臥放腿 (leg lower)	仰臥放腿
啓動	
庫克提髖 (170) (3×3)（支撐10秒）	庫克提髖 (3×3)（支撐10秒）
迷你環狀彈力帶外旋與內旋 (161) (5次／每側)	迷你環狀彈力帶走步 (10次／每側)
迷你環狀彈力帶深蹲 (10×)	—
動作準備	
熊爬 (bear crawl)	單跪姿的踝關節活動 (10次／每側) (95)
毛毛蟲式 (inchworm)	徒手深蹲 (144)
抱膝 (knee hug)	分腿蹲＋5秒的等長支撐 (5次／每側)
抱腿提臀 (103)	側蹲 (lateral squat) (5次／每側)
後跨步到腿後腱肌群的伸展	斜蹲 (rotational squat) (5次／每側)
單腳直膝硬舉 (163) (5次／每側)	單腳直膝硬舉 (5次／每側)
動作技巧	
直膝走步 (108)	側向行軍走 (lateral march)

續下頁

接上頁

直線運動日（第1天與第3天）		多方向運動日（第2天與第4天）	
直膝蹦跳 (108)		側向蹦跳 (117)	
高抬膝跑步 (107)		下腿交叉步蹦跳 (118)	
踢臀 (butt kick)		上腿交叉步蹦跳 (117)	
高抬膝行軍走 (high-knee march)		滑步 (118)	
直向蹦跳 (linear skip)（約18公尺）		前後交叉側併步 (119)	
—		側向爬行 (119)	
速度（4次／每側）		**敏捷梯（第2天）**	
第1天	單跪姿衝刺 (half-kneeling sprint)	左右滑步與定住，前進與後退 (122)	
第3天	前倒起跑 (lean, fall and run)	前交叉，前進與後退 (124)	
		後交叉，前進與後退 (125)	
		進−進−出−出，前進與後退 (125)	
		剪刀步，右與左 (127)	
		敏捷梯（第4天）3×每個方向	
		交叉側跳與定住 (crossover stick)	
增強式訓練			
第1天	雙腳跳箱 (268)，3×5	第2天	單腳跨低欄跳躍 (277)，3×3，右與左（內側腳−外側腳）
第3天	單腳跨欄跳躍 (277)，3×5，右與左	第4天	來回側向跳與定住 (271)，3×5／每側
藥球			
站立的胸前傳球 (221)，3×10		站立的過頂擲球，3×10（頭頂×牆面）	
站立的過頂砸球 (219)，3×10		站立的側轉擲球 (216)，3×5／每側	
重量訓練後			
雪橇（7～8秒）		**體能**	
第1天＋第3天	艱難的雪橇跋步 (sled march)（10公尺），4/5/6（總數）	雪橇交叉步 (sled crossover)，2/3/3（去／回，一趟）	
第1天	人工草皮上的節奏跑 10/12/14		
第3天	人工草皮上的節奏跑 10/12/14	滑板20（滑板左右邊接觸算一下），6/7/8	
	小墊步 (coach up turn)	Assault AirBikes風扇車1.6公里	

【表11.11】夏季運動【階段2】

直線運動日（第1天與第3天）	多方向運動日（第2天與第4天）
滾筒與呼吸（10下／每側）	
臀肌與髖旋轉肌群	臀肌與髖旋轉肌群
腿後腱肌群	腿後腱肌群
小腿肚	小腿肚
下背與上背	下背與上背
肩關節後側肌群	肩關節後側肌群
內收肌群與股四頭肌	內收肌群與股四頭肌
屈膝仰臥的呼吸	屈膝仰臥的呼吸
伸展的循環訓練（5次呼吸／每側）	
90/90 髖外旋與髖內旋	90/90 髖外旋與髖內旋
箱上髖屈肌伸展	箱上髖屈肌伸展
內收肌群髖搖擺	內收肌群髖搖擺
交替的蜘蛛人式	交替的蜘蛛人式
矯正運動（10次／每側）	
四足胸椎旋轉	仰臥姿的肩關節上下滑地
仰臥放腿	仰臥放腿
啓動	
庫克提髖（3×3）（支撐10秒）	庫克提髖（3×3）（支撐10秒）
迷你環狀彈力帶外旋與內旋（5次／每側）	迷你環狀彈力帶走步（10次／每側）
迷你環狀彈力帶深蹲（10×）	—
動作準備	
熊爬	單跪姿的踝關節活動（10次／每側）
毛毛蟲式	徒手深蹲（10×）
抱膝	分腿蹲（5次／每側）
抱腿提臀	側蹲（5次／每側）
後跨步到腿後腱肌群的伸展	斜蹲（5次／每側）
單腳直膝硬舉（5次／每側）	單腳直膝硬舉（5次／每側）
動作技巧	
直膝走步	側向蹦跳

續下頁

接上頁

直線運動日（第1天與第3天）		多方向運動日（第2天與第4天）	
直膝蹦跳		下腿交叉步蹦跳	
高抬膝跑步		上腿交叉步蹦跳	
踢臀（高抬膝）		滑步	
高抬膝行軍走		前後交叉側併步	
直向蹦跳（約18公尺）		側向爬行	
速度（2/3/4次／每側）		**敏捷梯（第2天）**	
第1天	2點式起跑 (2-point start)	滑步快版與定住，前進與後退	
第3天	落球衝刺 (112)	1-2-3節奏的滑步，前進與後退	
		交叉側跳與定住，前進與後退	
		側向進－進－出－出，前進與後退	
		剪刀步，右與左	
		敏捷梯（第4天）	
		交叉側跳與定住＋衝刺	
增強式訓練			
第1天	雙腳跨欄跳躍與定住，3×5	第2天	單腳跨低欄跳躍＋小墊步 (mini-bounce)，3×3，右與左（內側腳－外側腳）
第3天	單腳跨欄跳躍＋小墊步，3×5，右與左	第4天	45度向前側向跳躍與定住 (275)，3×5，右與左
藥球			
站立的胸前傳球，3×10		兩點起跑姿過頂擲球 (staggered overhead throw)，3×5／每側（頭頂×牆面）	
站立的過頂砸球，3×10		墊步轉體拋球 (stepping side toss)，3×5／每側	
重量訓練後			
雪橇（7～8秒）		**體能**	
第1天＋第3天	艱難的雪橇跋步（10公尺），6次（總數）	雪橇交叉步，3（去／回，一趟）	
第1天	150公尺折返，3/4/5	滑板30～60秒，6/7/8	
	小墊步		
第3天	人工草皮上的節奏跑 12/14/16	Assault AirBikes風扇車1.6公里	

【表11.12】夏季運動【階段3】

直線運動日（第1天與第3天）	多方向運動日（第2天與第4天）
滾筒與呼吸（10下／每側）	
臀肌與髖旋轉肌群	臀肌與髖旋轉肌群
腿後腱肌群	腿後腱肌群
小腿肚	小腿肚
下背與上背	下背與上背
肩關節後側肌群	肩關節後側肌群
內收肌群與股四頭肌	內收肌群與股四頭肌
屈膝仰臥的呼吸	屈膝仰臥的呼吸
伸展的循環訓練（5次呼吸／每側）	
90/90 髖外旋與髖內旋	90/90 髖外旋與髖內旋
箱上髖屈肌伸展	箱上髖屈肌伸展
內收肌群髖搖擺	內收肌群髖搖擺
交替的蜘蛛人式	交替的蜘蛛人式
矯正運動（10次／每側）	
四足胸椎旋轉	仰臥姿的肩關節上下滑地
仰臥放腿	仰臥放腿
啓動	
庫克提髖（3×3）（支撐10秒）	庫克提髖（3×3）（支撐10秒）
迷你環狀彈力帶外旋與內旋（5次／每側）	迷你環狀彈力帶走步（10次／每側）
迷你環狀彈力帶深蹲（10×）	—
動作準備	
熊爬	單跪姿的踝關節活動（10次／每側）
毛毛蟲式	徒手深蹲（10×）
抱膝	向前弓步 (forward lunge)（5次／每側）
抱腿提臀	側弓步 (160)（5次／每側）
後跨步到腿後腱肌群的伸展	斜蹲（5次／每側）
單腳直膝硬舉（5次／每側）	單腳直膝硬舉（5次／每側）
動作技巧	
直膝走步	側向蹦跳

續下頁

接上頁

直線運動日（第1天與第3天）			多方向運動日（第2天與第4天）	
直膝蹦跳			下腿交叉步蹦跳	
高抬膝跑步			上腿交叉步蹦跳	
踢臀			滑步	
高抬膝行軍走			前後交叉側併步	
直向蹦跳（20公尺）			側向爬行	
速度（2/3/4次／每側）			敏捷梯（第2天）	
第1天	抱槓片衝刺		滑步快版與定住，前進與後退	
第3天	追逐跑		1-2-3追逐跑 (1-2-3 cross)（，前進與後退	
			轉髖步 (127)，前進與後退	
			三步進進出出，前進與後退	
			剪刀步，右與左	
			敏捷梯（第4天）	
			交叉側跳＋衝刺	
增強式訓練				
第1天	－		第2天	單腳跨低欄跳躍，3×3，右與左（內側腳—外側腳）
第3天	－		第4天	45度向前側向跳躍與定住，3×5，右與左
藥球				
－			跨步的過頂擲球 (stepping overhead throw)，3×5／每側（頭頂×牆面）	
－			墊步轉體拋球，3×5／每側	
重量訓練後				
雪橇（7～8秒）			體能	
第1天＋第3天	雪橇衝刺，6×		雪橇交叉步，3×（去／回，一趟）	
第1天	300公尺折返，2/3/3		滑板30～60秒，6/7/8	
	150公尺折返，1/0/1		Assault AirBikes風扇車1.6公里	
第3天	人工草皮上的節奏跑16×			

【表11.13】夏季運動【階段4】

直線運動日（第1天與第3天）	多方向運動日（第2天與第4天）
滾筒與呼吸（10下／每側）	
臀肌與髖旋轉肌群	臀肌與髖旋轉肌群
腿後腱肌群	腿後腱肌群
小腿肚	小腿肚
下背與上背	下背與上背
肩關節後側肌群	肩關節後側肌群
內收肌群與股四頭肌	內收肌群與股四頭肌
屈膝仰臥的呼吸	屈膝仰臥的呼吸
伸展的循環訓練（5次呼吸／每側）	
90/90 髖外旋與髖內旋	90/90 髖外旋與髖內旋
箱上髖屈肌伸展	箱上髖屈肌伸展
內收肌群髖搖擺	內收肌群髖搖擺
交替的蜘蛛人式	交替的蜘蛛人式
矯正運動（10次／每側）	
四足胸椎旋轉	仰臥姿的肩關節上下滑地
仰臥放腿	仰臥放腿
啟動	
庫克提髖（3×3）（支撐10秒）	庫克提髖（3×3）（支撐10秒）
迷你環狀彈力帶外旋與內旋（5次／每側）	迷你環狀彈力帶走步（10次／每側）
迷你環狀彈力帶深蹲（10×）	─
動作準備	
熊爬	單跪姿的踝關節活動（10次／每側）
毛毛蟲式	徒手深蹲（10×）
抱膝	向前弓步（5次／每側）
抱腿提臀	側弓步（5次／每側）
後跨步到腿後腱肌群的伸展	斜蹲（5次／每側）
單腳直膝硬舉（5次／每側）	單腳直膝硬舉（5次／每側）
動作技巧	
直膝走步	側向蹦跳

續下頁

接上頁

直線運動日（第1天與第3天）		多方向運動日（第2天與第4天）		
直膝蹦跳		下腿交叉步蹦跳		
高抬膝跑步		上腿交叉步蹦跳		
踢臀		滑步		
高抬膝行軍走		前後交叉側併步		
直向蹦跳（20公尺）		側向爬行		
速度（2/3/4次／每側）		敏捷梯（第2天）		
第1天	抱槓片衝刺	滑步快版與定住，前進與後退		
第3天	伏地挺身式的起跑	1-2-3追逐跑，前進與後退		
		轉髖步，前進與後退		
		側向進－進－出－出，前進與後退		
		剪刀步，右與左		
		敏捷梯（第4天）		
		交叉側跳＋衝刺與返回		
增強式訓練				
第1天	連續的雙腳跨欄跳躍與定住 (273)，3×5	第2天	連續的單腳跨低欄跳躍，3×3／每側（內側腳—外側腳）	
第3天	連續的單腳跨欄跳躍，3×5／每側	第4天	連續的來回側向跳，3×5／每側	
藥球				
衝刺預備姿勢的胸前傳球 (sprinter start chest pass)，3×10		跨步的過頂擲球，3×5／每側（頭頂×牆面）		
站立的過頂砸球，3×10		墊步轉體拋球，3×5／每側		
重量訓練後				
雪橇（7～8秒）		體能		
第1天＋第3天	雪橇衝刺，6×（總計）	雪橇交叉步，3×（去／回，一趟）		
第1天	300公尺折返，2/3/3	滑板30～60秒，6/7/8		
	150公尺折返，1/0/1	Assault AirBikes風扇車1.6公里		
第3天	人工草皮上的節奏跑 12／14／16			

【表11.14】冬季運動【階段1】

呼吸	仰臥姿呼吸＋肩關節上下滑地，10×	呼吸	仰臥姿呼吸＋肩關節上下滑地，10×
滾筒 （5下／每側）	臀肌＋髖旋轉肌群 L	滾筒 （5下／每側）	臀肌＋髖旋轉肌群
	上背		上背
	下背＋腰方肌 R		下背＋腰方肌
	後側肩膀 R		後側肩膀
	內收肌群與股四頭肌 R		內收肌群與股四頭肌
伸展循環訓練 （20秒／每側）	支撐腳的腿後腱肌群下半部的伸展	伸展循環訓練（20秒／每側）	支撐腳的腿後腱肌群下半部的伸展×10／每側
	箱上髖屈肌伸展×10次呼吸（矮箱）		箱上髖屈肌伸展×10次呼吸（矮箱）
	三角形木板的髖旋轉肌群伸展×10次呼吸		三角形木板的髖旋轉肌群伸展×10次呼吸
	主動式的蜘蛛人式伸展		主動式的蜘蛛人式伸展
	主動式的內收肌群髖搖擺＋呼吸		主動式的內收肌群髖搖擺＋呼吸
啓動	雙側提髖 3×支撐10秒（完全吐氣）	活動度	站姿的踝關節活動×10次／每側
	迷你環狀彈力帶循環外旋等長支撐 右／左／雙側×10秒＋反覆10次		擺動腿部×15次／每側
	單腳支撐 2×10秒／每側（無彈力帶）		等長的分腿蹲 5＋5 分腿蹲
動態熱身（重點為蹦跳與衝刺的指導）	熊爬		側蹲×5次／每側
	毛毛蟲式	增加髖關節鉸鏈	斜蹲×5次／每側
	橫向熊爬		單腳直膝硬舉×8次／每側
	抱膝		
	抱腿提臀	動態熱身	行軍走到高抬膝蹦跳
	踢臀		橫向蹦跳

續下頁左　　　　　　　　　　　　續下頁右

接上頁

動態熱身（重點為蹦跳與衝刺的指導）	伸手單腳直膝硬舉	動態熱身	上腿交叉步蹦跳
	後跨步到腿後腱肌群的伸展		下腿交叉步蹦跳
	行軍走到高抬膝蹦跳		側滑步
	側向蹦跳		前後交叉側併步
	高抬膝跑步		側向爬行 (119)
	抬腳跟 (107)		
	直膝走步	敏捷梯	左右滑步與定住，前進與後退
	直膝蹦跳		前交叉，前進與後退
	倒退踏步 (109)		後交叉，前進與後退
	倒退跑 (109)		進－進－出－出，前進與後退
速度（不了解髖關節分離的年輕運動員要善用牆面進行訓練。3×5/每側）	前倒起跑 ×3/每側		剪刀步，右與左
增強式訓練	第1天：雙腳跳箱，3×5	增強式訓練	單腳跨低欄跳躍（內側腳或外側腳），3×3/每側
	第2天：單腳跨敏捷梯或低欄跳躍，3×5		來回側向跳與定住，3×5/每側
藥球	過頂擲球，3×10	藥球	過頂擲球，3×10
	側拋，3×10/每側		側拋，3×10/每側
體能	跑步機的節奏跑，×8、×10、×12 加速前先增加傾斜度（坡度），速度不要超過10.0	體能	節奏跑（與第1天相同）
	初學者/倒階：在墊子跑步/如果沒有足夠的人工草皮空間，就在跑步機上走步		爆發力的滑板訓練，×20（滑板兩側各碰一次算一趟）×3、×4、×5組（要求「每一次都全力蹬腿」）